BILL GATES

BILL GATES

SOURCE CODE

Mis inicios

Traducción de
Santiago del Rey Farrés y Jesús de la Torre Olid

PLAZA JANÉS

Penguin
Random House
Grupo Editorial

Título original: *Source Code: My Beginnings*

Primera edición: febrero de 2025

© 2025, Bill Gates
Esta traducción ha sido publicada mediante acuerdo con Alfred A. Knopf, un sello de
Knopf Doubleday Group, una división de Penguin Random House, LLC.
© 2025, Penguin Random House Grupo Editorial, S. A. U.
Travessera de Gràcia, 47-49. 08021 Barcelona
© 2025, Penguin Random House Grupo Editorial USA, LLC.
8950 SW 74th Court, Suite 2010
Miami, FL 33156
© 2025, Santiago del Rey Farrés y Jesús de la Torre Olid, por la traducción

Impreso en Colombia - *Printed in Colombia*

ISBN: 979-8-89098-347-3

25 26 27 28 29   10 9 8 7 6 5 4 3 2 1

En memoria de mis padres,
Bill Gates y Mary Maxwell Gates

Y a mis hermanas,
Kristi y Libby

La recompensa es el placer de descubrir cosas.

Richard P. Feynman

Índice

Prólogo

Cuando tenía unos trece años, empecé a salir con un grupo de chicos que se reunían habitualmente para hacer largas excursiones por las montañas cercanas a Seattle. Nos conocimos siendo *boy scouts*. Hacíamos mucho senderismo y muchas acampadas con nuestra tropa, pero muy poco después formamos una especie de grupo separado con el que salíamos a hacer nuestras propias expediciones —y así es como las considerábamos, expediciones—. Queríamos más libertad y más riesgos que en las excursiones que nos ofrecían los Scouts.

Normalmente éramos cinco: Mike, Rocky, Reilly, Danny y yo. Mike era el líder; tenía unos años más que el resto y mucha más experiencia al aire libre. Durante tres años o así anduvimos cientos de kilómetros juntos. Recorrimos el parque nacional Olympic, al oeste de Seattle, y el área protegida de Glacier Peak, al nordeste, e hicimos excursiones por la costa del Pacífico. A menudo, nos íbamos siete días seguidos o más, con la única guía de unos mapas topográficos, atravesando viejos bosques y playas rocosas en donde tratábamos de cronometrar las mareas mientras las recorríamos a toda prisa. Durante las vacaciones escolares, viajábamos para hacer senderismo o acampada, hiciera el tiempo que hiciera, lo que en el noroeste del Pacífico a menudo significaba una semana de pantalones de lana del ejército empapados que nos producían picores y de dedos de los pies que parecían ciruelas pasas. No hacíamos alpinismo técnico. Nada de cuerdas, eslingas ni escarpadas paredes de roca. Solo caminatas largas y duras. No había peligro más allá del hecho de que éramos unos adolescentes que nos adentrábamos en las montañas a muchas horas de distancia de cualquier ayuda y mucho antes de que los teléfonos móviles existiesen.

Con el paso del tiempo, nos convertimos en un equipo desenvuelto y muy unido. Concluíamos una larga jornada de caminata, decidíamos dónde acampar y, sin apenas decirnos nada, cada uno se encargaba de su labor. Mike y Rocky podían atar la lona que nos haría de techo durante la noche. Danny rebuscaba entre la maleza madera seca y Reilly y yo nos encargábamos de frotar un palo con unas ramitas para encender la hoguera que tendríamos de noche.

Y, luego, comíamos. Comida barata que no pesara mucho en nuestras mochilas, pero que fuese suficientemente sustanciosa como para alimentarnos durante el viaje. Nunca hubo nada que supiera mejor. Para la cena cortábamos un trozo de jamón enlatado y lo mezclábamos con paquetes de comida preparada, ya fuera pasta condimentada o ternera Stroganoff. Por la mañana podíamos tomar una mezcla de polvos instantáneos para desayunar u otros que con agua se transformaban en una tortilla rellena de pimientos verdes, jamón y cebolla, al menos eso decía en la caja. Mi desayuno favorito: Smokie Links de Oscar Mayer, unas salchichas que se anunciaban como «solo de carne» y que ya no existen. Usábamos una única sartén para preparar la mayor parte de la comida, y la servíamos en unas latas de aluminio que cada uno llevábamos. Aquellas latas eran nuestro balde para el agua, nuestro cazo y nuestro cuenco para la avena. No sé quién de nosotros inventó la bebida caliente de frambuesa. No es que se tratara de una gran innovación culinaria: nos limitábamos a añadir los polvos instantáneos de gelatina al agua hirviendo y nos la bebíamos. Servía como postre o como chute de azúcar por las mañanas, antes de la jornada de senderismo.

Estábamos lejos de nuestros padres y del control de ningún

adulto, tomando nuestras propias decisiones en cuanto a dónde ir, qué comer, cuándo dormir, sopesando por nuestra cuenta qué riesgos asumir. En la escuela, ninguno de nosotros éramos chicos populares. Solo Danny participaba en un deporte de equipo, el baloncesto, y pronto lo dejó para tener más tiempo para nuestras excursiones. Yo era el más delgado del grupo y normalmente el más friolero, y siempre sentía que era más débil que el resto. Aun así, me gustaba el desafío físico, y la sensación de autonomía. Aunque el senderismo se estaba convirtiendo en una actividad popular en nuestra zona del país, no muchos adolescentes deambulaban solos por los bosques durante ocho días.

Dicho esto, estábamos en la década de 1970 y las actitudes hacia la crianza eran más relajadas que en la actualidad. Por lo general, los niños tenían más libertad. Y para los primeros años de mi adolescencia, mis padres ya habían aceptado que yo era diferente a muchos de mis compañeros y habían aprendido que necesitaba una cierta independencia para abrirme camino en el mundo. Llegar a esa conclusión requirió un gran esfuerzo, especialmente para mi madre, pero tuvo un papel decisivo en convertirme en la persona que llegaría a ser.

Al recordarlo ahora, estoy seguro de que todos nosotros buscábamos en aquellos viajes algo más que la camaradería o la sensación de logro. Estábamos en esa edad en la que los niños ponen a prueba sus límites, experimentan con diferentes identidades, y a veces también sienten un anhelo por vivir grandes experiencias, experiencias trascendentales. Yo había comenzado a sentir un claro deseo de averiguar cuál sería mi camino. No estaba seguro de la dirección que tomaría, pero sí de que tendría que ser algo interesante y relevante.

En aquellos años, también pasaba mucho tiempo con otro grupo de chicos. Kent, Paul, Ric y yo íbamos al mismo centro escolar, el Lakeside, que había creado un método por el que los estudiantes se conectaban con una computadora central a través de una línea telefónica. En aquel entonces, era tremendamente inusual que los adolescentes tuvieran acceso a cualquier tipo de computadora. Los cuatro terminamos aficionándonos y dedicando todo nuestro tiempo libre a elaborar programas cada vez más sofisticados y a explorar qué podíamos hacer con aquella máquina electrónica.

A primera vista, la diferencia entre el senderismo y la programación no podría ser mayor. Pero ambas actividades suponían una especie de aventura. Con aquellos dos grupos de amigos yo estaba explorando nuevos mundos, viajando a lugares a los que la mayoría de los adultos no podían llegar. Al igual que el senderismo, la programación encajaba conmigo porque me permitía determinar mi propia medida del éxito, no tenía límites y no dependía de lo rápido que pudiera correr ni de lo lejos que pudiera lanzar. La lógica, la capacidad de concentración y la resistencia necesarias para escribir programas largos y complicados formaban parte de mi naturaleza. Y, al contrario que en el senderismo, en ese grupo de amigos yo era el líder.

Hacia el final de mi segundo año, en junio de 1971, Mike me llamó para proponerme nuestro próximo recorrido: ochenta kilómetros en los montes Olympic. La ruta que eligió se llamaba sendero de la Expedición de Prensa, en honor a un grupo que había explorado la zona en 1890 con el patrocinio de un periódico. ¿Se refería al mismo viaje en el que aquellos hombres estuvieron a punto de morir de hambre y con las ropas podridas sobre sus cuerpos? Sí, pero eso fue hace mucho tiempo, dijo.

Ocho décadas más tarde seguía siendo una ruta difícil; ese año había nevado mucho, así que se trataba de una propuesta especialmente intimidante. Pero como todos los demás —Rocky, Reilly y Danny— se mostraron dispuestos a hacerlo, no había forma de que yo pudiera rajarme. Además, un *scout* más joven, un chico que se llamaba Chip, se había apuntado. Tenía que ir.

El plan consistía en subir por el paso del Low Divide, bajar al río Quinault y, después, hacer el mismo recorrido de vuelta, pasando cada noche en refugios de madera que había por el camino. Seis o siete días en total. El primero fue fácil y pasamos la noche en un bonito prado cubierto de nieve. A lo largo del día o dos días siguientes, mientras subíamos por el Low Divide, la nieve se volvió más profunda. Cuando llegamos al lugar donde teníamos planeado pasar la noche, el refugio estaba enterrado en la nieve. Disfruté de un momento de íntimo júbilo. Seguramente tendremos que volvernos, pensé, y bajar hasta un refugio mucho más acogedor por el que habíamos pasado ese día. Encenderíamos una hoguera, nos calentaríamos y comeríamos.

Mike dijo que lo sometiéramos a votación: volver o seguir hasta nuestro destino final. Cada una de las opciones implicaba una caminata de varias horas.

—Hemos pasado por un refugio más abajo, a unos quinientos metros. Podríamos volver a bajar y quedarnos allí o continuar hasta el río Quinault —explicó Mike.

No fue necesario que aclarara que retroceder implicaba abortar nuestra misión de llegar hasta el río. Cuando levantamos las manos, quedó claro que yo estaba en minoría.

—¿Tú qué opinas, Dan? —preguntó Mike. Danny era el segundo en nuestra cadena de mando extraoficial. Era más alto que los demás y un senderista muy capaz y de piernas largas que parecía no cansarse nunca. Lo que él dijera influiría en el voto.

—Bueno, ya casi hemos llegado, quizá deberíamos continuar —contestó Danny. Según se alzaban las manos, quedó claro que me encontraba en minoría. Seguimos.

Cuando llevábamos avanzados unos minutos más por el sendero, protesté:

—Danny, no estoy contento contigo. Podrías haber evitado esto. —Estaba de broma… más o menos.

Recuerdo esa ruta por el frío y por lo mal que lo pasé aquel día. También lo recuerdo por lo que hice a continuación. Me refugié en mis pensamientos.

Imaginé un código computacional.

Por aquella época, a la escuela Lakeside le habían prestado una computadora que se llamaba PDP-8, fabricada por Digital Equipment Corp. Era 1971 y, aunque yo ya estaba muy metido en el emergente mundo de las computadoras, jamás había visto nada así. Hasta ese momento, mis amigos y yo utilizábamos solamente enormes computadoras centrales que se compartían de manera simultánea con otras personas. Normalmente nos conectábamos a ellas a través de una línea telefónica o estaban ubicadas en otra habitación. Pero la PDP-8 había sido diseñada para que la utilizara directamente una persona y era suficientemente pequeña como para colocarla en la mesa a tu lado. Probablemente, era lo más cercano en aquella época a los ordenadores personales que serían comunes, más o menos, una década después, aunque pesaba treinta y seis kilos y costaba ocho mil quinientos dólares. Como desafío, decidí probar a escribir una versión del lenguaje de programación BASIC para la nueva computadora.

Antes de la excursión, yo estaba trabajando en la parte del programa que le daría a la computadora la orden por la que realizaría operaciones cuando alguien introdujera una expresión como $3(2 + 5) \times 8 - 3$ o quisiera crear un juego que necesitara de operaciones matemáticas complejas. En la programación, a esa herramienta se la conoce como evaluador de fórmulas. Mientras caminaba fatigosamente con la mirada puesta en el suelo que tenía delante, iba desarrollando mi evaluador, dándole vueltas en la cabeza a los pasos que había que dar para ejecutar las operaciones. Lo fundamental era que ocupara poco. Las computadoras de entonces tenían muy poca memoria, lo que implicaba que los programas tenían que ser austeros y escribirse utilizando cuantos menos códigos posibles para que no acapararan mucho espacio. La PDP-8 solo tenía 6 kilobytes de la memoria que utiliza un ordenador para almacenar los datos en los que está trabajando. Yo tenía que desarrollar el código y después tratar de averiguar el modo en que la computadora cumpliría mis órdenes. El ritmo de la caminata me ayudaba a pensar, muy parecido a una costumbre que tenía de balancearme sin moverme del sitio. Durante el resto del día, mi mente estuvo completamente inmersa en mi rompecabezas de codificación. Mientras descendíamos al fondo del valle, la nieve dio paso a un sendero con cierta pendiente que atravesaba un viejo bosque de píceas y abetos, hasta que llegamos al río, levantamos el campamento, comimos nuestra ternera Stroganoff y, por fin, nos dormimos.

A primera hora de la mañana siguiente estábamos volviendo a subir por el Low Divide con mucho viento y aguanieve que nos azotaban de lado en la cara. Nos detuvimos bajo un árbol el tiempo suficiente como para compartir un paquete de galletas saladas Ritz y continuamos. Cada punto de acampada que encontramos estaba lleno de otros senderistas que aguardaban a que acabara la tormenta. Así que continuamos, añadiendo más horas a un día interminable. Al cruzar un arroyo, Chip cayó y se dañó la rodilla. Mike le limpió la herida y le puso unas tiritas tipo mariposa; a partir de ahí nos movimos a la velocidad que nos permitía la cojera de Chip. Durante todo ese tiempo fui puliendo mi código en silencio. Apenas pronuncié una palabra durante los treinta y dos kilómetros que recorrimos aquel día. Al final llegamos a un refugio en el que quedaba espacio y acampamos.

Como dice la famosa frase «Si tuviera más tiempo, habría escrito una carta más corta», resulta más fácil elaborar un programa con un código chapucero que ocupe varias páginas que escribir el mismo programa en una sola. La versión chapucera podría también ejecutarse de una forma más lenta y necesitar más memoria. A lo largo de aquella caminata, tuve tiempo de acortarla. Durante aquel largo y último día, la reduje más, como si hubiese ido tallando pequeños trocitos de un palo para afilar la punta. El resultado parecía eficiente y gratamente sencillo. Fue de lejos el mejor código que he escrito nunca.

Mientras hacíamos el camino de regreso al punto de partida, a la tarde siguiente, la lluvia finalmente cesó para dejar paso por fin a un cielo despejado y la luz del sol. Sentí la euforia que siempre me invadía después de una excursión, cuando todo el esfuerzo había quedado atrás.

Al empezar de nuevo las clases en otoño, quienquiera que nos prestara la PDP-8 había pedido que se le devolviera. Nunca terminé mi proyecto BASIC. Pero el código que desarrollé en aquella excursión, mi evaluador de fórmulas, y su belleza se quedaron conmigo.

Tres años y medio más tarde, cuando me encontraba en el segundo año de universidad y todavía inseguro sobre el camino que quería tomar en la vida, Paul, uno de mis amigos de Lakeside, irrumpió en mi habitación con noticias de una computadora revolucionaria. Yo sabía que podíamos escribir lenguaje BASIC para ella; teníamos un punto de partida. Lo primero que hice fue acordarme de aquel aciago día en el Low Divide y recuperar de mi memoria el código de evaluación que había desarrollado. Lo tecleé en una computadora, y así planté la semilla de lo que se convertiría en una de las compañías más importantes del mundo y el comienzo de una nueva industria.

1

Trey

Con el tiempo, existiría una gran empresa. Y, con el tiempo, habría programas de software con una extensión de millones de líneas en el núcleo de miles de millones de ordenadores que se estarían utilizando en todo el mundo. Habría fortunas y rivales y una constante preocupación por cómo mantenerse en la vanguardia de una revolución tecnológica.

Antes de todo eso, lo que había era una baraja de cartas y un único objetivo: derrotar a mi abuela.

En mi familia no había una forma más rápida de ganarse el favor de todos que la de ser bueno en los juegos, sobre todo en los de cartas. Si se te daba bien el rummy, el bridge o la canasta, te ganabas nuestro respeto, lo cual convirtió a mi abuela materna, Adelle Thompson, en una leyenda en nuestra familia. El de «Gami es la mejor con las cartas» era un comentario recurrente que oía de niño.

Gami se había criado en la zona rural de Washington, en la ciudad ferroviaria de Enumclaw. Se encuentra a menos de ochenta kilómetros de Seattle, pero aquello suponía una distancia infinita en 1902, el año en que ella nació. Su padre trabajaba de telegrafista del ferrocarril y su madre, Ida Thompson, a la que llamábamos Lala, terminaría generando unos modestos ingresos haciendo tartas y vendiendo bonos de guerra en el aserradero. Lala también jugaba mucho al bridge. Sus compañeros y rivales eran la gente de la alta sociedad de la ciudad, las esposas de los banqueros y el propietario del aserradero. Puede que esas personas tuvieran más dinero y mayor estatus social, pero Lala compensaba parte de esa diferencia derrotándolos hábilmente a las cartas. Ese talento terminó pasando a Gami y, en parte, a mi madre, su única hija.

Mis inicios en esta cultura familiar empezaron muy pronto. Cuando aún llevaba pañales, Lala empezó a llamarme «Trey», que en la jerga estadounidense de los juegos de cartas quiere decir «tres». Se trataba de un juego de palabras para expresar que yo era el tercer Bill Gates vivo, después de mi padre y mi abuelo. (En realidad, soy el cuarto, pero mi padre decidió utilizar el sobrenombre de «Junior» y, por eso, a mí me llamaron Bill Gates III). Gami me inició a los cinco años en el juego de Go Fish. Durante los siguientes años, jugamos miles de partidas de cartas. Lo hacíamos para divertirnos y para tomarnos el pelo y pasar el tiempo. Pero mi abuela jugaba también para ganar. Y siempre lo conseguía.

En aquella época, su maestría me fascinaba. ¿Cómo había llegado a ser tan buena? ¿Había nacido así? Era una mujer religiosa, así que ¿se trataba quizá de algún don caído del cielo? Durante mucho tiempo, no tuve ninguna respuesta. Lo único que sabía era que, cada vez que jugábamos, ella ganaba. Daba igual en qué juego y cuánto me esforzara yo.

Cuando la Ciencia Cristiana se expandió a toda velocidad por la costa oeste a principios del siglo XX, las familias tanto de mi madre como de mi padre se convirtieron en devotos seguidores. Yo creo que los padres de mi madre sacaban las fuerzas de la Ciencia Cristiana, abrazando su creencia en que la verdadera identidad de las personas se encuentra en lo espiritual y no en lo material. Eran verdaderos adeptos. Como los seguidores de la Ciencia Cristiana no siguen la edad cronológica, Gami no celebraba jamás su cumpleaños, nunca confesó su edad ni tampoco reveló siquiera el año en que había nacido. A pesar de sus convicciones, Gami nunca impuso a los demás sus creencias. Mi madre no fue seguidora de su fe, ni tampoco nuestra familia. Gami jamás trató de convencernos de lo contrario.

Es probable que su fe influyera a la hora de convertirse en una mujer extremadamente recta. Incluso en aquella época, yo entendía que Gami seguía un estricto código personal basado en la ecuanimidad, la justicia y la integridad. Una vida bien vivida implicaba hacerlo de una forma sencilla, dedicando tu tiempo y dinero a los demás y, sobre todo, usando tu cerebro, a la vez que mantenías tu compromiso con el mundo. Jamás perdió los estribos, nunca se entregaba a cotilleos ni críticas. Era incapaz de servirse de artimañas. A menudo, era la persona más inteligente de cada reunión, pero procuraba dejar que los demás brillaran. Sobre todo, era una persona tímida, pero tenía una seguridad interior que mostraba como una calma casi zen.

Dos meses antes de mi quinto cumpleaños, mi abuelo J. W. Maxwell júnior murió de cáncer. Tenía tan solo cincuenta y nueve años. Debido a su creencia en la Ciencia Cristiana se había negado a someterse a intervenciones de la medicina moderna. Sus últimos años estuvieron llenos de dolor y Gami sufrió siendo como fue su cuidadora. Más tarde, supe que mi abuelo creía que su enfermedad era en cierto modo el resultado de algo que había hecho Gami, algún pecado desconocido a los ojos de Dios, que ahora le estaba castigando a él. Aun así, ella aguantó estoica a su lado, ayudándole hasta el final. Uno de los recuerdos más nítidos de mi infancia es que mis padres no me dejaran asistir a su funeral. Yo apenas era consciente de lo que estaba pasando, aparte del hecho de que mi madre, mi padre y mi hermana mayor fueron a despedirlo mientras yo me quedaba en casa con una niñera. Un año después, mi bisabuela Lala murió estando de visita en casa de Gami.

Desde aquel momento, Gami dirigió todo su amor y atención hacia mí y mi hermana mayor, Kristi, y más tarde hacia mi hermana Libby. Se convirtió en una presencia constante en nuestras jóvenes vidas y supuso una profunda influencia en nuestro futuro. Me leía antes de que yo pudiera sostener un libro en las manos y, durante los siguientes años, me introdujo en los clásicos como *El viento en los sauces*, *Las aventuras de Tom Sawyer* y *La telaraña de Carlota*. Tras la muerte de mi abuelo, Gami empezó a enseñarme a leer, ayudándome a pronunciar las palabras de *The Nine Friendly Dogs*, *It's a Lovely Day* y otros libros que había en nuestra casa. Cuando los terminamos todos, me llevó en el coche a la biblioteca de Northeast Seattle a por muchos más. Yo era consciente de que ella leía mucho y que parecía saber un poco de todo.

Mis abuelos se habían construido una casa en el exclusivo barrio de Windermere, en Seattle, lo suficientemente grande como para alojar a sus nietos y albergar las reuniones familiares. Gami siguió viviendo allí tras el fallecimiento de mi abuelo. Algunos fines de semana, Kristi y yo nos quedábamos con ella, alternándonos el privilegio de dormir en su habitación. El otro dormía en el dormitorio de al lado, donde todo, desde las paredes hasta las cortinas, era de un color azul claro. La luz de la calle y de los coches que pasaban proyectaba sombras inquietantes en aquella habitación azul. A mí me daba miedo dormir allí y siempre me alegraba cuando llegaba mi turno de quedarme en la habitación de Gami.

Aquellos fines de semana eran especiales. Su casa estaba a apenas tres kilómetros de la nuestra, pero ir allí era como estar de vacaciones. Tenía una piscina y un campo de minigolf que había instalado mi abuelo en el jardín lateral donde jugábamos. También nos dejaba ver la televisión, algo que en nuestra casa estaba sometido a un estricto control. Gami se apuntaba a todo; gracias a ella, mis hermanas y yo llegamos a ser ávidos jugadores que convertíamos cualquier cosa, como el Monopoly, el Risk o el Concentration, en un deporte de competición. Comprábamos dos rompecabezas iguales para hacer carreras y ver quién terminaba primero. Pero sabíamos cuáles eran sus preferencias. La mayoría de las noches, después de cenar, sacaba la baraja y procedía a darnos una paliza.

Yo tenía unos ocho años cuando atisbé por primera vez cómo lo hacía. Todavía recuerdo aquel día: estoy sentado enfrente de mi abuela en la mesa del comedor y Kristi está a mi lado. La habitación tiene una de esas radios antiguas y enormes de madera que ya entonces era una reliquia del pasado. A lo largo de otra pared, hay un armario grande donde guardaba la vajilla especial que usábamos para cenar todos los domingos.

Todo está en silencio, excepto por el sonido de las cartas sobre la mesa, un frenético coger y emparejar cartas a toda pastilla. Estamos jugando al pounce, una especie de solitario que se juega en grupo y a un ritmo veloz. Un ganador asiduo de pounce puede llevar la cuenta de las cartas que tiene en su mano, las que están en los montones de cada jugador y las que están en los montones comunes que se encuentran en la mesa. Hace que se te desarrollen una fuerte memoria funcional y la capacidad de establecer patrones para reconocer al instante que una carta que aparece en la mesa te sirve para las que tienes en la mano. Pero yo no sé nada de eso. Lo único que sé es que, lo que sea que ponga la suerte de su lado, Gami lo tiene.

Estoy mirando mis cartas y mi mente trabaja a toda velocidad para encontrar las que puedan venirme bien. Oigo que Gami dice: «Tu carta seis». Y luego: «Tu carta nueve». Nos está enseñando a mi hermana y a mí a la vez que está jugando su propia mano. De alguna manera capta todo lo que sucede en la mesa e incluso parece saber qué cartas tenemos cada uno. Y no es por arte de magia. ¿Cómo lo hace? Para cualquiera que suela jugar a las cartas, esto es algo básico. Cuanta más atención pongas en la mano de tu oponente, más oportunidades tienes de ganar. Aun así, para mí y con aquella edad, supone una revelación. Veo por primera vez que, pese a todo el misterio y la suerte que existen en los juegos de cartas, hay cosas que puedo aprender para aumentar mis posibilidades de ganar. Me doy cuenta de que no solo se trata de que Gami tenga suerte o talento. Ha entrenado su cerebro. Y yo también puedo hacerlo.

A partir de ese momento, me sentaba a jugar una partida de cartas sabiendo que cada mano me ofrecía una oportunidad para aprender, si es que era capaz de entenderlo. Ella también lo sabía. Eso no significaba que me pusiera las cosas fáciles. Podría haberme tenido allí sentado y enseñarme todo lo que había y no había que hacer, las estrategias y tácticas de los distintos juegos, pero eso no era propio de Gami. No era didáctica. Enseñaba con el ejemplo. Así que jugábamos sin parar.

Jugábamos al pounce, al gin rummy, al corazones y a mi preferido, el siete. Jugábamos a su favorito, una versión más complicada del gin al que ella llamaba el coast guard rummy. Jugábamos un poco al bridge. Jugábamos siguiendo de principio a fin un libro de Hoyle que trataba sobre juegos de cartas, ya fueran populares o no, incluso el pinochle.

Durante todo ese rato, yo la observaba. En informática existe una cosa que se llama máquina de estados, que forma parte de un programa que recibe unos datos y, según el estado de un conjunto de condiciones, actúa de la forma óptima. Mi abuela tenía una máquina de estados perfectamente afinada para las cartas; su algoritmo mental resolvía metódicamente las probabilidades, los árboles de decisiones y la teoría de los juegos. Yo no habría sabido articular esos conceptos, pero poco a poco empecé a intuirlos. Vi que incluso en momentos únicos de una partida, como una combinación de posibles movimientos y probabilidades que quizá ella no había visto antes, solía hacer el movimiento ópti-

mo. Si perdía una buena carta en un momento dado, más adelante, durante el mismo juego, yo veía que la había sacrificado
por un motivo: prepararse para la victoria final.

Jugábamos y jugábamos y yo perdía y perdía. Pero observaba
e iba mejorando. Durante todo aquel proceso, Gami no dejaba de
animarme con ternura. «Piensa bien, Trey. Piensa bien», me
decía mientras yo sopesaba mi siguiente movimiento. En sus
palabras iba implícita la idea de que, si utilizaba mi cerebro, si
prestaba atención, podría saber cuál era la mejor carta para jugar.
Podía ganar.

Un día lo conseguí.

No hubo fanfarria ni ningún gran premio. Tampoco ningún
choque de palmas en el aire. Ni siquiera recuerdo a qué estábamos jugando la primera vez que gané más veces que ella en un día.
Lo que sí sé es que mi abuela estaba encantada. Estoy seguro de
que sonreía, como reconocimiento de que yo estaba creciendo.

Al final, casi cinco años después, yo ganaba constantemente.
Para entonces, ya era casi un adolescente y tenía un carácter
competitivo. Me gustaban los combates mentales, así como la
sensación tan profundamente satisfactoria que uno tiene cuando
aprende una nueva habilidad. Los juegos de cartas me enseñaron
que, por muy complejo o incluso misterioso que algo parezca, a
menudo puedes solucionarlo. Puedes entender el mundo.

Nací el 28 de octubre de 1955, el segundo de tres hijos. Kristi,
que nació en 1954, era veintiún meses mayor; mi hermana Libby no apareció en escena hasta casi una década después. De bebé,
me apodaron «chico feliz» por la amplia sonrisa que, al parecer,
siempre lucía. No es que no llorara, pero la alegría que según
parece sentía anulaba todas las demás emociones. Mi otro rasgo
notable desde niño podría describirse como exceso de energía.
Me balanceaba. Al principio, encima de un caballito de juguete
de goma, durante horas y horas. Y, cuando fui creciendo, seguí

haciéndolo sin caballito, meciéndome mientras estaba sentado, de pie, o en cualquier momento en que me ponía a pensar en algo. El balanceo era como un metrónomo para mi cerebro. Todavía lo es.

Muy pronto, mis padres supieron que el ritmo de mi mente era distinto al de otros niños. Kristi, por ejemplo, hacía lo que le ordenaban, se le daba bien jugar con otros niños y, desde el principio, sacaba unas notas estupendas. Yo no hacía ninguna de esas cosas. Mi madre estaba preocupada y advirtió a los profesores de preescolar de la academia Acorn de lo que debían esperar de mí. Al final de mi primer año, el director escribió: «Su madre nos había preparado para su llegada, quizá imaginando que iba a suponer un enorme contraste con su hermana. Estuvimos completamente de acuerdo con ella en cuanto a esta conclusión, pues él se mostraba decidido a impresionarnos con su absoluta falta de interés por cualquier aspecto de la vida escolar. No sabía ni parecía importarle aprender a recortar o a ponerse el abrigo, y estaba feliz con que así fuera». (Resulta ahora curioso que uno de los primeros recuerdos que tiene Kristi de mí es la frustración de que siempre era la que tenía que pelearse conmigo para ponerme el abrigo y que terminaba tumbándome en el suelo para inmovilizarme lo bastante como para subirme la cremallera).

En mi segundo año en la academia Acorn, llegué convertido en un «niño con una reciente agresividad y rebeldía», un pequeño de cuatro años al que le gustaba cantar solo y hacer viajes imaginarios. Reñía con otros niños y estaba «la mayor parte del tiempo frustrado y descontento», según informó el director. Por suerte, mis profesores se animaron al conocer mis planes a largo plazo: «Nos sentimos muy aceptados por él al ver que nos incluye como pasajeros en su futuro viaje a la Luna», escribieron. (Le llevaba unos cuantos años de delantera a Kennedy).

Lo que tanto los educadores como mis padres notaron desde muy temprana edad eran indicios de lo que vendría después. La misma intensidad que me llevó a resolver el rompecabezas de la destreza de Gami con las cartas, la canalizaba hacia cualquier cosa que me interesara, y nunca hacia algo que no lo hiciera. Entre las cosas que me interesaban estaban la lectura, las matemáticas y estar a solas con mis pensamientos. Entre las cosas que no, estaban los rituales de la vida diaria y de la escuela: escribir, el arte y los deportes. Además de casi todo lo que mi madre me ordenaba hacer.

La batalla de mis padres con su hijo hipercinético, inteligente y, a menudo, protestón y tempestuoso les absorbía buena parte de las energías cuando era niño y dejaría una huella indeleble en nuestra familia. A medida que me he ido haciendo mayor, entiendo mejor lo decisivos que fueron ayudándome a trazar mi poco convencional camino hacia la edad adulta.

A mi padre se le conocía por ser un gigante simpático de dos metros de altura que exhibía una calma y unos buenos modales que no cabría esperar de un hombre que, a menudo, solía ser el más grande entre los presentes. Tenía un modo directo y decidido de tratar a las personas que le definía y le vino bien en su carrera como abogado a la hora de asesorar a empresas y consejos de administración (y más tarde como presidente de nuestra fundación filantrópica). Aunque educado, no era tímido a la hora de exigir lo que quería. Cuando iba a la universidad, lo que él quería era una pareja de baile.

En el otoño de 1946, formó parte de una oleada de veteranos en el G. I. Bill, el generoso programa gubernamental que proporcionó a millones de personas una educación que, de otro modo, no habrían podido permitirse. Según mi padre, el inconveniente estaba en que el número de hombres en el campus de la Universidad de Washington superaba con creces al de mujeres. Eso significaba que las posibilidades de encontrar una pareja de baile eran pocas. En un momento dado, pidió ayuda a una amiga. Su nombre era Mary Maxwell.

Él sabía que era directora de una sororidad, Kappa Kappa Gamma, así que le preguntó si sabía de alguna chica que pudiera estar interesada en conocer a un tipo alto al que le gustaba bailar. Ella le contestó que miraría a ver. Pasó el tiempo. No le presentó a nadie. Un día, mientras paseaban juntos al lado de la casa de la sororidad, mi padre le volvió a preguntar si conocía a alguna chica apropiada.

—Tengo a alguien en mente —respondió ella—. Yo.

Mi madre medía un metro setenta y cuatro y mi padre le dijo que, literalmente, no estaba a la altura.

—Mary —contestó él—, eres demasiado bajita.

Mi madre se colocó a su lado, de puntillas, se puso la mano sobre la cabeza y repuso:

—¡No lo soy! Soy alta.

Mi padre siempre ha asegurado que su petición de que le presentara a alguien no era ninguna trampa para conseguir que mi madre saliera con él. Pero es lo que ocurrió.

—Caramba —dijo—. Pues tengamos una cita.

Y así, según cuenta la historia, dos años después se casaron.

Siempre me encantaba oír aquella anécdota porque refleja a la perfección las personalidades de mis padres. Mi padre: reflexivo y pragmático sin ningún pudor, a veces incluso en asuntos del corazón. Mi madre: gregaria y también nada tímida en lo que se refiere a conseguir lo que quiere. Era una historia pulcra, una síntesis de la historia completa, en la que hubo diferencias más allá de la altura que al final influyeron en la persona en la que me convertí.

Mi madre era meticulosa en lo relativo a registrar momentos de su vida, con álbumes de fotos de viajes familiares y funciones musicales en el colegio y libros con recortes de periódicos y telegramas. Hace poco encontré una colección de cartas que mis padres se escribieron durante el año anterior a su boda, en la primavera de 1951. Seis meses antes de la ceremonia, mi padre estaba en su ciudad natal trabajando de abogado, su primer trabajo tras licenciarse en Derecho ese mismo año. Mi madre había vuelto a la universidad para estudiar su último año. En una carta que ella escribió en octubre, empieza hablando de su esperanza de que en esas páginas pudiera evitar el «desequilibrio emocional» que sintió en una conversación que habían mantenido un día antes. No dio más explicaciones, pero parece que había algunas preocupaciones previas a la boda con respecto a su unión y a cómo solventar ciertas diferencias entre los dos. Lo explicó así:

> Mi <u>conclusión</u> objetiva respecto a nuestra relación es que tenemos mucho en común y algo muy bueno. Deseamos tener más o menos la misma vida social y doméstica. Creo que es verdad que los dos deseamos un matrimonio muy unido; es decir, los dos queremos ser uno solo. Aunque nuestro pasado social y familiar es diferente, creo que somos capaces de entender los problemas que puedan surgir por ello, porque como individuos somos bastante parecidos. A los dos nos gusta lidiar con las ideas, estar continuamente pensando y aprendiendo [...] Los dos queremos lo mismo: todo el éxito del mundo que se pueda conseguir de una forma honesta y justa. Aunque valoramos enormemente el éxito, ninguno de los dos piensa que merece la pena derribar a otra persona a través de una injusticia. A los dos nos gustaría que nuestros hijos tuvieran los mismos valores básicos. Quizá las «vías» de cada uno sean un poco diferentes, pero me inclino a creer que podríamos formar un frente sólido que serviría de complemento a los puntos de vista de ambos [...] Tú sabes, Bill, que, si de verdad me querrás siempre, yo haré lo que sea por ti.
>
> Te quiero, Bill.
>
> MARY

En la carta, detecté las negociaciones privadas que seguramente se prolongaron a lo largo de mi infancia y posteriormente. Casi siempre mantuvieron su frente sólido, solucionando en privado sus diferencias, la mayoría con origen en el modo en que cada uno fue educado.

Mi madre, Mary Maxwell, se crio en el seno de una cultura familiar iniciada por su abuelo, J. W. Maxwell, un banquero que adoraba a mi madre y que fue un modelo de una vida de superación constante. Durante su adolescencia en Nebraska, J. W. dejó los estudios y consiguió un trabajo desenterrando el sótano de la casa de un banquero de su ciudad a cambio de dinero, alojamiento y comida. Cuando J. W. dejó la pala dos meses después, aquel hombre le ofreció un trabajo en su banco. Tenía quince años. Después de varios años de aprendizaje en el mundo de la banca, se mudó al estado de Washington para labrarse una nueva vida. La depresión económica de 1893 se llevó por delante su incipiente banco, y la ciudad costera por cuyo auge había apostado terminó en la quiebra. Al final, consiguió un puesto fijo como inspector federal de bancos, trabajo que le alejó de su familia durante meses de constantes viajes a caballo, en carro y en tren por la zona oeste, examinando la salud de bancos pequeños. Consiguió finalmente poner en marcha su propio banco. Cuando murió en 1951, a la edad de ochenta y seis años, mi bisabuelo era presidente de un importante banco de Seattle y un activo líder cívico. También fue alcalde y parlamentario estatal, miembro del consejo escolar y director de la Reserva Federal.

La plataforma de riqueza y oportunidades que puso en marcha J. W. y que continuó mi abuelo, también banquero, hizo que a mi madre no le faltara de nada siendo niña. Era una estupenda estudiante con todo tipo de aficiones deportivas y actividades familiares y un amplio círculo de amistades. Los domingos se dedicaban a los pícnics familiares y los veranos, a nadar en la casa de la playa de sus abuelos en el estrecho de Puget. Los deportes y los juegos eran parte esencial de cualquier encuentro —el cróquet, el shuffleboard y la herradura eran fundamentales— y nadie dudaba de que mi madre aprendería a jugar al tenis y a montar a caballo, y que se convertiría en una elegante esquiadora. En la familia Maxwell, los juegos suponían el apren-

dizaje de otras lecciones. El golf, por ejemplo, era una representación del mundo de la banca, pues ambos requieren, según
escribió su abuelo, «destreza, práctica continuada, sobriedad, paciencia, resistencia y vigilancia».

En uno de los álbumes de mi madre, hay una imagen de
cuando tenía tres o cuatro años. Un grupo de padres del barrio
reunió a sus hijos para la foto, cada uno de ellos con su triciclo.
En el reverso, Gami escribió la anécdota de la instantánea. Un
niño tenía el triciclo más grande. Mi madre quería que lo cambiara por el suyo para así tener ella el más grande. De alguna
manera, consiguió que aceptara. En la foto resultante, ella está
sonriendo, sentada por encima de las cabezas de los demás. Jamás
tuvo miedo de mostrar su fuerza y ocupar su espacio.

Mi madre sacó probablemente su confianza y ambición a
partes iguales de los Maxwell y de Gami, que, además de su agude-
za con las cartas, sacaba las mejores notas de su clase del instituto,
era una dotada baloncestista, leía mucho y tenía como objetivo
buscarse una vida mejor fuera de su ciudad natal. Fue en la Universidad de Washington donde conoció a mi abuelo. Mi madre entró en la misma universidad en 1946 con el apoyo absoluto de dos padres ambiciosos y las expectativas de toda la familia
de que destacara.

Al otro lado del estrecho de Puget desde Seattle, la ciudad natal
de mi padre, Bremerton, era muy conocida por su astillero de la
marina y por ser el lugar donde llegaban barcos destrozados por
la guerra para su reparación. No muchos años antes tenía fama
de ser una ciudad de apuestas y de tener más tabernas de las que
nadie pudiera recorrer tambaleándose en un solo día.

De pequeños, Kristi y yo subíamos a bordo del ferry hasta
Bremerton para visitar a los padres de mi padre. Desde el ferry
recorríamos a pie la corta distancia colina arriba hasta la casa
donde mi padre se crio. Era una casa azul de estilo Craftsman

en una calle tranquila. Nos quedábamos una o dos noches con mis abuelos. Si la televisión estaba puesta, mi abuelo veía boxeo, que era casi el único entretenimiento que se permitía. Mi abuela paterna, Lillian Elizabeth Gates, tenía la misma chispa para las cartas que Gami, así que a menudo jugábamos varias partidas. Al igual que mis abuelos maternos, los padres de mi padre pertenecían a la Ciencia Cristiana. Un recuerdo que tengo de aquellas visitas es el de la abuela Gates en la cocina todas las mañanas con una taza de café leyéndole en voz baja a mi abuelo la enseñanza diaria de la Biblia de Mary Baker Eddy.

Cuando mi padre hablaba de su niñez, siempre parecía melancólico respecto a su padre. Lo describía como un adicto al trabajo al que le sobraba poco tiempo para hacer mucho más en su vida. Tenía una tienda de muebles que había pertenecido a mi bisabuelo y que había sobrevivido a la Gran Depresión, pero a duras penas. La constante preocupación por la economía familiar hizo que mi abuelo fuese un esclavo del negocio. Detrás de la casita azul había un callejón por el que antiguamente pasaba mi abuelo de vuelta del trabajo, para así recoger los trozos de carbón que se les habían caído a los camiones de reparto. Mi padre decía que su padre jamás fue al cine ni llevó a su hijo a partidos de béisbol; veía esas cosas como distracciones que le quitaban tiempo de la tienda. Siempre parecía estar asustado, decía mi padre.

En cierto modo, no se le podía culpar. Mi abuelo había conocido la pobreza de niño en Nome, Alaska, donde su familia subsistía mientras mi bisabuelo, el primer Bill Gates de nuestra familia, probaba suerte con la fiebre del oro de finales del siglo xix. Bill júnior tuvo que dejar el colegio en octavo curso para ayudar a su familia. Vendía periódicos en las gélidas calles de Nome y aceptaba cualquier trabajo que encontrara mientras su padre salía de prospección. Al final, volvieron a Seattle y pusieron en marcha el negocio de los muebles. Llegaron mejores tiempos para la familia, pero las preocupaciones de aquellas primeras experiencias jamás desaparecieron.

Mi abuelo tenía también lo que mi padre llamaba una visión muy estrecha del mundo. Mi padre lo atribuía en parte a la inseguridad. Al carecer de una educación completa, mi abuelo se aferraba a lo que mi padre llamaba sus axiomas, unas estrictas reglas sobre el mundo y la vida. «Aprende para ganar dinero, hijo, aprende para ganar dinero», le decía a mi padre. La educación consistía en adquirir las habilidades necesarias para conseguir un trabajo. Nada más.

Mi abuela, una orgullosa estudiante de último curso que fue representante de su clase del instituto, tenía su propio axioma, que influyó en la visión de mi padre sobre la superación personal: «Cuantas más cosas sepas, más habrá que no sepas». Pero no siempre lo tuvo fácil en casa. Aunque las mujeres se estaban abriendo paso en la sociedad, el padre de mi padre estaba anclado en una época pasada. No permitió que Merridy, la hermana mayor de mi padre, obtuviera el permiso de conducir. Ni se le pasó por la cabeza enviarla a la universidad. Los conocimientos que una mujer necesitaba eran los de la casa.

Mi padre era muy consciente de la brecha intelectual que había entre su padre y él. Aunque no era analfabeto, su padre apenas sabía leer, mientras que mi padre quería hacer uso de su cabeza e ir a la universidad. No quería someterse al plan de su padre de entrar a trabajar en la tienda de muebles.

Al lado de la casa familiar de mi padre había una cosa que parecía sacada de un cuento de hadas: una casa de ladrillo y estuco de estilo normando con vidrieras en las ventanas y una torre con un tejado cónico. Era tan diferente a las casitas de estilo Craftsman que la rodeaban que los habitantes de allí la apodaron «el castillo». El viaje de mi padre hacia una vida mejor tuvo su inicio cuando empezó a pasarse por el castillo y a relacionarse con la familia Braman. Jimmy, el mayor de los hijos, fue el amigo inseparable de mi padre cuando eran niños. Mi padre decía que le encantaba la capacidad de Jimmy de convertir una idea loca en realidad y los dos se pasaban el día fantaseando con todo tipo de planes y negocios. Pusieron un puesto de hamburguesas en el patio delantero, instalaron un circo en el trasero. Es curioso pensar que hubiera niños que pagaban por ver a mi padre sin camiseta tumbado sobre una cama de clavos. También publicaron un periódico, *The Weekly Receiver*, en el que, por unos centavos, sus setenta suscriptores leían noticias que habían sacado de la radio y los resultados de los partidos de fútbol americano y béisbol de los colegios de la zona.

Mi padre se convirtió en hijo adoptivo de la familia Braman. En el padre de Jimmy encontró a un mentor y un ejemplo del tipo de persona que podría llegar a ser. Tras abandonar el instituto, Dorm Braman había puesto en marcha la mayor carpintería de Bremerton y más tarde se convertiría en oficial de la marina, le nombrarían alcalde de Seattle y, finalmente, sería subsecretario de Transportes en la administración Nixon. Fue él quien diseñó y construyó aquella casa tan característica con sus propias manos.

Dorm no tenía «ningún sentido de las limitaciones personales», decía mi padre con admiración. Aquello se volvió un valor que Dorm inculcó en los chicos de su familia y en su tropa de los *scouts*, a la que se unió mi padre nada más cumplir los doce años.

Tanto mi abuelo como Dorm habían dejado los estudios, pero gestionaron aquel desafío de modos completamente diferentes y, como consecuencia, las oportunidades que se les presentaron en la vida también lo fueron. Mi abuelo vivía en un constante estado de angustia y se aferraba a sus rígidas normas. Dorm no se obsesionaba con sus carencias, sino que se concentraba en lo que podía llegar a ser. Mi padre prefería la forma con que Dorm veía el mundo.

En el otoño de su penúltimo año de instituto, cogió ochenta y cinco dólares de la cómoda de su dormitorio, caminó las cuatro manzanas hasta un concesionario de coches usados y compró un viejo Ford cupé de 1939 modelo A con los neumáticos llenos de burbujas. Su padre no le dejaba usar el coche de la familia, demasiado peligroso para un adolescente. Mi padre no era todavía suficientemente mayor como para comprar el coche, así que su hermana firmó los papeles. (A veces, cuando contaba la historia, mi padre decía que ella incluso le compró el coche como regalo de cumpleaños).

Lo hizo consciente de que su padre se enfadaría, y no solo con él. Jamás habría gastado dinero en un coche para su hijo. Y ahora, su hermana, a la que le tenían prohibido conducir, era propietaria de un coche.

Mi padre fue con el coche hasta su casa y anunció como quien no quiere la cosa que era el orgulloso dueño de un destartalado cupé verde claro. Alarmada por los gritos delante de la casa, mi abuela metió a rastras al padre y al hijo, los sentó y les obligó a hacer las paces. Mi padre aseguraba que el mantenimiento del coche no costaría mucho y, por fin, convenció a su padre de que fuera a dar una vuelta con él. Me gusta imaginarlos a los dos juntos, a aquel viejo obstinado cediendo por fin ante la euforia de su hijo. Aquella noche, mi padre se levantó dos veces de la cama solo para asomarse a ver su nueva adquisición. «Estaba a punto de reventar de alegría…, ¡independencia por fin!», escribió mi padre en un trabajo de la universidad.

Mi padre llamó a su coche Clarabelle, nombre que le pareció que correspondía con su apariencia de mediana edad. Clarabelle le dio libertad, le llevaba a sus citas, a los partidos de fútbol y a sus salidas para pescar. En ocasiones se apretaban en su asiento trasero descubierto hasta diez personas o colgaban de los guardabarros mientras traqueteaba por las calles de Bremerton y los caminos forestales fuera de la ciudad.

Para entonces, mi padre había empezado a alejarse de la Ciencia Cristiana y a cuestionar la religión en general. En su último año de instituto, mi padre y dos amigos empezaron a pasar las noches del domingo en la casa de su entrenador de baloncesto, Ken Wills, un venerado líder en el centro escolar. Los domingos abría su gimnasio para cualquiera que prefiriera jugar al baloncesto en lugar de ir a la iglesia. Por la noche, mi padre y sus amigos escuchaban sus argumentos de por qué debían poner en cuestión el Antiguo Testamento y la existencia de Dios.

Estados Unidos llevaba casi dos años participando en la Segunda Guerra Mundial y muchos de los amigos de mi padre, la mayoría hombres de menos de cuarenta y cinco años que aún no combatían, se estaban preparando para la guerra. En el cielo sobre Bremerton flotaban enormes globos de barrera con el fin de frustrar cualquier ataque de los bombarderos japoneses. Colina abajo, en los astilleros de Bremerton, estaban reparando el buque estadounidense Tennessee y los barcos que habían sobrevivido a Pearl Harbor. Tras graduarse en el instituto, mi padre entró en la reserva militar del ejército, lo que le permitió ir a la Universidad de Washington hasta que le llamaran para cumplir con un servicio activo. Aquella llamada llegó a finales de su primer año. En junio de 1944, una semana después de que cientos de miles de soldados estadounidenses se abrieran camino por las playas de Normandía, mi padre acudió a la instrucción básica en Arkansas.

Fue entonces cuando mi padre decidió cambiarse de nombre. En su partida de nacimiento ponía «William Henry Gates III», demasiado pijo en su opinión para tratarse del hijo de un vendedor de muebles. Convencido de que el estatus que implicaba ese «tercero» sería una invitación al ridículo y las burlas por parte de los sargentos de maniobras y sus compañeros del ejército, se deshizo legalmente del numeral y lo sustituyó por «Junior».

Reconozco a mi padre en el joven de diecinueve años que escribía con frecuencia cartas a su casa desde su instrucción básica y, más tarde, desde la Escuela de Formación de Oficiales del ejército. Se muestra gracioso, seguro de sí mismo, habla de lo mucho que se estaba esforzando y del profundo cariño que sentía por su familia. Entretejida a lo largo de sus cartas, aparece una frustración por cómo el incierto calendario del ejército le dificulta concretar una visita a su casa. Se muestra alegre, arrepentido por el dinero de más que necesita que le envíen desde casa para pequeñas compras (ropa interior) y porque ha prestado quince dólares a otro recluta. Sobre todo, se le ve reflexivo con respecto a su vida. La vida militar es dura, cuenta. Pero se centra en madurar y esforzarse por ser mejor. Se maravilla ante el nuevo mundo al que se expone, jóvenes de todo tipo de vida, pobres, ricos y personas de color. Con un grupo de sureños mi padre discute sobre la Guerra Civil.

En la escuela de oficiales te sometían a pruebas con regularidad. Si no aprobabas, te echaban. Con cada examen, mi padre veía como su clase se iba haciendo cada vez más pequeña. Aunque los iba superando, le preocupaba el siguiente examen, especialmente las flexiones, las dominadas, los cien metros arrastrándose por el suelo y otras pruebas físicas. Entró en el servicio siendo «un poco enclenque —escribió—. Casi tengo la sensación de estar convirtiéndome ya en un hombre y dejando de ser el chico que soy ahora. Si me echan de aquí, sé que no lo voy a superar. Si consigo quedarme, creo que podré afrontar cualquier aspecto de mi vida con más confianza y ánimo. Estoy seguro de que será así. Además del aspecto mental, nunca he estado en mejor forma física».

Y sí que lo consiguió, graduándose como alférez, y se encontraba a bordo de un barco hacia Filipinas el 15 de agosto de 1945, cuando Japón se rindió. Mi padre pasó la mayor parte de su despliegue como miembro del primer grupo de soldados en Tokio. Sus cartas están llenas de vertiginosos contrastes: la belleza de subir al monte Fuji a primera hora de la mañana y el impactante estado de Tokio tras los bombardeos estadounidenses: casas quemadas y edificios que no eran más que carcasas de hormigón.

Mi padre rara vez hablaba de su experiencia en el ejército. Sabía que era afortunado. La escuela de oficiales evitó que fuera a luchar durante medio año y, después, la bomba atómica puso fin a la guerra. Muchos de sus amigos no tuvieron tanta suerte, y los que consiguieron regresar se trajeron con ellos la guerra a casa. Un amigo de mis padres que vivía cerca de nosotros en Seattle había recibido un disparo en la cabeza y sobrevivió. En su casa tenía expuestos su casco destrozado y su condecoración del Corazón Púrpura. Si le preguntaban, mi padre contestaba que el servicio militar fue tremendamente valioso para él y no decía más.

Cuando regresó a Estados Unidos, mi padre se apresuró a sacarse una licenciatura, empezar su carrera profesional y…, bueno, también a bailar.

Mis padres se hicieron amigos cuando los dos eran voluntarios del consejo estudiantil. Los Estudiantes Asociados de la Universidad de Washington componían tanto un club social como un órgano de gobierno, por lo que mis padres tuvieron muchas oportunidades de pasar tiempo juntos. En aquel momento, la asociación se enfrentaba a la política tradicional de la Junta de Regentes de la universidad que prohibía los discursos políticos. Sé que aquella medida enfadaba a mi padre y que se esforzó por acabar con la prohibición, aunque al final no lo consiguió.

Al contrario que su futuro novio, al que le gustaba trabajar en segundo plano, mi madre prosperaba desde el centro, y aún más si la habían elegido sus compañeros para ocupar ese lugar. Con su habitual determinación, dirigió en su penúltimo año una campaña muy organizada para ser secretaria del consejo de estudiantes. Compuso una canción para la campaña (le venía bien que su nombre rimara con «secretaria») y también un guion que tenían que seguir sus adeptos cuando telefonearan a los estudiantes para pedirles el voto. El día de las elecciones, supervisó de forma meticulosa cómo los cinco mil alumnos que votaban metían sus papeletas. Mi madre venció a sus rivales por un amplio margen.

En un álbum de recortes guardó los telegramas de felicitación de amigos y familiares, así como una nota escrita a mano por sus hermanas de sororidad. También conservaba una carta de su abuelo en la que aludía a sus grandes logros de esa primavera: elegida tanto para el puesto de secretaria como de presidenta de su sororidad, además de quedar la primera en una carrera de esquí. Como recompensa por esas tres victorias, le adjuntó setenta y cinco dólares (unos mil dólares de hoy en día) y le dio la enhorabuena por «pasar al primer plano».

Para mí es fácil imaginarme el comienzo de la amistad de mis padres. Mi madre tenía una forma de ser cálida y elegante que le otorgaba una capacidad casi mágica para conectar. Si aparecías en una fiesta y no conocías a nadie, mi madre era la primera persona que te extendía la mano, te daba la bienvenida y te facilitaba el ingreso en algún grupo que hubiese en la habitación. El pastor de nuestra iglesia dijo una vez que mi madre «nunca conoció a una persona que no fuera importante».

Me la imagino decidida a intentar sacar conversación a un alto y flacucho Bill Gates Junior. Ve que es reservado e intenta imaginar cuál es su historia, de dónde es, quiénes son sus amigos y qué cosas le emocionan. Enseguida encuentra puntos en común: las personas y los problemas del consejo estudiantil. Lo hace sin flirtear. Él es dos años mayor y ya está perdiendo pelo. No es el típico chico atractivo. Su novio de entonces sí lo era. En fotos, parece más cincelado. Más en la media.

Aun así, siente curiosidad. Cuando Bill Gates habla, no dice ninguna tontería. Se expresa con lógica, con claridad y de forma analítica. Hay gente que piensa en voz alta —su mejor amiga, Dorothy, es así—, pero este joven habla desde una sabiduría que le hace parecer mayor, más reflexivo que la gente que le rodea. Además, es divertido. Tiene una gran sonrisa y es una persona alegre.

Mi padre, por su parte, se siente atraído por la energía de mi madre, su mente rápida y su arrojo para decir lo que piensa, incluso cuando eso implica decirles a los demás qué es lo mejor para ellos. «Bill, creo que sería una buena idea que fueras...» probablemente sea un comentario que él empezó a oír poco después de conocerla.

Además, bailaban bien juntos.

La colección de fotos de Mary Maxwell cuenta el resto de sus comienzos. Desde la primavera de 1948, aparece en las fotos de los bailes, fiestas y otros eventos universitarios con el chico cincelado. Pero a principios de 1950 debió de pasar página, ya no aparece el otro tipo, solo una foto de una fiesta medio informal de principios de 1950: mis futuros padres, sentados en una mesa, sonriendo a la cámara. Mi padre se graduó esa primavera tanto de un título medio como de la licenciatura de Derecho, gracias a un programa acelerado que se ofrecía a los veteranos del ejército. Mi madre se licenció un año después en Magisterio.

Debieron de resolver las diferencias que sus cartas dan a entender porque en mayo de 1951 se casaron. Mi madre se fue enseguida con mi padre a Bremerton, donde él trabajaba para un abogado que era, además, el fiscal municipal. El trabajo obligaba a mi padre a ayudar a la gente en sus procesos de divorcio y a encargarse de los casos judiciales de la policía. Mientras tanto, mi madre empezó a dar clases en el mismo instituto al que había asistido mi padre.

Tras dos años en Bremerton, las perspectivas de conseguir un trabajo mejor y una vida más emocionante les hizo regresar a Seattle y, a los pocos meses de mi nacimiento, nos volvimos a mudar a una casa recién construida en View Ridge, una zona del norte de Seattle con colegio de primaria, parque infantil y biblioteca a poca distancia a pie. Todo el barrio seguía aún en plena construcción cuando llegamos. Tengo una película que grabó mi padre poco después de mudarnos: se puede ver un patio de tierra donde aún no habíamos plantado el césped. Mi hermana va montada en su triciclo por una acera tan limpia que el cemento casi parece líquido. Al otro lado de la calle se ve la estructura de madera de una casa sin terminar. Contemplo esa película y me quedo asombrado al observar todo tan nuevo, como si todo el barrio estuviese recién construido para niños como nosotros.

2

View Ridge

Todo comenzó con una explosión y, después, un temblor de la casa. Mi madre acababa de despedirse de Kristi, de mí y de la niñera mientras salía para reunirse con mi padre y cenar con él. Cuando empezó el temblor, se quedó paralizada, con la mano en el pomo de la puerta. En aquel momento, vimos por la ventana de atrás cómo el tejado de la cochera salía volando por encima de nuestra casa y caía de golpe contra el jardín trasero, destrozando la valla de nuestro vecino.

Mi madre nos llevó al sótano, donde nos apiñamos junto a nuestras reservas de latas de comida y otras provisiones para ataques nucleares. En 1962, una bomba parecía mucho más probable que lo que nos trastocó aquel viernes por la noche: un tornado, el primero registrado en la historia de Seattle. Se formó en nuestro barrio de View Ridge, tocó tierra en nuestra calle y salió disparado por nuestro jardín antes de continuar por el lago Washington, donde levantó hacia el cielo una columna de agua de treinta metros. En quince minutos había desaparecido. Milagrosamente, nadie salió herido. Aparte de los árboles arrancados y las ventanas rotas, la mayor parte de los daños en nuestro barrio se limitó a nuestra cochera. El *Seattle Post-Intelligencer* envió a un reportero y un fotógrafo. Mi madre pegó la foto que acompañaba al artículo, un niño del barrio posando sobre la estructura arrasada, en el libro de recortes, junto al resto de los recuerdos de mi infancia.

Mi padre quería celebrar una barbacoa, invitar a varios amigos a casa para que vieran la masa de madera hecha astillas, los postes metálicos y las placas de alquitrán que antes habían formado nuestra cochera. Mi madre se negó. Seguía alterada. Si hubiese abierto la puerta unos segundos antes, quién sabe lo que podría haberle ocurrido a ella o a nosotros. Además, ninguna familia respetable celebraría una cosa así. Habría sido indecoroso. No se correspondía con la imagen que tenía mi madre de cómo debía presentarse la familia Gates.

Mi hermana Kristi y yo (y más tarde Libby) formábamos parte de la enorme cohorte de niños —*baby boomers*— nacidos durante el periodo de prosperidad y optimismo posterior a la Segunda Guerra Mundial. La Guerra Fría estaba en su apogeo y ya había comenzado el movimiento por los derechos civiles. Semanas después del tornado, Kennedy se enfrentó a Jrushchov por los misiles soviéticos en Cuba. El último día de aquella crisis, mientras el mundo se libraba de una conflagración nuclear, yo me encontraba en nuestra sala de estar abriendo regalos por mi séptimo cumpleaños. Casi un año después, un cuarto de millón de personas se manifestaba en Washington D. C., donde Martin Luther King Jr. dijo que soñaba con que un día nuestro país fuera un lugar donde todos los hombres fuesen iguales.

La toma de conciencia de estos acontecimientos históricos me llegaba a cuentagotas, tan solo en forma de nombres y palabras que oía mientras mis padres veían las noticias de la noche de la CBS y hablaban de los artículos que leían en el *The Seattle Times*. En la escuela, los profesores nos enseñaban películas espeluznantes con imágenes de Hiroshima y hongos nucleares. Ensayábamos la forma de ponernos a cubierto. Pero, para un niño de View Ridge, aquel mundo más grande se percibía como algo abstracto. Una cochera venida abajo era casi el suceso más dramático de nuestras vidas. La sensación abrumadoramente imperante en familias como la nuestra era la de la seguridad. Nuestros padres y los otros padres que nos rodeaban habían sufrido la Gran Depresión y la Segunda Guerra Mundial. Cualquiera podía ver que Estados Unidos estaba en auge.

Al igual que el resto del país, Seattle se estaba expandiendo hacia las afueras. Se arrasaron campos y bosques para crear espacio para las casas y los centros comerciales. Aquella transformación había comenzado en nuestra ciudad durante la guerra, cuando la compañía local Boeing se convirtió en un importante fabricante de aviones de guerra. Yo nací a la vez que Boeing lanzaba el primer avión a reacción para pasajeros viable, y, en los años siguientes, los viajes en avión pasaron de ser algo minoritario a rutinario.

Desde la ventana de mi dormitorio podía oír los chasquidos de los bates de béisbol del estadio de View Ridge, que estaba al otro lado de la casa de nuestro vecino. Cuando empecé en la escuela de primaria de View Ridge en 1960, acababan de añadir un ala nueva para alojar a más de mil alumnos; pronto la ciudad necesitaría construir una segunda escuela de primaria en las proximidades. Diez manzanas colina arriba en la otra dirección, la sucursal nordeste de la Biblioteca Pública de Seattle se vanagloriaba de tener la mayor colección de libros infantiles del sistema bibliotecario de la ciudad. Cuando la biblioteca se inauguró un año antes de nacer yo, una cola de niños salía desde la puerta hasta la calle. En mi juventud, se convertiría en una especie de club y, durante mucho tiempo, fue mi lugar preferido de todo el mundo.

Era una comunidad de familias de empresarios, médicos, ingenieros, abogados como mi padre, veteranos de la Segunda Guerra Mundial, que gracias al G. I. Bill habían conseguido acceder a la universidad y al norte de Seattle, donde disfrutaban de una vida mejor que la que habían tenido sus padres. Era un barrio blanco y de clase media. Si hubiese nacido negro en el Seattle de 1955, no habría vivido en View Ridge. Nuestro barrio y los que lo rodeaban tenían convenios raciales promulgados en la década de 1930 que prohibían que cualquier persona «no blanca» pudiera «habitar» en casas de esa zona (salvo el personal de servicio). Aunque, en teoría, el Tribunal Supremo puso fin a esas horrorosas restricciones en 1948, Seattle continuó segregando durante mucho tiempo, y a las personas de color se las obligaba a vivir, sobre todo, en la zona industrial del sur de la ciudad.

El lanzamiento del Sputnik ruso en 1957 provocó que Estados Unidos inyectara dinero en la ciencia y la tecnología, lo que condujo al nacimiento de la NASA y lo que entonces se conoció como la Agencia de Proyectos de Investigación Avanzados. Parte de ese dinero terminó llegando al centro de Seattle, donde la ciudad planeaba albergar la siguiente Exposición Universal, que recibió el nombre de Century 21. La exposición se convirtió enseguida en una réplica a Rusia, un escaparate de la pericia científica estadounidense y de la visión de su futuro en el espacio, el transporte, la computación y la medicina, así como su papel como ente pacificador mundial. Las apisonadoras echaron abajo calles enteras de casas de renta baja para dejar espacio para el evento. A partir de un esbozo en una servilleta se levantó la torre Space Needle, Aguja Espacial, de más de ciento ochenta metros de altura.

«Lo que mostramos aquí se ha logrado gracias a un enorme esfuerzo en los campos de la ciencia, la tecnología y la industria —dijo el presidente Kennedy cuando inauguraba la exposición vía satélite desde Florida—. Esto ejemplifica el espíritu de paz y colaboración con el que afrontamos las décadas venideras».

Unos días después, mi madre me puso una camisa y una chaqueta azul y, junto al resto de mi familia igualmente arreglada en exceso, salimos hacia el Century 21. Vimos la cápsula Mercury, que acababa de llevar al espacio al primer estadounidense. En el Spacearium visitamos el sistema solar y la Vía Láctea. Contemplamos la visión de Ford del futuro en un coche de seis ruedas impulsado por energía nuclear, conocido como el «Seattle-ite XXI», y la idea de IBM de una computadora barata, la IBM 1620 de cien mil dólares. En un cortometraje que vimos, titulado *The House of Science*, se mostraban los avances del pensamiento humano desde los primeros matemáticos hasta los hombres (mucho tiempo antes de que se reconocieran apenas las contribuciones de las mujeres científicas) que se encontraban a la vanguardia de la biología, la física, las ciencias de la Tierra y las computadoras. «¡El científico ve la naturaleza como un sistema de rompecabezas! —declaraba el eufórico narrador—. Mantiene la fe en el orden subyacente del universo». Aunque yo no entendía del todo los detalles, me hice una idea general: los científicos saben cosas importantes. A lo largo de los cuatro meses que duró la feria, volvimos en repetidas ocasiones. Visitamos cada pabellón y montamos en todas las atracciones. Probé los gofres belgas, que se introdujeron en Estados Unidos gracias a la feria. Estaban deliciosos.

La versión hollywoodiense de mi historia podría ser la siguiente: fascinado con el pabellón de IBM, casi a los siete años, me enamoré de las computadoras y, desde entonces, no aparté la vista de ellas. Puede que ese haya sido el caso de otros niños. Paul Allen, mi socio en los inicios de Microsoft, atribuía a la feria el hecho de haberse enganchado a las computadoras igual que los músicos cogen el violín a esa edad y nunca más lo sueltan. No fue mi caso. Yo me enamoré del temerario tándem de esquiadores acuáticos y aluciné con las vistas de nuestra ciudad desde el Space Needle. Y lo mejor de todo, al menos en mi opinión, fue el Wild Mouse Ride, un artilugio parecido a una montaña rusa que lanzaba pequeños vagones de acero de dos asientos mientras te partía el cuerpo con cada curva. Recuerdo grandes sonrisas y muchas carcajadas. Parecía arriesgado y avivó mi eterno amor por las montañas rusas.

Aun así, aquella visión tan optimista de la tecnología debió de afectarme. En aquella edad tan impresionable, el mensaje de 1962 quedaba muy claro: vamos a explorar el espacio, a acabar con las enfermedades, a viajar más rápido y con mayor facilidad. La tecnología suponía progreso y, en las manos adecuadas, traería la paz. Mi familia vio aquel otoño el discurso de Kennedy de «elegimos ir a la luna» estando todos reunidos en torno a la televisión mientras el presidente le decía al país que teníamos que emplear las mejores de nuestras energías y destrezas para lograr un futuro valiente. Unos días después vimos el estreno de *Los supersónicos*, donde se ofrecía una versión de ese futuro en dibujos animados, con coches voladores y perros robot. Del presentador Walter Cronkite y la revista *Life* recibimos un flujo constante de nuevas maravillas: el primer láser, la primera cinta de casete, el primer robot industrial y el primer chip de silicona. No podías ser un niño en esa época sin sentir la emoción de todo esto.

Este clima de potencial infinito fue el telón de fondo de mis primeros años y de las ambiciones que mi madre tenía para nosotros. Fui educado por mis dos padres por igual, pero fue mi madre la que adelantó nuestros relojes ocho minutos para que estuviéramos cronometrados con la hora de mamá.

Desde el principio, ella tuvo una gran visión para nuestra familia. Quería que mi padre disfrutara de muchísimo éxito, que para ella se definía menos por el dinero y más por la reputación y su papel a la hora de ayudar a nuestra comunidad y a un amplio círculo de organizaciones cívicas y benéficas. Imaginó a unos hijos que destacarían en los estudios y los deportes, que serían activos socialmente y que se entregarían por entero a todo lo que hicieran. Que todos sus hijos fueran a la universidad se daba por descontado. Su papel en esta visión era el de pareja y madre alentadora, así como de activo en la comunidad que finalmente emprendería su propia carrera. Aunque no lo dijo nunca de manera explícita, sospecho que su modelo de la familia Gates estaba influido por la familia más famosa del momento: los Kennedy. A principios de la década de 1960, antes de toda la tragedia y los problemas que recaerían sobre el famoso clan, formaban el modelo de una familia estadounidense atractiva, de éxito, activa, atlética y bien equipada. (Más de una de sus amigas comparaba a Mary Maxwell Gates con Jackie Lee Kennedy).

Vivíamos conforme a una estructura de rutinas, tradiciones y normas que había establecido mi madre. Dirigía, como decía mi padre, «un hogar bien organizado». Tenía una idea clara de lo que era correcto y lo que no, y la aplicaba a todos los aspectos de la vida, desde los asuntos más cotidianos hasta las decisiones y los planes más importantes. Las tareas diarias, como hacer la cama, limpiar la habitación, vestirse, planchar y prepararse para la jornada, eran rituales sacrosantos. No salías de casa con la cama sin hacer, con el pelo sin peinar o con una camisa arrugada. Sus edictos, repetidos a lo largo de toda mi juventud, forman parte de mí ahora, aunque sigo sin obedecerlos: «No comer delante de la televisión»; «No poner los codos sobre la mesa»; «No traer el bote de kétchup a la mesa». (Sería indecoroso servir condimentos en nada que no fuesen unos platitos y con la ayuda de una cucharita). Para mi madre, estos pequeños detalles eran la base de una vida bien ordenada.

En 1962, siendo alumno de primer curso, y luego de segundo, subía con Kristi una pequeña pendiente hasta la escuela primaria de View Ridge, donde mi hermana había sido el molde de lo que los profesores esperaban de mí. Kristi siempre obedecía las normas. Vigilaba el indicador de velocidad desde el asiento de atrás de nuestro coche y avisaba a mi padre cada vez que excedía el límite de velocidad. En la escuela fue una alumna cuidadosa, de trato fácil con los profesores, que terminaba sus tareas a tiempo y, lo que es más importante, que sacaba muy buenas notas.

Yo era diferente, tal y como mi madre había advertido previamente a mis profesores de preescolar. Al comienzo de la escuela primaria ya leía mucho a solas en mi casa. Estaba aprendiendo a estudiar por mi cuenta y me gustaba la sensación de poder absorber rápidamente nuevas informaciones y entretenerme con libros infantiles. Sin embargo, la escuela me parecía lenta. Me costaba mostrar interés por lo que estábamos aprendiendo; la mente se me disparaba. Cuando algo atraía mi atención, saltaba de mi asiento, levantaba la mano con frenesí y gritaba una respuesta. Mi intención no era ser alborotador; sencillamente, mi mente pasaba fácilmente a un estado de exuberancia descontrolada. Al mismo tiempo, también sentía que no encajaba con los demás niños. El hecho de que mi cumpleaños fuera a finales de octubre significaba que era más joven que la mayoría de mis compañeros de clase, y lo cierto es que se me notaba. Era pequeño y muy delgado y tenía una voz inusualmente aguda y chillona. Era tímido con los demás niños. Y tenía esa costumbre de balancearme.

Sentía que mis padres mantenían un contacto estrecho con mis profesores, más que los padres de otros niños. ¿Las demás familias invitaban también a cenar a los profesores de sus hijos al comienzo del año escolar? No creía que fuera así. Para mis padres, se trataba de algo natural, una muestra de su compromiso con nuestra educación. Para Kristi y para mí aquello solo era bochornoso. No nos parecía lógico ver a nuestro profesor cenando en la mesa de nuestro comedor. Durante años, solo una profesora rechazó la invitación, por temor a que ser atiborrada con un guiso supusiera un conflicto de intereses. (Esperó a que terminaran las clases antes de aceptar).

Mis padres no nos acosaban con las notas. Sus expectativas las

expresaban principalmente con la forma en que mi madre hablaba de otras familias. Si al hijo o la hija de alguna familia de amigos no le iba bien en los estudios o se metía en algún lío, mi
madre especulaba con lo decepcionados que sus padres debían
de sentirse. Jamás nos decía: no seáis como esos niños. Pero en
vista del tono trágico a la hora de narrar la historia, entendíamos
el mensaje implícito: no hagáis el vago. Destacad. No nos de-
cepcionéis. También convinieron un sistema de recompensas: la
tarifa para un sobresaliente era de veinticinco centavos; si sacabas
todo sobresalientes, ganabas una cena en el restaurante que quisieras, que normalmente estaba a más de ciento ochenta metros
de altura, en El Ojo de la Aguja, el comedor giratorio en la cima
del resplandeciente Space Needle. Siempre íbamos allí gracias a
las notas de Kristi, pero, como hermano suyo, yo conseguía su-
marme sin importar cuáles fuesen las mías.

Para entonces, mi madre ya empezaba a pasar más tiempo
como voluntaria en organizaciones sin ánimo de lucro como la
Junior League y lo que más tarde se conocería como la United
Way. A menudo salía por las tardes, y mi hermana y yo llegábamos a casa del colegio y nos encontrábamos con que Gami nos
estaba esperando. Me encantaba verla en la puerta. Eso quería
decir que nos metería en casa, nos daría galletas saladas con crema de cacahuete o alguna otra merienda para niños, y nos pre-
guntaría por las clases. Después, durante el resto del día, leíamos
o jugábamos juntos hasta que llegaba mi madre. Gami era como
un tercer progenitor. Venía con nosotros a las vacaciones, a las
fiestas de patinaje por Navidad, a los viajes de verano y a casi
cualquier otro acontecimiento familiar. Otras familias sabían que
si se juntaban con los Gates había que incluir a menudo a la
abuela, que sería la mejor vestida del grupo, con su collar de per-
las y su cabello perfectamente peinado. Aun así, ella no se consideraba una representante de los padres; era nuestra amiga y paciente maestra. Quería dar a mis padres espacio para que nos
educaran a su manera. Existía una clara línea divisoria entre roles

que ella respetaba dándonos las buenas noches y volviendo a su casa justo antes de que mi padre regresara del trabajo.

Poco después de que él entrara por la puerta, nos sentábamos a comer. Por lo general, mi madre me tenía que decir que dejara el libro: no se permitía leer en la mesa. La cena con la familia era un momento para compartir. Mi madre había oído que el padre de JFK, Joseph Kennedy, esperaba a que llegara cada uno de sus hijos a la cena dispuesto a explicar algún tema que él les hubiese asignado. El futuro presidente podía ofrecer unas nociones generales sobre Argelia entre bocados a las zanahorias. Hablamos de ese ritual de los Kennedy en la cena y de las cosas importantes que se podían aprender durante esa hora juntos. Mis padres no esperaban que les diéramos una disertación sobre ningún tema, pero charlábamos sobre cómo nos había ido el día y ellos nos contaban el suyo. Mediante estas conversaciones empecé a hacerme una imagen en la mente de las vidas de los adultos y de lo que ocurría en ese mundo más extenso que habitaban.

Fue durante las cenas cuando oí por primera vez expresiones como «fondos de contrapartida» o «resolución de conflictos», mientras mi madre hablaba de las campañas de la Junior League o de algún problema de la United Way. Detectaba el tono serio de mi madre. Hay que tratar a cada persona de forma justa. Hay que estudiar cada problema con cuidado. Hay que gastar cada dólar con prudencia. Mi madre taquigrafiaba su filosofía con una expresión que oíamos mucho en casa: hay que ser «un buen administrador». Su definición se correspondía con la del diccionario *Merriam-Webster*: la gestión escrupulosa y responsable de algo que ha sido confiado al cuidado de alguien. Mi madre era tal cual.

En aquella época, mi padre trabajaba en Skeel, McKelvey, Henke, Evenson & Uhlmann, un bufete que era conocido por sus duros y meticulosos litigios. No creo que ser un buldog de los tribunales se correspondiera con el temperamento de mi padre, pero, al igual que el ejército, estoy seguro de que lo veía como una buena formación. Yo no conocía los detalles de sus casos, pero tenía una idea clara de que las empresas pagaban a mi padre por hacer una labor importante. El nombre de Van Waters & Rogers, una empresa química de la ciudad en crecimiento y uno de los clientes más importantes de mi padre, estaba siempre presente.

Antes de saber a qué se dedicaba exactamente un abogado, aprendí a través de mi padre que la ley era algo que había que venerar. Las anécdotas que contaba hacían alusión a los orígenes de su muy desarrollado sentido de la justicia. Oímos hablar del Comité Canwell, una caza de brujas anticomunista que barrió la Universidad de Washington cuando mis padres estudiaban allí. Albert Canwell, el parlamentario estatal que presidía el comité, prohibió las repreguntas y las protestas y se burló de otros aspectos de la justicia. Precursor de los interrogatorios de McCarthy a escala nacional unos años después, este comité acabó con la carrera de personas inocentes, incluidos dos profesores que habían dado clase a mi padre. Se quedaba absorto con la cobertura de las declaraciones y despreciaba el flagrante abuso de la justicia por parte del comité.

En algunas ocasiones, mis padres nos dejaban ver *Perry Mason*, la popular serie de televisión que se centraba en los juicios de un experto abogado penalista. Justo antes de los títulos de crédito, todos los detalles de algún caso confuso encajaban por arte de magia y todo se resolvía. Escuchando a mi padre, supe que el derecho (y la vida) no eran así. Sus casos parecían supercomplicados. Después de cenar, solía quedarse levantado hasta tarde, inclinado sobre un montón de papeles en la mesa del comedor, preparando el caso del día siguiente. Era mucho menos glamuroso que la versión televisiva, pero mucho más interesante para mí.

Si mis padres parecen un poco virtuosos y decididos con respecto a lo de hacer voluntariado, buscar la forma de recompensar y ese tipo de cosas, no puedo evitarlo. Así eran en realidad.

Invertían muchas horas del día en planes y reuniones, llamadas y campañas y cualquier otra cosa que hiciera falta para ayudar a su comunidad. Mi padre podía muy bien pasar una mañana en una esquina con una pancarta defendiendo el impuesto escolar y por la noche asistir a la junta de la YMCA de la universidad donde había ocupado el cargo de presidente. Cuando yo tenía tres años, mi madre presidió un programa de la Junior League para mostrar piezas museísticas a alumnos de cuarto en clase. Lo sé porque nosotros hacíamos el periódico; el pie de foto bajo la imagen de los dos y una caja de instrumentos médicos decía: «La esposa de William Gates Junior observa mientras su hijo de tres años y medio, William Gates III, examina un antiguo equipo médico incluido en una "caja de Tillicum"».

Los amigos de mis padres eran igual. No se trataba de personas que estuviesen deseando salir de sus lugares de origen en busca de unas vidas más emocionantes en Los Ángeles o Nueva York. Se habían licenciado en la Universidad de Washington en Derecho, Ingeniería y Empresariales, y después se habían establecido a pocos kilómetros de su *alma mater* y de sus viejos amigos. Habían tenido hijos, habían puesto en marcha sus negocios, habían entrado a trabajar en empresas, se habían presentado para cargos electivos y pasaban su tiempo libre en sus propias versiones del impuesto escolar y de la junta de la YMCA. Muchos de los amigos de mi padre eran miembros de la Liga Municipal. No, no era un campeonato de bolos, sino una organización de jóvenes reformistas imparciales, la mayoría de treinta y tantos años, al igual que mis padres, que estaban decididos a derrocar lo que consideraban un retrógrado gobierno en Seattle. Mi padre nos explicó que la liga evaluaba la cualificación de los candidatos políticos y publicaba los resultados durante los años de elecciones. A principios de la década de 1960, manteníamos durante la cena conversaciones sobre cómo esperaba la liga limpiar el lago Washington. Varios años de vertido de aguas residuales y de desechos industriales habían contaminado el agua del lago. A mediados de esa década, pudieron retirarse los carteles de «Agua contaminada peligrosa para el baño».

¿Cuánto me afectó toda esa exposición a conversaciones de adultos? Es evidente que con el tiempo sí que lo hizo, pero de niño me dejó sobre todo la impresión de que ser adulto consistía en estar ocupado. Mis padres eran personas ocupadas, todos sus amigos también.

Cuando los amigos de mis padres venían a casa, se esperaba que mis hermanas y yo estuviésemos con ellos. A menudo, eso implicaba que mi madre nos asignara alguna tarea. La mía era servir el café mientras ellos jugaban a las cartas. Yo me sentía orgulloso cuando mi madre me veía dando vueltas por la mesa inclinando con cuidado la cafetera sobre las tazas de porcelana, tal y como ella me había enseñado. Es un recuerdo al que recurro incluso ahora cuando quiero sentir la cercanía de mi madre. Me sentía importante, incluido en ese ritual adulto, como parte fundamental de su diversión.

Sobre un mapa, el canal Hood tiene la forma de un anzuelo dentado. En realidad, no se trata de un canal —pues los canales son obra del hombre—, sino de un fiordo formado por un glaciar al sudeste de Seattle, en la península Olympic. De niño, mi padre pescó allí su primer pez (un salmón casi tan largo como alto era él) y cuando era *boy scout* acampaba en sus playas. Mi madre había asistido allí a un campamento que era propiedad de dos dirigentes de las Soroptimistas, un grupo de chicas y mujeres voluntarias. Después de casarse, mis padres empezaron a ir al canal todos los veranos. En una de las primeras fotografías en la que salgo yo, con unos nueve meses de edad, mi padre me tiene en brazos y está sentado en un banco con mi abuelo a nuestro lado: «Los tres Bill Gates, canal Hood, 1956».

A principios de la década de 1960, mis padres y un grupo de amigos suyos empezaron a alquilar cabañas en Cheerio Lodge

Cottages todos los meses de julio. Todavía recuerdo el cartel en azul y blanco, «Cheerio», a un lado de la carretera de la costa norte cuando girábamos hacia el interior de un grupo de casitas que serían nuestro hogar durante las siguientes dos semanas. No era un lugar lujoso, solo un grupo de diez casitas junto a una pista de tenis y una zona central con un foso para fogatas. Al lado había bosques, campos abiertos y playas de guijarros. Para un niño, era el paraíso. Nadábamos, chapoteábamos por el lago con barquitas, buscábamos ostras, corríamos por el bosque y jugábamos al pañuelo. Yo comía montones de hamburguesas y polos. Normalmente íbamos las mismas diez familias, y entre niños y adultos sumábamos unas cincuenta personas. Eran los amigos más íntimos de mis padres, muchos de ellos de la época de la universidad. Mi padre cambiaba su expresión de abogado serio y reservado y se transformaba en lo que llamábamos «el alcalde de Cheerio», una especie de director de juegos y domador de niños. Cada noche, cuando la hoguera se iba apagando, los niños sabíamos que, en cuanto mi padre se ponía de pie, había llegado la hora de ir con él: una hilera de críos a los que llevaba a sus respectivas cabañas para dormir. Desfilando tras él, entonábamos canciones inventadas siguiendo la melodía de «Colonel Bogey March», de la película *El puente sobre el río Kwai*. (Más tarde, cuando vi la película, me di cuenta de que aquella era una canción para animar a los prisioneros de guerra. A mis hermanas y a mí siempre nos trae el recuerdo de mi padre bailando con una fila de niños caminando tras él. «Desfilemos por el camino a Cheerio...»).

Como alcalde, mi padre presidía la ceremonia inaugural de los Juegos Olímpicos de Cheerio. Arrancábamos todo aquel espectáculo con una ceremonia de encendido de la antorcha, en la que uno de los niños, adornado con una corona de hojas, corría con una antorcha encendida (eran los años sesenta) para señalar el comienzo de una competición que duraba varios días. Los juegos consistían más en pruebas de destreza y empuje que de atletismo: una carrera de sacos de arpillera, una carrera de velocidad, una carrera de tres piernas, una prueba de obstáculos entre cámaras de neumáticos de coche, y una carrera con un huevo sobre una cuchara. Tengo recuerdos de mi padre agarrándome las piernas para la carrera de carretillas. Cualquiera que fuera la prueba, yo me entregaba al máximo para terminar el día subiendo al podio. No tenía mucha destreza, pero sí empuje.

Cuando llevábamos como una semana en Cheerio, los adultos escribían el apellido de cada familia en un trozo de papel y hacían que cada niño sacara un nombre de una cajita azul. Según el apellido que sacaras —Baugh, Berg, Capeloto, Merritt o cualquiera de los otros— tenías que ir a la cabaña de esa familia y cenar con los padres. Mientras tanto, sus hijos cenaban con los padres del apellido que hubiesen sacado. Aquello se le ocurrió a mi madre. Cuando recuerdo mi infancia, identifico un patrón de empujarnos a mis hermanas y a mí a situaciones que nos obligaban a socializar, especialmente con adultos. Para mi madre, sus amigos eran ejemplos a imitar, el tipo de personas en el que esperaba que nos convirtiéramos. Todos habían ido a la universidad. Todos eran ambiciosos. Los hombres tenían puestos de dirección en empresas de seguros, finanzas y madereras. Un padre trabajaba en Ford y otro como fiscal federal. Uno tenía una gran empresa de jardinería, otro había lanzado el gol de campo ganador en el Rose Bowl. La mayoría, como mi padre, habían prestado servicio en el ejército durante la Segunda Guerra Mundial. Muchas de las mujeres eran como mi madre, haciendo malabares entre su familia y sus labores benéficas en sitios como las organizaciones de planificación familiar. En mi caso, aquellas cenas me impedían escabullirme para hacer trabajos de madera o zambullirme en un libro. A los seis o siete años, me resultaba duro, pero, con el tiempo, el plan de mi madre tendría su recompensa y llegaría a sentirme casi tan cómodo con aquellas familias en Cheerio como con la mía.

A los fabricantes de automóviles japoneses se los conoce por el *kaizen*, la filosofía de la mejora continuada que siguieron tras la Segunda Guerra Mundial para elevar la calidad de sus coches año tras año. Toyota no era nada en comparación con mi madre. Por ejemplo, en Navidad, que empezaba en nuestra casa a principios del otoño, mi madre leía sus notas de las vacaciones del año anterior para repasar qué había salido mal ese año y mejorarlo. Uno de los puntos decía: «Bill [mi padre] tiene serias dudas sobre volver a poner nieve en el árbol. Un fallo». Estoy seguro de que no volvimos a cometer el mismo error. En algún momento, su *kaizen* de Navidad mandó a mi padre al sótano, donde con su sierra y su madera de contrachapado hizo un Santa Claus de tamaño real. «El Gran Santa», como lo llamábamos, ocupó su sitio junto a la puerta de nuestra casa todas las vacaciones durante décadas.

Poco después de Halloween, tras pedirnos nuestra colaboración, mi madre diseñaba la tarjeta de felicitación de las Navidades de ese año. Con bolígrafos, fieltro, papel de colores, fotos familiares, incluso serigrafías y cualquier poema ingenioso que ella había compuesto, formábamos una cadena sobre nuestra mesa plegable para fabricar los cientos de tarjetas que enviábamos al vasto universo de amigos y familiares de mis padres. Mientras tanto, Gami hacía sus propias tarjetas a mano, una tradición que probablemente había heredado de su madre en una época en la que las tarjetas que vendían en las tiendas habrían resultado demasiado caras. El año del tornado, 1962, nuestra tarjeta de Navidad se burlaba de lo mal que mi familia lo estaba pasando para superarlo en una tira cómica donde en cada viñeta se veía a mis padres inventando formas estrafalarias de enviar nuestro mensaje navideño, entre las que se incluía un plan para contratar un avión que escribiera en el cielo «Felices Fiestas» con letras góticas. En una viñeta se ve a mi padre pensando que podría enviar restos de nuestra cochera con una inscripción que dijera: «Un simple soplo de viento para desearos Felices Fiestas».

Cuando las felicitaciones de Navidad ya estaban enviadas, empezábamos con las invitaciones para la fiesta anual de patines que celebrábamos en casa con otras dos familias. En esas tarjetas siempre se incluía alguna presentación personalizada o un rompecabezas: un patín de madera que tallaba mi padre con su sierra o un crucigrama en cuyas respuestas aparecía la fecha y hora de la fiesta. Los invitados sabían que, cuando llegaran a la Pista de Hielo Ridge, encontrarían a mi padre dando vueltas con sus patines, sus dos metros embutidos en un traje de Santa Claus alquilado, y a mi madre ofreciéndoles dónuts de azúcar y sidra al compás de los villancicos tocados en el viejo piano eléctrico Wurlitzer de la pista.

Los días siguientes transcurrían de la misma manera año tras año. En Nochebuena mi madre nos regalaba a todos los miembros de la familia pijamas a juego que había escogido para ese año. A la mañana siguiente, nos reuníamos todos en el pasillo vistiendo nuestros pijamas nuevos y, a continuación, entrábamos en fila en la sala de estar de uno en uno, por orden de edad. (Hacer cosas siguiendo el orden de edad era una tradición familiar muy arraigada). Después, de mayor a menor, abríamos nuestros calcetines. Siempre sabíamos qué íbamos a encontrar: una naranja y una moneda de dólar para los niños y, para mi madre, un ramo de claveles rojos de parte de mi padre. A continuación, pese al montón de regalos que suplicaban ser abiertos, hacíamos una pausa para desayunar: huevos revueltos y jamón con *kringles* daneses de la panadería de al lado. Por fin, nos disponíamos a abrir los regalos. Después de Kristi, yo abría uno ante la mirada de todos y, luego, volvíamos a empezar desde Gami hacia abajo, de mayor a menor. Los regalos solían tener una finalidad práctica y divertida y nunca eran caros. Siempre podías contar con cosas como calcetines y camisas, y quizá los libros de éxito más recientes.

Cuando terminaban las vacaciones, se guardaban todos los adornos, enviábamos las notas de agradecimiento y mi madre sacaba su bolígrafo y papel y empezaba a preparar las siguientes Navidades. Aunque, en ocasiones, mis hermanas y yo poníamos un gesto de hastío ante estas tradiciones, pues no terminábamos con los regalos hasta bien entrada la tarde, todavía con los pijamas puestos, habernos saltado alguna de ellas habría supuesto un fracaso. La Navidad sigue siendo una de las cosas que más recordamos mis hermanas y yo.

3

Racional

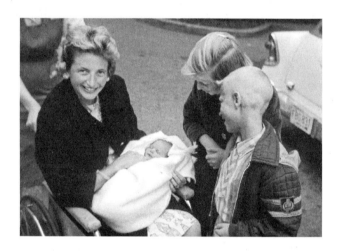

Unos días después de terminar mi segundo curso, mi madre y mi abuela nos metieron en el coche a mi hermana y a mí y partimos hacia nuestras primeras vacaciones importantes. Kristi y yo siempre nos referimos a aquel como el viaje a Disneyland, pero en realidad fue mucho más. Para mi madre, los miles de kilómetros que estábamos a punto de recorrer implicaban mil oportunidades para que sus hijos aprendieran.

Aquella mañana de junio de 1963, siguiendo el horario de mi madre, a las 8.15 en punto, salimos en dirección a la primera parte del viaje que en cuatro días nos llevaría hasta Los Ángeles. Mi padre tenía que trabajar esa semana; tomaría un vuelo y se reuniría allí con nosotros para ir a Disneyland y, después, hacer el viaje de vuelta juntos en coche.

Mi madre había comprado hacía poco lo que entonces era lo más vanguardista en tecnología de máquinas de escribir. Su IBM Selectric tenía una bola metálica del tamaño de una pelota de golf que estaba disponible en distintas fuentes y tipos de escritura. Podías intercambiar las bolas según la fuente y el estilo que quisieras —incluso en cursiva, que a mí me parecía lo más chulo de todo—. Antes de partir, mi madre había elaborado un cuaderno de viaje para mi hermana y para mí, dos páginas por día en las que teníamos que anotar lo que viéramos. Con aquella letra cursiva mecánica, nos escribió los títulos para que nosotros hiciéramos listas de las ciudades por las que pasábamos y la distancia aproximada que recorríamos cada día. Debajo, escribía distintas categorías que teníamos que rellenar. Era más o menos así:

1. *Accidentes geográficos*
2. *Clima*
3. *Distribución de la población*
4. *Uso del terreno*
5. *Productos*
6. *Monumentos y otros lugares de interés*
7. *Varios*

Debajo dejaba un espacio para las descripciones por escrito de la jornada de viaje. No nos faltó de nada para este tipo de ejercicio. Con su habitual energía, mi madre había establecido un itinerario detallado para cada día que nos llevó a dos capitolios estatales, el Lava Cast Forest de Oregón, un par de universidades, el puente Golden Gate, el castillo Hearst, la prisión de San Quintín, el zoo de San Diego, una demostración de cómo se fabrica la cera de abeja y unas cuantas paradas más.

Cuando mi madre iba al volante, Gami nos leía una novela sobre Man o' War, el purasangre que batió el récord de velocidad y resistencia y fue uno de los caballos con más victorias de la historia. Mientras escuchábamos a Gami, mi hermana y yo mirábamos por las ventanillas del coche para anotar mentalmente las cosas que teníamos que escribir en nuestro cuaderno de viaje: huertos de manzanos, edificios de adobe, camiones con enormes troncos de abeto, pozos de petróleo. Cada noche, en el hotel de carretera, Kristi escribía lo que habíamos visto bajo cada una de las categorías. Lo anotaba con cuidado, consciente de que mi madre lo revisaría después para corregir la gramática y la ortografía con un bolígrafo rojo. En un cuaderno más pequeño, yo apuntaba mis observaciones adicionales con una letra lo más clara que mi mano era capaz de hacer.

A lo largo de nuestras anotaciones diarias, mi madre se aseguraba de darnos clases de geografía, geología, economía, historia e incluso matemáticas…, y, con la emoción de fijarnos en todo, el arte de prestar atención. Esos diarios son la razón por la que sé que las estalactitas cuelgan hacia abajo y las estalagmitas suben hacia arriba y, por si a alguien le interesa, que hay doscientos sesenta y dos escalones hasta llegar a lo alto de la Rotonda del Capitolio de Washington.

Cuando mi padre se reunió con nosotros en Los Ángeles, lo recibimos con la historia del libro que acabábamos de terminar sobre aquel caballo tan increíble que había sido entrenado para ganar. Con el tiempo pareció como si mi madre se hubiese empeñado en una misión similar con sus hijos.

El verano de aquel viaje por carretera yo apenas era consciente de la dedicación de Gami a la Ciencia Cristiana. Para mí, esa fe consistía en estructura y disciplina. Al igual que mis abuelos por parte de los Gates, ella empezaba cada día con una corta enseñanza diaria de la Biblia de la fundadora de la Iglesia, Mary Baker Eddy, el marco para una rutina diaria que rara vez flaqueaba. Desayunaba a las 8.00, comía a las 12.00, se echaba una siesta a las 13.30. Siempre cenaba a las 18.00, a lo que seguía exactamente un bombón de nueces con sirope de arce, su único capricho diario. Después de cenar, jugaba a las cartas o a otra cosa y a continuación volvía a leer su enseñanza antes de acostarse. A finales de la década de 1960, tras comprarse una casa de vacaciones en el canal Hood, Gami añadió un nuevo elemento a su rutina: baños diarios, deslizándose por el agua fría con un suave braceo de costado, su pelo perfectamente arreglado, cualquiera que fuese el tiempo, incluso con viento o con lluvia gélida, mientras los demás nos preocupábamos de que las olas espumosas pudieran tragársela.

En cuanto a los detalles de las creencias de la Ciencia Cristiana, yo no sabía mucho. Hasta que un fin de semana que mis padres estaban de viaje, Gami se quedó en nuestra casa. Yo estaba jugando con Kristi y su amiga Sue, saltando entre el aspersor del jardín delantero en bañador. En un momento dado, alguien —¿yo?— tuvo la idea de que debíamos aumentar el riesgo. Arrastramos el aspersor al camino de entrada y nos turnamos mientras tratábamos de saltar por encima del agua sobre nuestros patines. En aquel entonces, algunos patines seguían teniendo ruedas de metal. No recuerdo de qué eran los nuestros, pero el caso es que no funcionaban bien si el camino de entrada estaba mojado, como más tarde descubriríamos.

Kristi nos sacó ventaja y evitó el aspersor, pero, al aterrizar, los patines le resbalaron. Cayó de golpe contra el asfalto y se rompió el brazo derecho por encima del codo.

Lo siguiente que recuerdo es estar apiñados en la habitación de Kristi con ella gimiendo de dolor mientras Gami lidiaba con qué hacer. Desde el punto de vista de la Ciencia Cristiana, por lo general, hay que evitar los hospitales. Por el contrario, lo que se espera es que el creyente acuda a «practicistas» profesionales de la Ciencia Cristiana, de los que se piensa que pueden curar a través de la oración. Supongo que, mientras esperábamos en la habitación de Kristi, Gami llamó a su practicista, una mujer que sabíamos que se llamaba Pauline y que probablemente le dijo que las fracturas de huesos son lo suficientemente reales como para justificar un arreglo. Ese mismo día, Kristi lucía una escayola en todo el brazo, cortesía de los médicos con formación que trabajaban en el cercano Hospital Ortopédico Infantil.

Uno o dos años después, estaba subiéndome a la encimera de la cocina para intentar coger un vaso del armario cuando sentí un dolor que me atravesó el abdomen. Caí al suelo, donde Gami me encontró delirando. Esta vez, no hubo retrasos. Resultó que tenía apendicitis y ella me llevó al hospital, donde me extirparon el apéndice antes de que estallara.

Más allá de la sensación de que las cosas malas pasaban cuando mis padres no estaban (algo sobre lo que mi hermana y yo bromeamos durante años), estos incidentes me planteaban en aquella época preguntas sobre el mundo de los adultos. Me resultaba muy confuso que mi abuela, tan racional y formada, no fuera nunca al hospital ni se valiera de las medicinas modernas. Leía el periódico, montaba en aviones y era una de las personas más listas que yo conocía. Y, sin embargo, una parte de ella vivía en la esfera de la fe y lo que para mí era superstición.

La religión tal y como se practicaba en nuestra familia consistía más bien en un ejercicio social e intelectual. Aunque los dos habían abandonado la Ciencia Cristiana antes de nacer yo, mis padres acordaron que asistiríamos a la Iglesia Congregacional Universitaria. Se trataba de una iglesia popular de Seattle con más de dos mil parroquianos, gracias al esfuerzo del carismático pastor Dale Turner, que era una pequeña celebridad local. El congregacionalismo dejaba mucho espacio para la interpretación. El reverendo Turner se encontraba en el lado liberal de esa interpretación, fusionando los Evangelios con ideas progresistas tales como el apoyo a los derechos de los homosexuales y el movimiento de los derechos civiles. Se convertiría en un íntimo amigo de mis padres. Aunque mi padre se había alejado de la religión organizada ya en el instituto, mi madre quería que sus hijos tuviesen un acercamiento a las enseñanzas morales de la religión. Ese fue uno de sus acuerdos.

Para mí, la escuela dominical no era más que algo que tenía que hacer, un punto de una larga lista de actividades para las que me tenía que vestir, pero me gustaba. El reverendo Turner tenía una oferta en pie: cualquier niño que pudiera recitar de memoria el sermón de la montaña conseguiría una cena gratis en lo alto del Space Needle. La mayoría de los chicos mayores de la clase de confirmación aceptaron el reto, pero Kristi consiguió su cena bien pronto, como a los once años, y así, poco tiempo después, yo estaba sentado con una Biblia en el asiento trasero del coche de viaje con mi familia hacia la costa de Washington memorizando lo de «Bienaventurados los pobres de espíritu porque de ellos es el reino de los cielos» y el resto de las enseñanzas morales de Cristo que aparecen en el Evangelio de san Mateo. Cuando el reverendo Turner anunció que yo había ganado mi cena en el Space Needle, sentí una oleada de orgullo mientras los demás niños me miraban sorprendidos. Estoy seguro de que interioricé parte de aquel mensaje de Jesús, pero, sobre todo, mi pequeño logro fue una prueba mental para ver si podía hacerlo. Si aquel hombre sabio había construido su casa en la piedra, como Jesús decía, mi roca en aquella edad eran el intelecto, una buena memoria y mi propio poder de raciocinio.

Leer en el asiento trasero del coche —o en cualquier otro lugar— era mi estado natural. Cuando leía, las horas pasaban volando. Me desconectaba del mundo, con apenas cierta conciencia de los movimientos de mi familia por la vida que me rodeaba, mi madre pidiéndome que pusiera la mesa, mi hermana jugando con sus amigas. Yo vivía dentro de mi cabeza, con la puerta cerrada, o en el asiento trasero del coche, en una barbacoa, en la iglesia…, cualquier sitio donde pudiera contar con un poco de tiempo para sumergirme entre las tapas de un libro donde explorar y absorber nueva información, completamente solo, sin nadie más. Mi abuela —mi modelo de lectora instruida— apoyaba por completo mi hábito. Después del colegio recorríamos en coche la pequeña pendiente hasta la biblioteca, donde yo cargaba el vehículo con un nuevo montón de libros para esa semana. En casa de Gami me metía a menudo en el sótano, donde ella guardaba toda una pared de ejemplares de la revista *Life*. Debió de estar suscrita durante varias décadas y pensó que merecía la pena conservar aquel catálogo del mundo. Cuando adoptamos una bobtail a la que llamamos Crumpet, yo hurgué entre los números más antiguos para encontrar imágenes de perros que recorté y pegué en un libro. A partir de ahí, cualquier trabajo escolar empezaba con una búsqueda de ilustraciones entre los montones de aquellos ejemplares de *Life*. Pasar las páginas de aquellas revistas me proporcionaba la oportunidad de seguir cualquier camino serpenteante que eligiera: un recorrido aleatorio por asuntos de la actualidad, celebridades, guerra, ciencia y un muestrario de Estados Unidos y del mundo.

Los libros eran lo único para lo que mis padres jamás cuestionaban gastar dinero. Uno de nuestros mayores tesoros era nuestra edición de 1962 de la *Enciclopedia Mundial*. Me sorprendía la cantidad de cosas que había en esos veinte volúmenes rojos y azules con sus páginas suaves y sus brillantes ilustraciones, especialmente las páginas de plástico transparente de huesos, músculos y órganos que superpuestas formaban un cuerpo humano completo. Los volúmenes de la enciclopedia suponían una puerta abierta a la naturaleza, la geografía, la ciencia, la política y casi todo el conocimiento del mundo, hasta donde yo comprendía. Cuando tenía unos nueve años, me había leído casi todos los volúmenes, de la A a la Z. Después, cada mes de enero, llegaba por correo el anuario de la enciclopedia como un regalo de Navidad atrasado, una cápsula de doce meses de historia en desarrollo. Esos también me los leía.

A través de la lectura podía encontrar respuestas para todo tipo de cosas. Y, por supuesto, una respuesta provoca a menudo aún más preguntas; cuanto más hurgabas, más querías saber. Me interesaban los pingüinos y era capaz de decir cuánto tiempo aguantaba un pingüino Adelia la respiración bajo el agua (seis minutos) o la altura que podía alcanzar un emperador (un metro treinta). Durante un tiempo, sentí fascinación por los cohetes y los puentes.

Dibujaba infinidad de cohetes de todas las formas y tamaños, y largos y elevados puentes con intricados enrejados y torres de aspecto robusto, llenando página tras página con lo que para mí eran diseños preciosos. En un momento dado me di cuenta de que, por muy bonitos que me parecieran, no tenía ni idea de cómo funcionaban. ¿Cómo se diseña un puente para que no se caiga? ¿Cómo se consigue que un cohete vuele de verdad? Esa brecha entre mi imaginación y el mundo real me fastidiaba. No me gustaba pensar que mis diseños eran ideas infantiles que jamás podrían realizarse.

Para los niños que conocía en el colegio, leer mucho, ser listo y mostrar interés por lo que decían los profesores se consideraban cosas de niñas. Es una generalización horrible, pero yo la sentía, igual que otros. En algún momento entre tercer y cuarto curso, me di cuenta de que no resultaba atractivo leer la *Enciclopedia Mundial* por diversión ni jugar a corazones con tu abuela o querer hablar de por qué los puentes no se caen. A un programa de lectura de verano de nuestra biblioteca solo acudíamos niñas y yo. En los recreos, los demás niños salían con sus grupos y yo me quedaba solo. Los chicos mayores se burlaban de mí. Al recordarlo ahora, no puedo decir que me sintiera solo ni tan siquiera herido. Más que nada, me sentía perplejo: ¿por qué los otros niños no ven las cosas como yo?

Creo que mi madre se sentía igual de perpleja respecto a mí. «Kristi ordena su habitación, se peina, hace sus deberes, ¿por qué Trey no? Otros niños tienen sus mesas ordenadas, no muerden sus lápices, se abrochan los abrigos, ¿por qué Trey no?». No es que yo mostrara una resistencia activa; siendo sincero, simplemente no registraba nada de eso. Los constantes avisos de mi madre podían sacarme de mi mundo durante un segundo antes de volver al libro o a lo que fuera que estuviese pensando. Estoy seguro de que mi madre esperaba que yo cambiara, que me hiciera responsable tal y como ella deseaba. Pero no fue así y, para ella, aquello resultaba tan exasperante como preocupante.

Mi falta de interés por la mayoría de las interacciones sociales era lo que la preocupaba especialmente. Mi madre guardaba un ejemplar desgastado de *Cómo ganar amigos e influir sobre las personas*, una síntesis de Dale Carnegie sobre las relaciones humanas con una serie de trucos y consejos. (Terminó regalando un ejemplar a cada uno de sus hijos por Navidad). No estoy seguro de qué es lo que aprendió ella de Carnegie porque mi madre parecía tener una habilidad innata para conectar con las personas en lo emocional. Yo veía cómo mi madre apoyaba la carrera profesional de mi padre, se encargaba de organizar eventos de colegios de abogados y se convertía en el comité de bienvenida para los nuevos empleados que se mudaban a Seattle. Si necesitaban una casa, ella conocía al agente inmobiliario indicado. Si estaba soltero, le presentaba a posibles parejas. Ahora entiendo que ella estudiaba las relaciones y sentía un auténtico interés por enlazar las capacidades de las personas con sus roles, y siempre sabía exactamente a quién llamar si le preguntabas. Pero en aquella época se trataba de un talento que no tenía influencia en mí. Me parecía carente de importancia y superficial.

Ahora tengo claro que las esperanzas de mi madre de convertirme en alguien más social estaban en la raíz de muchas de las actividades que me organizaba y en cómo terminé en el grupo 144 de los Cub Scouts. Yo tenía ocho años y entré a formar parte de un grupo de otros sesenta y cinco chicos dirigido por padres cuyos recuerdos del ejército, la armada y los marines durante la Segunda Guerra Mundial seguían frescos en su memoria. Eso significaba que ese grupo se gestionaba con orden y organización. Se nos exigía ir subiendo de rango. Cada año, pasábamos una semana en un campamento donde teníamos pruebas físicas: saltos de longitud, flexiones, sentadillas…, prácticamente un minicampamento de entrenamiento militar.

Pero la gran campaña que nos ponía a prueba era la venta

anual de frutos secos. Cada otoño, el grupo vendía bolsas de frutos secos para recaudar fondos para las actividades del año siguiente. Era nuestra única fuente de financiación. La colecta anual se consideraba como una misión del ejército: contábamos con once días para vender todas las bolsas que nos fuera posible de medio kilo, un kilo o dos kilos de frutos secos. La misma supervivencia del grupo dependía de nuestro éxito…, o eso parecía.

Vendíamos avellanas, pecanas, nueces, coquitos de Brasil, almendras y el preferido de los clientes, el revuelto de frutos secos. Se esperaba que cada uno de nosotros vendiéramos y entregáramos un mínimo de cuarenta y cinco kilos. Los premios dependían de cuánto vendiéramos.

Se trataba del desafío más intimidatorio al que jamás me había enfrentado. ¿Cuarenta y cinco kilos de frutos secos? Yo casi no pesaba ni la mitad. La plantilla de registro del comité sumaba la cifra astronómica de ciento ocho kilos de frutos secos. ¿Cómo iba a cargar siquiera con todo eso? Pero bajo ningún concepto iba a destacar por no cumplir mi parte.

Aquel desafío removió en mi interior algo más: la competitividad. Era una carrera con unos parámetros muy bien definidos y un objetivo claro. Marqué en la lista de premios las cosas que quería ganar: la pistola de agua (por vender cuatro kilos), el balón de fútbol europeo (treinta kilos) y el proyector de diapositivas a pilas Give-A-Show (cuarenta y tres kilos). Eran premios estupendos. Pero aún mejor era el honor de ser quien más vendía.

Con mi pelo bien peinado (por una vez) y mi uniforme de Cub Scout bien planchado, empecé por mi barrio, yendo de casa en casa, y después pedí a mi padre que me llevara a los barrios más ricos, con él siguiéndome despacio con el coche mientras yo llamaba a las puertas. El comité de ventas de frutos secos nos dio un guion de cómo presentarnos y cómo cerrar la venta. Si, por ejemplo, alguien se quejaba de que sesenta y cinco centavos por medio kilo de frutos secos era mucho, teníamos que decirle que los frutos secos que se compraban en las tiendas eran a menudo de las cosechas del año anterior y no tan buenos como los nuestros.

Así fue durante los once días de venta. Para mí, resultó difícil salir a la calle a vender nuestro producto, pero se parecía mucho al truco o trato de Halloween y, poco a poco, me fui sintiendo más cómodo y me fue gustando la sensación de anotar otra marca cada vez que hacía una venta.

Al final de la campaña, había vendido ochenta kilos de frutos secos. Me sentía orgulloso del total, pero no recuerdo si fui el mejor vendedor de ese año. Lo fui al menos en una ocasión. El ganador casi perenne, así le recuerdo, era un niño que empleaba a su padre, un barbero, para promocionar las ventas de su hijo con cada corte de pelo. A mí aquello me parecía injusto.

Al pasar a cuarto curso en la primavera de 1964, yo era un niño lleno de energía y curiosidad que no sentía ningún escrúpulo a la hora de interrumpir la clase con cualquier pregunta y absorber mucho tiempo de la profesora. Aquella maestra, Hazel Carlson, se esforzaba conmigo todo lo que podía. Incapaz de encargarse de una clase de treinta niños mientras trataba de satisfacer mi necesidad de una dedicación constante, pasaba mucho tiempo conmigo después de clase o en los ratos libres para explicarme cosas. Yo tenía preguntas sobre libros, ciencia, sobre cualquier cosa que se me ocurriera. Como profesora, era la persona más lista a mi alcance, así que suponía que tendría todas las respuestas.

La señora Carlson tenía la costumbre de llevar el pelo bien arreglado y se aplicaba pequeñas rociadas de laca a lo largo del día. Como parte de un trabajo de redacción, se me ocurrió un cuento de una profesora cuya laca había sido sustituida por una lata de pintura en espray. A lo largo del día, sus pequeñas rociadas fueron tiñéndole poco a poco el pelo de rosa sin que ella lo supiera, pero a la vista de toda la clase. Por suerte, a la señora Carlson le pareció divertido y a la clase le encantó. Quizá fue aquel el inicio de mi convencimiento de que el humor me ganaba la atención de la clase. Destacar por chistes estupendos o por hacer cosas raras que llamaran la atención se iría convirtiendo cada vez más en una parte de mi identidad en la escuela.

Había determinadas normas que para mí no tenían sentido. Cuando empezamos a aprender caligrafía, la señora Carlson nos dio hojas de rayas de tres líneas para que practicáramos la cursiva. A mí me parecía un concurso por hacer que fuera bonito. Pero, si la función de la escritura a mano era expresar ideas, ¿a quién le importaba que fuera bonito?

Pasaba lo mismo con la forma con que nos calificaban. Teníamos un sobresaliente para los mejores, seguido del notable y el aprobado. Para mí, aquello tenía sentido. Lo que no lo tenía era la necesidad de evaluar el esfuerzo. Si ponías mucho esfuerzo, te calificaban con un 1, con medio esfuerzo un 2 y sin esfuerzo un 3. Por supuesto, un sobresaliente1 se consideraba la mejor nota. No me parecía correcto. Si de verdad eras listo, podías sacar un sobresaliente con muy poco esfuerzo, por lo que un sobresaliente3, debería ser la mejor nota. Cuando le expliqué a la señora Carlson aquella optimización del ratio, ella supuso que yo estaba de broma. Para cualquier trabajo, yo le decía: «Señora Carlson, por favor, póngame un sobresaliente3». Ella creía que estaba fanfarroneando, y en cierto modo era verdad, pero, sinceramente, la combinación de una nota alta con un bajo esfuerzo tenía para mí todo el sentido.

En algún momento, me empezó a interesar el modo en que funcionaban nuestros cuerpos. Puede que fuera por aquellas transparencias de la enciclopedia. Quería hacer algo sobre fisiología para una exposición. Creo que una niña llevó su flauta, otros unos recuerdos de viajes familiares. Yo quería mostrar algo chulo y educativo. Estaba claro que no podía llevar una parte de un cuerpo humano, así que consulté a mi padre. Me propuso que quizá un órgano de un animal podría representar lo que yo quería mostrar. Se ofreció a preguntar en un matadero.

Fue así como una mañana llevé un pulmón de vaca a la clase de la señora Carlson. Cuando llegué a la escuela, se había derramado un poco de sangre por la hoja en la que iba envuelto.

Lo desenvolví ante una mezcla de asombro y repugnancia. Apreté el pulmón para demostrar que todavía expulsaba e inhalaba aire: ¡el paso de oxígeno! Una niña se desmayó. Más tarde, alguien dijo que pertenecía a la Ciencia Cristiana y que le había horrorizado mi pulmón por motivos religiosos. Recuerdo que pensé que los pulmones de un miembro de la Ciencia Cristiana son iguales que los del resto y que no se diferenciaban tanto de los de una vaca, así que ¿qué problema había? (Al final, la señora Carlson me obligó a sacar el órgano y allí se quedó, envuelto en su papel ensangrentado, hasta que mis padres fueron a recogerme al terminar el día. No recuerdo qué hicimos con él).

La señora Carlson tenía un tocadiscos en el frente de la clase para examinarnos con problemas de multiplicación. Sentados en nuestros pupitres, cada uno agachábamos la cabeza bolígrafo en mano y escuchábamos a un tipo que leía en voz alta los problemas. «Nueve por doce», chisporroteaba su voz por el altavoz. Todos escribíamos la respuesta. Luego, unos momentos después: «Once por seis». Escribir y escribir. Poco después caí en la cuenta de que terminaba cada problema más rápido que los demás. Escribía una respuesta, levantaba la cabeza y veía que la mayor parte de la clase seguía escribiendo. Algunos niños incluso se quedaban retrasados y gritaban: «Espere, no he terminado», cuando el tipo del disco pasaba al siguiente problema.

Esa fue la primera vez que sentí que algo se me daba mejor que a mis compañeros. Para mí, las matemáticas eran fáciles, incluso divertidas. Me gustaba su exactitud invulnerable. Las matemáticas seguían unas reglas básicas: lo único que tenías que hacer era recordarlas. Me confundía que otros estudiantes no parecieran entenderlo. Cuatro veces cuatro siempre era igual a dieciséis.

Las matemáticas apelaron a mi creciente sensación de que gran parte del mundo era un lugar racional. Empecé a entender que muchas preguntas complejas, sobre puentes, juegos de naipes, el cuerpo humano o lo que fuera, tenían respuestas que yo era capaz de hallar si las pensaba bien. No puedo decir que fuera un despertar. Siempre me había gustado pensar y buscar nueva información. Pero ahora tenía más confianza en el poder de mi propio intelecto. Con esta confianza llegó también la sensación de que la división intelectual entre los adultos y yo se había derrumbado. Más tarde, mi padre diría que este cambio sucedió de repente. Decía que me hice adulto de un día para otro, un adulto con argumentos, intelectualmente convincente y, a veces, no muy simpático. La mayoría de los niños pasan por una fase de rebeldía cuando llegan a la adolescencia. Yo llegué a eso antes que la mayoría. Tendría unos nueve años.

A esa edad, los niños esperan que sus padres y profesores tengan todas las respuestas. Yo tenía cada vez más la sensación de que no era así o, al menos, de que no podían darme respuestas que me satisficieran.

Mi percepción de las limitaciones de los adultos socavó la unidad familiar. Si podía pensar por mí mismo, pensé, ¿para qué iba a necesitar la intervención de mis padres? Quizá ni siquiera los necesitara. Empecé a cuestionar toda la entidad paternofilial. ¿Por qué debían llevar ellos la voz cantante? ¿Quiénes eran ellos para decir cuándo tenía que acostarme, qué tenía que comer o cómo dejar mi habitación? ¿Por qué debía hacer cosas que no me importaban? Daba igual que mis padres me proporcionaran todo lo que tenía o había necesitado siempre, desde lo material hasta lo emocional; simplemente no entendía por qué estaban ellos al mando. Ese poder me parecía arbitrario.

Mi madre se llevó la peor parte de este cambio. Como legisladora y encargada de hacer cumplir las normas, fue el habitual objetivo de mis negativas. Me rebelé contra lo que veía que era su necesidad de controlarme.

Mi padre se quedó en un término medio. Si había algún punto muerto con mi madre, ella terminaba retirándose y esperaba a que mi padre llegara a casa. El abogado de día se convertiría en juez de familia por la noche. En una de esas charlas de «ya verás cuando llegue tu padre» por alguna falta que no recuerdo, mi padre me lo dejó bien claro: «Tienes que respetarnos». Yo no estaba de acuerdo. Al fin y al cabo, ¿qué era el respeto? ¿Y por qué lo necesitaban tanto? Con el tono más insidioso que pude emplear, le espeté: «¡No tengo por qué hacerlo!». Hoy, al pensar en aquel momento, siento un pellizco en el estómago. Sabía que estaba siendo un sabelotodo malcriado, pero no iba a recular. Por el contrario, me sumergí más aún en mi propio mundo.

En la escuela, empezó a irme peor. En clase, comencé a ocultar mi personalidad. Dejé de hacer preguntas. Me volví menos aplicado. Tenía muy claro a qué dedicar mi energía y qué dejar pasar. Continué destacando en Matemáticas y Lengua y casi no me esforzaba en las asignaturas que me parecían poco interesantes. Cuando la señora Carlson ponía las cintas de las clases de español, yo desconectaba. No me quedaba claro por qué se suponía que debíamos aprender de una grabación. Casi nunca nos examinaban. La idea de que no nos estuviesen evaluando no cuadraba con mi sensación de que las Matemáticas eran una asignatura superior. Siempre podías decir si habías acertado o estabas equivocado.

Un día, la señora Carlson me llevó por el pasillo hasta la biblioteca, donde le dijo a la bibliotecaria que necesitaba un reto para mí. ¿Había algo que pudiera ofrecerme?

La biblioteca era pequeña y la típica que se podía ver en una escuela de primaria en los años sesenta, es decir, sin computadoras, solo libros y publicaciones periódicas. Había muchos números del *National Geographic*, colecciones populares como la de El Corcel Negro, así como una vieja recopilación de enciclopedias y libros de ciencia básicos. Esa sala, con unas treinta estanterías que llegaban hasta el techo y catálogos de fichas que nos llegaban a media altura, era nuestro internet. La bibliotecaria, Blanche Caffiere, había sido mi profesora de primer curso y era famosa por su vigorosa forma de contar cuentos. Construía unas grandes tablas de fieltro que usaba como telón de fondo para animar las hazañas de Topo y el señor Sapo en *El viento en los sauces*, o cualquiera que fuera la historia que leyera ese día.

La señora Caffiere llevaba ya muchos años dando clases cuando nos conocimos. Había visto todos los tipos de alumno que uno se pueda imaginar y era conocida en View Ridge por ayudar a los que estaban en los extremos, los que no sacaban buenas notas y los que destacaban. Los profesores te evaluaban y los gerentes te castigaban. La señora Caffiere te ofrecía un trabajo. En su mente, un trabajo podría arreglar cualquier problema que tuvieras.

A mí me puso a trabajar de inmediato. Dijo que había muchos libros desaparecidos que probablemente se encontraban en las estanterías, pero en lugares que no les correspondían. ¿Podía buscarlos? Era la típica tarea que se le asigna a un niño para que pase el rato. Pero yo la acepté. Lo que se necesita es ser una especie de detective, le dije. Eso es exactamente lo que necesito, respondió ella. Cogí las fichas de los libros desaparecidos y busqué en los estantes hasta que los encontré todos.

¿Dónde van?, pregunté mirando el montón de libros que había localizado. Me explicó que los libros de ensayo se colocaban siguiendo un rango numérico del 000 al 900. Para recordar el sistema de clasificación decimal Dewey, me dijo que memorizara una sencilla historia de un hombre de las cavernas que planteaba poco a poco preguntas más sofisticadas, empezando por «¿Quién soy?» (eso es 100: Filosofía y Psicología) y llegando hasta «¿Cómo puedo dejar una huella en los demás?» (900: Historia, Geografía y Biografía).

Cuando la señora Carlson vino a buscarme para que fuera al

recreo, le pedí que me dejara quedarme. Me gustaba mi trabajo. Estoy bastante seguro de que mi labor como ayudante de biblioteca se suponía que iba a ser cosa de una vez. Pero me gustó tanto que al día siguiente aparecí allí a primera hora. La señora Caffiere pareció sorprenderse, pero aceptó cuando le pedí si podía trabajar como ayudante de biblioteca habitual.

Para un niño que amaba tanto los libros como los números, era el trabajo soñado. La biblioteca no era solo una sala de arbitrariedad. Tenía un sistema lógico, un orden dictado por los números. Y, si aprendías ese sistema, podrías convertirte en un experto y ser capaz en un instante de encontrar lo que quisieras en cualquier otra biblioteca. Sabías que un libro de ensayo sobre perros y gatos estaría en el número 636 (cría de animales) y nunca había que confundirlo con *El viaje increíble* (sobre dos perros y un gato), que estaría colocado en otro lugar, alfabéticamente, porque se trataba de una obra de ficción.

Trabajé en la biblioteca el resto del año, saltándome a menudo el recreo para sumergirme en la búsqueda y reubicación de libros sin acordarme de los demás alumnos ni de que llegaba la hora de comer. Para mí era como un juego en el que competía contra mí mismo. ¿Con qué rapidez puedo devolver un libro a su sitio? La señora Caffiere tenía una forma de expresar su agradecimiento que me hacía sentir valorado. Decía cosas como: «No sé cómo habría encontrado esos libros sin tu trabajo detectivesco, Bill». Ahora soy consciente de que hacía lo que hacen los buenos profesores: dar una respuesta positiva para fomentar la confianza. En aquel entonces, yo me lo tomaba al pie de la letra. Estaba ayudando a la biblioteca y a la escuela. Mi labor era esencial.

Cuando terminaba de reubicar los libros, la señora Caffiere me hacía preguntas de lo que estaba leyendo o lo que me parecía interesante. Aquí también me respondía con afirmaciones positivas, sugiriéndome libros que estaban un nivel por encima de lo que ya sabía, biografías de personas famosas e ideas que no se me habían ocurrido. Otros niños preferían salir a jugar, pero el tiempo que pasaba en la biblioteca era especial para mí y consideraba a la señora Caffiere mi amiga.

A principios de ese año, un domingo después de cenar en casa de Gami, mis padres nos llamaron a Kristi y a mí a la sala de estar para jugar al ahorcado. No era algo que hiciéramos normalmente, así que supe que pasaba algo. Mi madre dibujó la horca y enseguida encontramos la respuesta: «Muy pronto vamos a tener una pequeña visita». Si había en eso un mensaje más profundo, no lo pillamos. Mi madre se explicó: estaba embarazada. Mis padres no habían planeado tener otro hijo y no sabían si sería niña o niño. No recuerdo qué prefería yo, pero creo que me alegré con la noticia. Sería interesante contar con otro niño por la casa. Sin embargo, para atenuar esa buena noticia, hubo otro anuncio: como los perros revoltosos no deben acercarse a los frágiles bebés, Crumpet tendría que irse, dijo mi madre.

La combinación de malas y buenas noticias continuó. Puesto que íbamos a ser cinco en la familia, necesitábamos más espacio. Mis padres tenían un terreno donde habían planeado construir una casa algún día. Decidieron que ese día había llegado. Estaba a pocos kilómetros de distancia, en una zona llamada Laurelhurst, pero eso significaba que tendríamos que ir a otra escuela. Aquello me dejó helado. Protesté alegando que tenía un trabajo en la biblioteca. La señora Caffiere me necesitaba. «¿Quién va a encontrar los libros que se han perdido?», pregunté angustiado a mi madre. Ella me dijo que estaría bien dar las gracias a la señora Caffiere invitándola a nuestra casa a cenar. Me ayudó a escribir una invitación formal que le entregué nervioso al día siguiente. En la cena, protesté por nuestra mudanza. La señora Caffiere me sugirió que podría ser ayudante de la biblioteca de mi nueva escuela.

Unos seis meses después de que naciera mi hermana Libby,

en junio de 1964, nos mudamos a nuestra nueva casa. Para entonces, nos dijeron que Crumpet vivía feliz en una granja cercana.

La bibliotecaria de mi nueva escuela dijo que no necesitaba
ningún ayudante. Al final, mis padres decidieron que sería menos traumático si yo terminaba el cuarto curso en mi antigua escuela y en la biblioteca. Con tantos cambios en la familia, estoy
seguro de que vieron que lo más sensato era dejar que me quedara un poco más disfrutando de la comodidad de los libros.

4

Chico afortunado

«*Good morning to you, good morning to you, good morning, good morning, good morning to you!*». Esta era la canción que entonaba mi madre todas las mañanas de mi infancia desde quinto curso. La canción crepitaba por el intercomunicador que conectaba nuestros dormitorios de abajo con la cocina justo encima, donde ella estaba preparando el desayuno. No estoy seguro de si el tamaño de nuestra nueva casa justificaba la presencia de un intercomunicador, pero para mi madre era una herramienta eficaz, pues le permitía despertarnos por la mañana, prepararnos para ir a la iglesia, llamarnos para cenar…, todo eso sin interrumpir lo que estuviese haciendo. Una llamada desde el intercomunicador significaba que había que subir rápidamente.

Después de mudarnos a Laurelhurst, mi madre inició su ininterrumpido ascenso desde voluntaria a miembro del consejo de administración de empresas importantes que cotizaban en bolsa, y, con frecuencia, fue la primera mujer en ocupar ese cargo. Salía por la puerta, maletín en mano e impecablemente vestida, de camino a una reunión. O estaba al teléfono perfilando los detalles de alguna recaudación de fondos. Mucho después de que los demás nos fuéramos a la cama, mi madre permanecía delante de la máquina de escribir redactando cartas de agradecimiento por la última recaudación de fondos o haciendo una propuesta para la siguiente.

Mi madre jamás se consideró una pionera, pero estuvo muy a la vanguardia de lo que una mujer podía lograr en el limitado mundo laboral de su época. Hoy se la habría considerado feminista, pero a ella no le habría gustado esa etiqueta y habría preferido agachar la cabeza y buscar plataformas aún mayores para llevar a cabo los cambios que consideraba importantes. Hacía todo esto mientras seguía completamente comprometida como madre. Por supuesto, mi abuela siempre estaba presente para ayudarla.

Mis hermanas y yo éramos muy conscientes de que nuestra madre no era una persona convencional. Ninguna de las madres de nuestros amigos salía corriendo a reuniones vestida con traje ni expresaba sus opiniones ante abogados, políticos y empresarios que pertenecían al círculo social de mis padres. Era mediados de la década de 1960, dos o tres años después de que Betty Friedan argumentara en *La mística de la feminidad* que las mujeres necesitaban algo más que labores domésticas, pero antes de que las mujeres estadounidenses empezaran a subir peldaños en la escala empresarial. Mi madre quería las dos cosas. Más tarde, mis hermanas y yo hablaríamos del orgullo que sentíamos al ver cómo equilibraba sus ambiciones con la maternidad, con todo el frenesí que eso suponía. Con diez años, Libby apuntó a mi madre en un concurso local de «Madre del año». En su presentación escribió que, además de su «alegre estado de ánimo habitual», nuestra madre siempre estaba dispuesta a ir a jugar a los bolos o al tenis y a sentarse en las gradas de los partidos de fútbol europeo. Cuando ganó, mi madre, por supuesto, recortó el artículo y lo pegó en su libro de recortes.

Mientras tanto, mi padre apoyaba la ambición de mi madre hasta un punto que no creo que fuera normal en aquella época, cuando los roles, al menos en las familias de clase media, estaban muy bien definidos: el hombre era el que traía la comida y la mujer era el ama de casa. Estoy seguro de que mi padre no quiso cometer el error de su padre de someter a su madre y su hermana a los estrictos roles de género tradicionales. En las cajas de recuerdos que mi madre guardaba, encontré un trabajo universitario en el que mi padre imaginaba el mundo perfecto, un lugar llamado Gateslandia: «En Gateslandia, la gente entendería que no hay diferencias entre los hombres y las mujeres salvo por la constitución física. Máximas como la de "el lugar de una mujer está en su casa" y expresiones como la de "superioridad masculina", "el hombre, sostén de su hogar" y "el sexo débil" no tendrían cabida. Los hombres y las mujeres estarían exactamente al mismo nivel en todas las iniciativas empresariales [...], sería igual de común ver tanto a mujeres como a hombres en profesiones y empresas y el hombre aceptaría la entrada de la mujer en estos campos como algo normal y no como un suceso insólito».

En la Gateslandia real, una casa de cuatro dormitorios de mediados del siglo XX, el sonido del intercomunicador de mi madre dando el toque de diana significaba que teníamos que levantarnos, vestirnos, hacer las camas y subir, donde encontraríamos el desayuno preparado en la barra de la cocina, siempre en el mismo lugar y orden, de mayor a menor. Mi madre se sentaba enfrente de nosotros y usaba la tabla de cortar extraíble como su improvisada mesa de desayuno. Para entonces, mi padre ya estaba en el trabajo. Le gustaba llegar al bufete el primero, leer el periódico mientras el despacho estaba en silencio y saludar a todos conforme iban llegando.

Al empezar el quinto curso en la escuela de primaria de Laurelhurst, yo tenía los típicos miedos e inseguridades de cualquier alumno nuevo. No conocía a nadie. ¿Podré hacer amigos? ¿Los demás chicos me acosarán? Mudarnos apenas unos kilómetros podría parecer una distancia insignificante, pero éramos unos recién llegados a una hermética comunidad de familias cuyos hijos llevaban juntos toda su corta vida. Dos chicos de mi clase bromeaban con que se habían conocido cuando aún estaban en el vientre de sus madres.

Una de mis primeras impresiones me provocó una mezcla de miedo y fascinación. La escuela tenía un paso elevado que nos conectaba con un patio de juegos al otro lado de la calle Cuarenta y cinco. Las riñas que empezaban en el colegio eran después resueltas en el suelo de tierra del patio, lejos de las miradas de los profesores. Una tarde, mientras cruzaba esa pasarela, me quedé inmóvil. Dos niños se estaban dando una paliza delante de mí con una ráfaga de puñetazos dirigidos a la cabeza y a la cara. Los dos estaban en mi clase, pero eran mucho más grandes que el resto de nosotros. Uno era musculoso, el otro simplemente grande. Nunca había visto una pelea así. Y jamás me había imaginado ese tipo de agresiones en el colegio. Un par de profesores subieron corriendo, separaron a los chicos y todo terminó.

Lo primero que pensé: «Más me vale mantenerme alejado de esos dos». Yo pesaba veintisiete kilos y, aunque no era el niño más esquelético de mi clase, no andaba muy lejos. Y, con mi pelo rubio Barbie y mi voz aguda, llamaba la atención. Era un objetivo fácil.

Hubo otra cosa que me sorprendió de esos dos matones: tenían una identidad social. Ser fuertes y malos les otorgaba algo así como un estatus especial en la escuela. No era el tipo de estatus que ni yo ni la mayoría de los niños deseábamos, pero esos grandullones habían dejado claro su lugar en el orden social de los alrededor de ciento cuarenta alumnos de nuestro quinto curso. En lo alto de la escala jerárquica estaban los niños que procedían de familias prominentes de Laurelhurst: los Timberlake, los Story y otros a los que todos conocían y respetaban. Formaban una clase aparte. Por debajo de ese estrato estaban los chicos deportistas, los inteligentes y uno o dos frikis. Yo no era fuerte ni deportista, así que esos puestos quedaban fuera de mi alcance. Tampoco me identificaba aún como un friki y no estaba seguro de querer ser percibido como un chico aplicado. Imaginaba que mostrarse diligente en clase era algo que los chicos guais evitaban, el tipo de cosas por las que se burlarían de mí.

Tal y como yo lo veía, sí que tenía un rasgo diferenciador: el humor. En mi antigua escuela había descubierto que el payaso de la clase ocupaba un lugar especial entre los demás. Levantar la mano para soltar una broma te hacía ganar más popularidad que si la levantabas para dar la respuesta correcta. La gente se reía. Con la esperanza de conseguir la misma reacción ante un nuevo público, me empeñé en forjarme el puesto de bromista en la escuela de primaria de Laurelhurst. Fingía que no me importaban los estudios, holgazaneaba en mi desordenado pupitre y hacía los deberes en el último momento. Sobreactuaba cuando teníamos que leer algo en voz alta; me reía sin venir a cuento cuando el profesor hablaba. Si me esforzaba en algo, ocultaba ese esfuerzo tras el humor. Nuestra profesora, la señora Hopkins, nos encargó una redacción de una página sobre cualquier tema que eligiéramos. No recuerdo el mío, pero sí me acuerdo de que me ocupé de redactarlo usando una sola frase continuada que recorría las cuarenta líneas de la página. Me regodeé en silencio cuando la señora Hopkins me llamó para hablar de mi proeza, destacando que mi larguísima frase, aunque fastidiosa, tenía una puntuación perfecta.

Mi profesora, mis padres y el director no sabían qué hacer conmigo. Mis notas eran un lío; mi actitud cambiaba según el día y la asignatura. Y por encima de todo lo demás, alguien decidió que había que arreglar mi voz aguda. A principios del quinto curso empecé a ver a la logopeda del colegio. Unas cuantas veces por semana, iba a su despacho para trabajar en mi «voz de papá oso» (uf) y practicar la pronunciación de la letra erre mientras lamía crema de cacahuete del extremo de un colín. A mí me parecía una estupidez, pero, por raro que parezca, le seguí la corriente. El resultado de esas sesiones fue que la logopeda recomendó a mis padres que me retrasaran un año, que repitiera quinto curso. Creo que dijo que yo era «retrasado», una palabra que ahora resulta anticuada y ofensiva, pero que entonces se aplicaba a niños que no parecían encajar en su clase. Por suerte, mis padres no siguieron su consejo. Su veredicto llegó un año después de que otro educador hubiera recomendado que me saltara un año. Yo pensé: «Si estos supuestos expertos no saben qué hacer conmigo, ¿por qué tiene que importarme lo que opinen?».

En general, estaba feliz yendo a lo mío. Empecé a hacer amigos y encontré al menos un alma gemela en mi forma de ver la escuela. Se llamaba Stan Youngs, pero todos le llamaban Boomer, un apodo que le había puesto su padre por su forma de llorar cuando era un recién nacido. Boomer era listo y tenía una vena de inconformismo que combinaba bien con mi personaje de bromista.

Nos conocimos en 1965 y durante los siguientes dos años fuimos los mejores amigos. Boomer encajaba en el tipo de persona que yo quería tener cerca el resto de mi vida. Mostraba mucha seguridad en sí mismo para su edad y aparentemente era inteligente. Dispuesto y capaz para discutir sobre cualquier cosa en cualquier momento, aunque solo fuera como ejercicio mental para ponerse a prueba, como en el tema de por qué los Green Bay Packers eran el mejor equipo de fútbol americano de la historia.

En mi sótano nos enfrentábamos en partidas épicas del Risk para ver quién dominaría el mundo. También tenía una cualidad física que yo admiraba. Aunque era un niño bajito y rubio como yo, a él no le daba miedo quedar al otro lado de la pasarela de la calle Cuarenta y cinco para saldar cuentas, aun sabiendo que perdería. Fue mi madre la que me apuntó a fútbol americano, pero Boomer fue la razón por la que continué toda la temporada. Ser bajito suponía en realidad una ventaja, porque implicaba que no nos ponían en la línea ofensiva, que para mí era mucho menos interesante que mi posición, en el centro de la retaguardia defensiva. Desde mi lugar podía ver toda la acción, el ataque, cómo ponían el balón en juego e incluso al que pasaba corriendo por mi lado para hacer un *touchdown*.

Un día en el colegio, nuestra profesora anunció que la clase se iba a dividir en dos grupos para debatir sobre la guerra de Vietnam. Todos eligieron argumentar en contra de la guerra. Así que, como era lógico, Boomer se puso del lado defensor de la guerra solo por el desafío que suponía. Yo me uní a él. Éramos los únicos de ese grupo. Él era más conservador políticamente que yo e incluso leía el *National Review*. (Cuando pidió la suscripción como regalo del día del Padre, escribió a la revista una carta de cortesía y se quedó asombrado cuando el mismo William F. Buckley Jr. contestó elogiando a mi amigo por ser un chico tan inteligente). Con la familiaridad de Boomer con una postura a favor de la guerra y el montón de lecturas que yo tenía a mis espaldas, nos armamos de argumentos sobre el efecto dominó y la amenaza comunista. Ganamos aquel debate sin despeinarnos.

Nuestra nueva casa de Laurelhurst tenía dos plantas y estaba ubicada en una colina con vistas al monte Rainier desde el porche trasero. La puerta de la calle daba a la planta principal con la sala de estar, la cocina y el dormitorio de mis padres. Abajo, en el sótano, teníamos nuestros dormitorios Kristi y yo; cuando Libby se hizo un poco mayor, se cambió al tercer dormitorio de abajo con nosotros.

La disposición de planta de arriba y sótano de la casa implicaba que yo podía retirarme a mi habitación y evitar el tráfico diario de la vida doméstica. Tenía mi cama y mi escritorio, que a menudo eran lo único visible en medio de un mar de libros y ropa desparramados. Era un verdadero caos. Mi madre lo odiaba. En un momento dado, empezó a confiscar cualquier pieza de ropa que yo dejara en el suelo y a cobrarme veinticinco centavos si quería recuperarla. Empecé a llevar cada vez menos ropa.

A solas en mi cueva, leía o me quedaba sentado pensando. Podía estar eternamente tumbado en la cama reflexionando sobre alguna cuestión. Oía el motor de un coche, las hojas que se movían con el viento, los pasos sobre el techo que tenía encima y me preguntaba cómo llegaban esos sonidos hasta mi oído. Misterios como ese podían mantenerme ocupado durante horas. Más tarde, encontré un artículo sobre el sonido en la revista *Life*, consulté la *Enciclopedia Mundial* y leí libros de la biblioteca sobre ese tema. Me encantó saber que el sonido es una propagación de energía producida por las vibraciones y afectada por muchas cosas, incluidas la densidad y la rigidez del material por el que se desplaza. Al final, utilicé mis nuevos conocimientos en un trabajo de ciencias de la escuela: «¿Qué es el sonido?». La profesora me bajó puntos por no respetar los márgenes de la página y llenarla desde arriba hasta abajo. A mí me pareció una locura. Había muchas cosas que decir sobre ese asunto como para ocuparse de esos detalles tan aburridos.

Ahondé aún más en las matemáticas y la mayoría de las noches hacía con Kristi sus deberes de séptimo curso. Fue entonces cuando me obsesioné con ser mejor jugando a las cartas y esforzarme al máximo para ganar algunas partidas contra mi abuela.

En algún momento de aquel primer año en Laurelhurst, la señora Hopkins pidió a sus alumnos que sacáramos números de un sombrero. Según tu número, escogías un estado de Estados Unidos para hacer un trabajo. Todos querían California, Florida o algún lugar colorido. Mi compañera de clase Leslie sacó el número uno y eligió Hawái. Cuando salió mi número, me decanté por el pequeño estado de Delaware. Era una elección a contracorriente que estaba seguro de que nadie quería. Sabía una cosa de ese estado gracias a mi padre: trataba con amabilidad a las empresas.

Me empapé de todo lo que pude encontrar sobre Delaware.

Busqué en los estantes de la biblioteca, saqué *Delaware, una guía sobre el primer estado* y otros libros sobre la historia de Delaware y su papel en el Ferrocarril Subterráneo. Escribí al estado de Delaware para pedir folletos sobre turismo e historia. En casa, Gami me ayudó a seleccionar artículos de las publicaciones *The Christian Science Monitor, Life, National Geographic* y *The Seattle Times*. Escribí a varias empresas de Delaware, incluyendo sobres con franqueo pagado, para pedirles sus informes anuales.

Iba escribiendo a la vez que investigaba. Escribí sobre la historia del estado desde los indígenas lenni-lenape hasta el presente, incluyendo una cronología de cuatrocientos años. Recopilé una guía turística de Wilmington y un texto sobre la pintoresca e histórica ciudad de Arden. Reuní los relatos ficticios de las vidas de un pescador de ostras de Delaware y un minero de granito. Por si acaso, redacté un informe del libro *Elin's Amerika*, la historia de una joven en el Delaware del siglo XVII.

Pasé mucho tiempo investigando sobre la empresa DuPont de Delaware. Escribí sobre su estructura administrativa; me di cuenta de que su junta directiva estaba compuesta solamente por hombres, la mayoría poseedores de acciones con derecho a voto. Describí al detalle los productos de DuPont, sus operaciones en el extranjero y su actividad de investigación y desarrollo, y resumí la historia de la invención del nailon, acompañada de las mejores descripciones que pude conseguir sobre la química de la polimerización. Redacté el obituario de un miembro del consejo de dirección que había ido ascendiendo desde un puesto bajo de vendedor hasta el de miembro del comité ejecutivo.

Cuando hube terminado, había reunido ciento setenta y siete páginas sobre el pequeño Delaware. Resulta difícil describir el orgullo que sentí con aquel trabajo tan largo. Incluso fabriqué una portada hecha con madera. Era, en todos los aspectos, un trabajo fantástico. En la intimidad de mi dormitorio, lejos de la mirada crítica de otros niños, podía hacer lo que más me gustaba: leer, recopilar información y sintetizarla. Nadie esperaba que el bufón de la clase entregara todo un mamotreto. Me gustó ver las miradas de confusión y admiración de los demás niños. A mi profesora le encantó.

Al recordar aquel trabajo veo atisbos del adulto en el que me convertiría después, de cómo mis intereses intelectuales empezaban a echar raíces. Con un poco de esfuerzo pude, para mi asombro, ensamblar en mi cabeza modelos de cómo funcionaba el mundo, ya fuera la forma en que viajaba el sonido o la articulación del gobierno de Canadá (otra redacción). Cada conocimiento que adquiría se añadía a una sensación de empoderamiento, la de saber que poniendo en marcha mi cerebro podría resolver hasta los misterios más complejos del mundo.

Ese año escolar, rellené un formulario de una página donde señalaba cuáles eran mis intereses y asignaturas favoritas. Era algo que mi madre nos obligaba a hacer todos los años. En la parte que decía: «Cuando sea mayor quiero ser…» me salté respuestas sugeridas como «vaquero» o «bombero» (las niñas tenían otra lista con opciones aún más limitadas y sexistas, como azafata de vuelo, modelo o secretaria). En lugar de eso, elegí «astronauta» y anoté a lápiz cómo me veía en realidad: «científico». Quería ser una de esas personas que se pasan el día tratando de comprender cosas que otras no entienden.

Las expectativas de mi madre respecto a mí eran más variadas e insistía en sus intentos de completar mi formación apuntándome a todas las actividades habituales. Jugaba al béisbol, pero me ponía tan nervioso la posibilidad de que me dieran un golpe con algún lanzamiento fuerte (lo cual no era raro en aquellos juegos en los que los niños estaban todavía aprendiendo lo que podían hacer con los brazos) que lo dejé. Vestí la camiseta en aquella única temporada de fútbol con Boomer. Pero los deportes organizados no eran para mí. Seguía siendo muy pequeño para mi edad, un palo bajito de torso estrecho, incluso entre un grupo de niños a los que aún les quedaban años para dar el estirón. Normalmente me sentía inferior a los demás niños de los equipos, tímido a la hora de esforzarme y parecía un tonto. No me movía con la misma facilidad que ellos. Casi podía decirse que daba brincos a un ritmo que no era caminar ni tampoco correr.

El esquí y el tenis fueron esenciales para el desarrollo de mi madre, así que lo serían también para sus hijos. Empezó a enseñarme a esquiar desde pequeño, durante las excursiones familiares a las montañas de la zona, y, más tarde, me hacía montar en el autobús que los fines de semana llevaba a los niños de Seattle a una montaña cercana. Me gustaban la velocidad y la emoción de dar saltos, pero, sobre todo, lo que me encantaba era hacer el tonto con los demás chicos en la trasera del autobús. Estuve un tiempo en el equipo de esquí de Crystal Mountain, pero nunca me lo tomé muy en serio. Con las clases de tenis me pasaba lo mismo.

Mi carrera musical empezó con el piano, luego pasé a la guitarra y terminé en los metales. No tengo ni idea de quién decidió que aprendiera a tocar el trombón, pero arrastré ese pobre instrumento por todas partes en su gran estuche negro mientras ensayaba la cuarta posición durante dos años antes de dejarlo.

En un momento dado, decidieron que debería encargarme de repartir periódicos. Gané algo de dinero, pero se trataba de una tarea ingrata en la que distribuía una publicación gratuita a la que nadie se suscribía y que pocos querían recibir. Mi principal recuerdo de aquella época era lo difícil que me resultaba conducir la bici cargado con todos aquellos ejemplares. Más de una vez, tuvo que rescatarme Gami, que me llevaba por mi ruta en el coche mientras yo lanzaba los periódicos a los porches de las casas.

Lo cierto era que me sentía más cómodo dentro de mi cabeza.

Y sin embargo, a pesar de mis aspiraciones, mis notas seguían siendo malas y mis peleas en casa empeoraron. Durante esa época, podía pasar varios días sin hablar y salía de mi habitación solo para comer o ir a clase. Si me llamaban para cenar, yo no hacía caso. Si me decían que recogiera mi ropa, tampoco. Recoger la mesa…, para nada. Subir al coche para salir a cenar, silencio.

Años después, mis padres contaron a la prensa que, en una ocasión en la que mi madre trató de sacarme a la calle, le espeté: «¡Estoy pensando! ¿Es que tú no piensas nunca? Deberías intentarlo alguna vez». Por mucho que me duela reconocerlo, así fue.

Había días en los que temía oír el sonido de los pasos de mi padre cuando llegaba después del trabajo y saludaba a mi madre. Oía el murmullo de mis padres hablando, mi madre contándole la pelea que habíamos tenido ese día o algún problema que yo hubiese tenido en la escuela. Poco después, mi padre bajaba y aparecía en mi puerta. Hubo veces en las que me dio unos azotes. Fue en raras ocasiones y estoy seguro de que sufría al hacerlo. También creo que no siempre estaba de acuerdo con los métodos disciplinarios de mi madre. Pero eran socios en la empresa de la crianza de sus hijos, por lo que siempre se puso de su lado. Normalmente, me soltaba un sermón. No tenía que decir mucho para conseguir un efecto. Su presencia, su cuidadosa elección de las palabras y su voz grave eran suficientes para que me sentara con la espalda recta a escucharle. Era intimidatorio, pero no en un sentido físico, a pesar de su gran estatura. Se trataba más bien de su mente intrínsicamente racional: «Hijo, tu madre dice que le has hablado mal cuando ella estaba al teléfono. En nuestra casa, como bien sabes, no hacemos esas cosas. Creo que lo justo es que subas ahora y te disculpes», decía, con una distancia emocional que dejaba claro que hablaba en serio y que más me valía hacer caso. No es de extrañar que todos pensáramos que su verdadera vocación era ser juez.

Durante un corto periodo, mis padres se apuntaron a una clase de Formación en Eficiencia Parental en nuestra iglesia. Creados a principios de la década de 1960, estos cursos proponían a los padres que prestaran atención a las necesidades de sus hijos y que nunca hicieran uso de una disciplina punitiva. Fueron los precursores de las técnicas modernas de educación de los hijos que enseñan a los padres a ocupar una posición más colaborativa o incluso equitativa con sus hijos. Al recordarlo ahora, me doy cuenta de la frustración que debieron de sentir al tener que recurrir a algo así, y lo duro que debió de ser para mi madre admitir que necesitaba ayuda externa. También siento vergüenza al escuchar los recuerdos de Kristi de esa época, de cómo mi conducta succionaba tanta energía de mi madre que le quedaba muy poca para dedicarle a ella.

No estoy seguro de cuánto tiempo estuvieron mis padres en aquel curso, pero lo que fuera que intentaran conmigo no funcionó.

Nuestras tensiones llegaron a un punto crítico una noche durante la cena. Yo me enfrasqué en otra discusión con mi madre. No recuerdo el motivo, pero sí me acuerdo de que, como era habitual, la insulté y la traté con pedantería. Y, a juzgar por lo que ocurrió después, con especial maldad. Desde el otro lado de la mesa, mi padre me tiró el agua de un vaso a la cara. Yo me callé, con la mirada fija en mi plato. «Gracias por la ducha», espeté. Despacio, dejé el tenedor, me puse de pie y bajé a mi habitación.

Nunca había visto a mi dulce padre perder los estribos. Ver cómo llevé a mi padre hasta ese extremo me impactó.

Para entonces, yo estaba provocando tanta agitación que mis padres buscaron la ayuda del doctor Charles Cressey, un asistente social que tenía consulta propia. Era conocido por su asesoramiento a estudiantes de Medicina sobre cómo tratar a los pacientes y parejas en momentos difíciles. La familia entera acudió a la primera visita, pero todos sabían que nos encontrábamos allí por mí.

«Estoy en guerra con mis padres», le dije al doctor Cressey.

Todos los sábados por la mañana, mis padres me dejaban en una casa victoriana de colores dorados cerca del restaurante Jack in the Box del distrito universitario de Seattle. Yo entraba y me quedaba en la sala de espera hasta que el doctor Cressey terminaba con otros pacientes. Mientras esperaba, podía oír a través de las paredes de yeso voces de parejas que trataban de solucionar sus problemas maritales. Cuando empecé a acudir allí, me preguntaba: «Esta gente tiene problemas de verdad. ¿Qué hago yo aquí?».

Durante nuestras sesiones, el doctor Cressey y yo nos sentábamos en unas sillas junto a un ventanal soleado y hablábamos por espacio de una hora o así. Su despacho parecía especialmente diseñado para la calma, más parecido a una sala de estar que a la imagen que yo tenía de la consulta de un terapeuta. La ventana daba a un jardín con un árbol grande y flores blancas en primavera.

Sería muy difícil conocer a una persona más encantadora y empática. Sabía hablar conmigo, haciéndome preguntas inteligentes y perspicaces sobre cómo había ido mi semana, las clases y cómo me iba con mi madre. Normalmente, yo tendía a bloquear preguntas así, pero él parecía realmente interesado en lo que yo tuviera que decir más que en darme algún tipo de lección o querer que hiciera algo. Y era una persona interesante. Antes de graduarse en Trabajo Social, el doctor Cressey había sido piloto de combate en la Segunda Guerra Mundial y había pasado un corto periodo como vendedor farmacéutico, durante el cual había ahorrado suficiente dinero para abrir la consulta. Me iba dando ese tipo de detalles con moderación. No hablaba mucho de sí mismo. Por el contrario, se centraba en mí. Se limitaba a hacerme preguntas. Nunca me dijo qué debía pensar yo o si lo que hacía estaba bien o mal. «Vas a ganar», me aseguró sin más explicaciones. Ahora me doy cuenta de que me iba haciendo de guía para que sacara mis propias conclusiones.

Era un ávido estudiante de su materia y leía constantemente cosas sobre psicología y terapia en busca de conocimientos que pudiera incorporar a su consulta. Compartió conmigo muchos de esos libros y me encargaba lecturas de Jung, Freud y otros expertos que después comentábamos. Me causaba curiosidad que hubiese gente que quería entender el cerebro y el comportamiento humano.

A través de nuestras charlas empecé a ver que tenía razón: yo estaba destinado a ganar mi guerra imaginaria con mis padres. Cada año, iría aumentando mi independencia. Con el tiempo, estaría solo. Mientras, tanto en ese momento como en el futuro, mis padres me iban a querer. ¿No era eso estupendo? Ganar la guerra y no perder nunca su amor. Sin mostrarse autoritario, el doctor Cressey me ayudó a ver que (a) mis padres me querían; (b) yo no iba a estar toda la vida bajo su techo; (c) en realidad, ellos eran mis aliados en cuanto a lo que de verdad importaba; (d) era absurdo pensar que habían hecho algo malo.

En lugar de malgastar mis energías enfrentándome a mis padres, debía dedicarlas a adquirir las habilidades que iba a necesitar cuando saliera al mundo.

Más tarde supe que el doctor Cressey había tenido una infancia difícil, con malos tratos físicos que le provocaron mucha rabia. Después de la guerra, tomó la decisión de deshacerse de esa rabia y dedicar su vida a lo que él llamaba sembrar amor. Era evidente que sabía que mis problemas eran poca cosa en comparación con los que él tuvo de niño y, estoy seguro, en comparación con los de muchos de sus clientes. Sin embargo, nunca menospreció lo que yo estaba sufriendo. En una ocasión, me dijo: «Eres un chico afortunado». Yo estaba mirando por la ventana y no respondí, pero sabía que tenía razón.

Podía oír el murmullo de voces a través de la pared, pero no los detalles de la conversación. El doctor Cressey estaba hablando con mis padres; yo había salido de la habitación para que los adultos pudieran conversar en privado. Más tarde, mi padre me contó lo que el doctor Cressey les había dicho: «Ríndanse. Él va a ganar». Estoy seguro de que les dijo muchas más cosas, pero la esencia era esa. Déjenlo, no lo fuercen. Den más libertad a su hijo.

Cuando mi padre recordó aquella visita años después, me dijo que mi madre y él se quedaron estupefactos. Aquel consejo frustró sus esperanzas de que el doctor Cressey les proporcionara algunos pasos que pudieran seguir para meterme en vereda. Darme libertad tuvo que parecerles una derrota, algo que se hace cuando ya no te quedan opciones. Debió de ser especialmente duro para mi madre, cuya solución a cualquier problema era emplear más energías. Aunque mis padres siempre mantenían un frente unido, mi padre tenía una visión más libre de lo que era educar a un hijo. Él había conseguido su propia independencia desde muy joven. Creo que de forma instintiva sabía apreciar el valor de que un chico siguiera su propio camino, solo que para su hijo ese momento llegó mucho antes de lo que esperaba.

Las cosas entre nosotros mejoraron poco a poco. No porque, de repente, mis padres cedieran y me permitieran hacer todo lo que yo quería, sino porque la nueva perspectiva que el doctor Cressey me había proporcionado me permitió tranquilizarme, cambiar. Reorientar mis energías.

Muchos años después —en 1980, para ser exactos— vi la película *Gente corriente* cuando se estrenó en los cines. La he visto muchas veces desde entonces y casi siempre me quedo sin palabras. Es una película estupenda, casi perfecta. Si eliminamos las partes más extremas —el trauma de la muerte de un hermano, una madre que no sabe amar lo suficiente y un hijo cuya lucha le lleva al borde del precipicio— hay elementos que reconozco de mi propia niñez. Era joven, me sentía confundido y me peleaba con una madre que deseaba que todo fuera perfecto, especialmente de cara al mundo exterior. Tenía un padre —abogado, como el personaje de Donald Sutherland— que hacía lo posible por enderezar a su familia. Y al igual que Conrad, el hijo en la película, yo contaba con la guía de un terapeuta inteligente que me ayudó a buscar la lógica dentro de mi situación y a sacar mis propias conclusiones sobre cómo podía cambiar. Con el tiempo, tendría que aceptar a mi madre tal y como era, igual que ella entendió que yo jamás encajaría del todo en el modelo que tenía pensado para mí. Cada vez más, fui redirigiendo mis energías desde mi negativa a cumplir su voluntad hacia mi preparación para cuando de verdad fuese independiente. Ese cambio de perspectiva no pudo llegar en mejor momento. Era cada vez más consciente de lo amplio que era el mundo de los adultos. Y tuve la suerte de vivir en una familia donde era natural, casi lo esperado, que yo me lanzara a él.

En aquella época solía ir a ver a mi padre a su bufete, en el ajetreado corazón del centro de Seattle. Montaba en el ascensor hasta la décima planta del edificio Norton, la primera torre moderna de oficinas de la ciudad, de solo veintiún pisos. Mientras esperaba en su despacho a que él acabara su jornada, sentía curiosidad por la gente tan elegante con sus trajes y corbatas que pasaba por mi lado mientras yo leía mi libro. Iban en silencio y pensativos o manteniendo una animada charla sobre algún caso mientras acudían a una reunión. Todo aquello tenía un impresionante nivel de seriedad y yo me imaginaba que las cosas de las que hablaban eran muy relevantes.

Si era sábado, la oficina estaba vacía y yo exploraba los montones de libros de derecho y las filas de dictáfonos. Pasaba las hojas de las copias impresas de casos legales y trataba de descifrar las anotaciones escritas a mano en los márgenes. Ojeaba los registros de tiempo que los abogados tenían en sus mesas; mi padre me explicó que, para que les pagaran su sueldo, todos tenían que llevar un meticuloso registro de los minutos y horas que trabajaban. Supe que había una cosa que se llamaba declaración, durante la cual los abogados hacían preguntas detalladas a los testigos. Para eso eran los dictáfonos.

Estas visitas confirmaron mi sensación de que mi padre, como socio principal, era responsable de la supervisión de asuntos complejos e importantes. Me di cuenta de que el calmado sentido del orden y de estabilidad firme que proporcionaba a nuestra familia contribuía también a su éxito en ese despacho de la décima planta con toda esa gente tan bien vestida. Aquellas visitas influyeron para que yo me creara un modelo mental de vida laboral y establecieron la métrica por la que yo terminaría midiendo los logros.

Las historias de éxito que oía en casa no estaban protagonizadas por héroes del deporte ni estrellas de cine, sino por personas que hacían cosas: productos, políticas e incluso edificios, como era el caso de un amigo de la familia, un ingeniero civil que era propietario de una empresa de construcción en la ciudad. A mediados de la década de 1960, mis padres y sus amigos estaban a pocos años de cumplir o hacía pocos que habían cumplido los cuarenta, y habían pasado años trabajando para abrirse camino hacia puestos de influencia en el gobierno y en los negocios. Cuando yo estaba en secundaria, el compañero de bridge de mis padres, Dan Evans, era el gobernador de nuestro estado (más tarde, llegó a entrar en el Senado de Estados Unidos). La participación activa de mi padre en asociaciones legales, tanto municipales como estatales y nacionales, y la labor de mi madre en instituciones benéficas ampliaron su círculo social con profesionales emergentes que compartían los mismos objetivos, característicamente ambiciosos, tanto para Seattle, en el estado de Washington, como para todo el país.

Estas personas y sus historias me interesaban, y mi acceso a ellas no pudo haber sido más sencillo. Solo tenía que dejar el libro que estuviese leyendo y subir a la planta de arriba, donde casi cada semana me los iba a encontrar.

Mis padres siempre celebraban muchas fiestas y reuniones. (Al igual que con sus felicitaciones y sus invitaciones, antes de aquellas fiestas mis padres diseñaban una ingeniosa tarjeta con un rompecabezas que el receptor tenía que resolver para averiguar a qué le estaban invitando y cuándo y dónde se celebraría. Para entonces, ya teníamos nuestra propia máquina de serigrafía en el sótano). A menudo, la finalidad de esas reuniones era tratar sobre un tema o reclutar a gente para una nueva causa. No podías ser invitado a la casa de los Gates solo para sentarte a charlar. En cada fiesta, en cada cóctel había un asunto previamente planeado. Mis padres podían invitar a miembros del Colegio de Abogados de Seattle para llamar la atención sobre el modo de proporcionar mayor poder a los abogados jóvenes dentro del colegio o para financiar una beca para estudiantes de Derecho negros en la Universidad de Washington. Antes de la fiesta, apartábamos los muebles y colocábamos mesas plegables donde sentar a todos por grupos pequeños. Mi madre introducía una cuestión que se trataría durante la cena. En el postre, pediría a todos que miraran debajo de su taza de café, donde encontrarían el nuevo asiento que se les había asignado en otra mesa. Este juego de la taza era la forma que tenía mi madre de fomentar la polinización cruzada de ideas y ayudar a todos a hacer nuevos contactos. Era una ingeniera social magistral.

Antes de que empezara la reunión, mi madre nos sentaba a mis hermanas y a mí en el sofá para informarnos. Mientras Libby y yo nos peleábamos y hacíamos el tonto, mi madre nos hacía un repaso detallado de la lista de invitados, de uno en uno. Armados con esta información, se esperaba que entabláramos conversación con ellos. Posiblemente, Kristi tendría que tocar algo al piano; en años posteriores, mi madre traía al coro de Libby para que cantara. Por lo general, yo me libraba limitándome a servir la bebida, y me abría paso entre conversaciones sobre cómo limpiar el lago Washington, buscar más donantes importantes para la United Way o ayudar en la campaña de Joel Pritchard como senador estatal. Me gustaba la sensación de plantear a algún invitado una pregunta ingeniosa y poder participar en la conversación.

Un visitante habitual de nuestra casa era un cliente de mi padre, un cardiólogo llamado Karl Edmark. Además de haber realizado una de las primeras operaciones a corazón abierto en Seattle, el doctor Edmark había inventado un nuevo tipo de desfibrilador, el aparato que reinicia el corazón con una descarga

eléctrica. (Los primeros desfibriladores usaban corriente alterna
—hay que imaginarse la electricidad de un enchufe de pared—,
lo que no solo provocaba un shock en el corazón, sino también
violentos espasmos en el paciente. El doctor Edmark diseñó uno
que funcionaba con corriente directa de baja intensidad; resultaba más cómodo para los pacientes y era portátil). Desarrolló y
comercializó su invento a través de una empresa llamada Physio-
Control.

Conocí esta historia a trozos, mientras iba evolucionando, a
través de conversaciones dispersas y en cenas familiares. Mi padre
me explicó que el doctor Edmark se había ocupado de su empresa durante años sin ganar apenas ningún dinero, hasta que finalmente se enfrentó a la posibilidad de tener que abandonar. Con
la ayuda de mi padre, contrató a un gerente profesional que apor-
tó una mentalidad de marketing a la empresa. A mi padre le pidieron que buscara inversores. Poco a poco, aumentaron las ventas,
se incrementaron los beneficios y el negocio acabó siendo un
éxito. A mí me fascinaba esta historia de un médico-inventor
que había creado un aparato para salvar vidas, pero también todo
lo que mi cerebro de sexto curso podía asimilar sobre captación
de capital, patentes y beneficios, investigación y desarrollo.

Poco después, me sorprendí a mí mismo en la oficina de
Physio-Control, en el centro de Seattle, reuniéndome con ingenieros y entrevistando al nuevo presidente, Hunter Simpson,
que vivía en nuestro barrio y a quien yo había conocido en una
fiesta de mis padres.

Tomé lo que había aprendido y lo convertí en un trabajo
escolar sobre una empresa ficticia —la llamé Gatesway— que
producía un sistema de cuidados coronarios de mi invención.
Mi trabajo detallaba los factores de producción y exponía cómo
esperaba captar capital de inversores para desarrollar mis productos. «Si mi idea es buena y soy capaz de contratar a buenos profesionales y de conseguir dinero, debería tener éxito», escribí. El
profesor me puso un sobresaliente[1], la máxima nota para el máxi-

mo esfuerzo. Por mucho que me hubiera quejado del sistema de calificaciones, esta vez estuve de acuerdo.

Una muestra de que me sentía mucho más cómodo socialmente es el hecho de que monté un club aquel año, básicamente una versión júnior de las reuniones de mis padres. Lo llamé el Contemporary Club e invité a un grupo de compañeros de mi curso para debatir cuestiones actuales. El Contemp Club, como lo llamábamos para abreviar, contaba con seis miembros: tres chicas y tres chicos, incluido mi amigo Boomer. Nos reuníamos una o dos veces al mes en casa de unos de los miembros, turnándonos como anfitriones. Mientras tomábamos zumos y galletas, nos dedicábamos a debatir; los temas en concreto se me escapan, pero seguro que abordamos la guerra de Vietnam, los derechos civiles y otros asuntos entonces candentes. (También organizamos una fiesta de Halloween, con el toque especial de que debías llevar un disfraz para que se lo pusiera otro; de ahí que pueda decir ahora que una vez en mi vida me vestí de gondolero veneciano, con camiseta a rayas azules y un sombrero de paja de ala ancha).

Con la ayuda de nuestros padres, el Contemp Club organizó excursiones a ONG locales y a la Universidad de Washington. También recaudamos donaciones para Head Start, el programa de educación infantil para niños desfavorecidos. Nuestro mayor logro, o al menos así nos lo pareció entonces, fue visitar un *think tank* local propiedad de Battelle, la gran compañía de I+D sin ánimo de lucro. Sus oficinas estaban en nuestro barrio. Mientras jugaba al fútbol en sus prados de césped, siempre me había preguntado qué sucedía en aquellos elegantes edificios. De algún modo contactamos con ellos e, increíblemente, nos invitaron a pasar una tarde para conocer el centro. Battelle era famosa sobre todo por la invención de la fotocopia en seco, una tecnología que se desarrolló hasta convertirse en Xerox. Allí nos explicaron la historia de esa tecnología entonces revolucionaria, la fotocopiadora de oficina, y cómo habían invertido el dinero en sus patentes. Me asombró que nos tomaran en serio y nos hicieran tanto caso. Al salir de Battelle, pensé: «Esto es lo que hace la gente inteligente. Se juntan con otras personas inteligentes y resuelven problemas realmente complicados. Me parece perfecto».

Seguí viendo al doctor Cressey durante unos dos años y medio. En un momento dado, nuestras sesiones de los sábados llegaron a su fin. Entonces ya reinaba la paz en nuestra casa. No puedo decir que yo fuera un hijo ideal, pero me esforzaba en serlo más que antes. Entretanto, mis padres me dieron más libertad para que fuera yo mismo. Notaba agradecido que mi madre procuraba concederme más espacio; al mismo tiempo, su carrera estaba despegando y ahora tenía una niña pequeña que cuidar. De modo retrospectivo, aunque necesitaron un tiempo para hacerse a la idea, creo que mis padres habían aceptado que su hijo se apartaba varios grados de lo que muchos padres consideraban normal. Como dijo el doctor Cressey, su amor jamás flaquearía. Y tenía razón.

Mis padres, además, siguieron alimentando mi necesidad constante de estímulo intelectual. Durante el verano después de sexto curso, nos llevaron a Kristi y a mí (Libby, de tres años, se quedó en casa con Gami) de viaje por el este, empezando por Montreal, donde se celebraba la Expo 67, una especie de Exposición Universal canadiense. Desde allí fuimos a Boston, Nueva York y Washington D. C., así como al museo Colonial Williamsburg. Cada día estaba trufado de experiencias, una combinación de sustancia y diversión, con todo un listado de sitios educativos: la réplica del Mayflower, Broadway para ver *El violinista en el tejado* y la Bolsa de Nueva York. Asistimos a una sesión del Senado en el Capitolio, hicimos el tour de la Casa Blanca, fuimos al Cementerio Nacional de Arlington, deambulamos por el museo Smithsoniano y visitamos prácticamente todos los demás lugares importantes de la capital.

Ese viaje al este era una especie de celebración, un regalo para Kristi y para mí. Mi hermana iba a empezar en otoño en la

Roosevelt High School y yo también iba a cambiar a una nueva escuela. Mis padres habían decidido que debía ir a Lakeside, una exclusiva escuela privada para chicos situada en el norte de Seattle. La decisión no les resultó fácil. Ellos dos habían estudiado en colegios públicos —mi madre se había graduado en la Roosevelt— y eran partidarios de defender el sistema educativo público. Y la matricula anual de mil cuatrocientos dólares suponía un gran gasto incluso con el sueldo de mi padre. Pero ambos se daban cuenta de que me faltaba motivación y necesitaba más desafíos. Tal vez Lakeside sirviera para estimularme, pensaron. Yo, al principio, odié la idea. Había oído que los alumnos mayores debían llevar chaqueta y corbata y llamar «señor» a sus profesores. Cuando fui allí a hacer el examen de admisión, consideré la posibilidad de suspender deliberadamente. Pero, una vez que empecé a responder las preguntas, no pude contenerme. Mi orgullo se impuso y aprobé.

5

Lakeside

Lo primero que le chocó a mi sensibilidad de séptimo curso del colegio Lakeside fue que su nombre era incorrecto. No estaba cerca de un lago, sino en el bosque, justo frente a la Interestatal 5, en el extremo norte de Seattle, a veinte minutos en coche de mi barrio. Mientras íbamos allí el primer día en la camioneta Ford de mi madre, me pareció muy lejos de casa.

Lakeside fue fundado en 1919 como un colegio orientado hacia las grandes universidades para los chicos de las familias más adineradas de Seattle. Originalmente, estaba junto al lago Washington —de ahí su nombre—, pero en los años treinta fue trasladado a un terreno despejado para construir un campus más grande y de tipo universitario. En los seis años que pasé allí, el colegio prescindió de los últimos vestigios de sus tradiciones más conservadoras de escuela preparatoria, suprimió el uniforme, contrató a mujeres para el profesorado y se fusionó con un colegio de chicas. Pero cuando empecé, en otoño de 1967, todos los profesores eran hombres, salvo la bibliotecaria, y blancos. Teníamos un asiento asignado en el almuerzo. Mientras estudiaba allí, me enamoré de clásicos adolescentes como *El guardián entre el centeno* y *Una paz solo nuestra*, que describen las escuelas preparatorias icónicas de la costa este. Lakeside fue creado siguiendo ese modelo, con prados de césped recortado y edificios de ladrillo con columnas. Incluso tenía un campanario.

La escuela estaba dividida entre la sección de primaria (séptimo y octavo cursos) y la de secundaria (del noveno al duodécimo). No había mucha relación entre ambas. Los alumnos de primaria pasaban la mayor parte del día en Moore Hall, uno de los edificios más antiguos del campus, mientras que los de secundaria tenían libertad para moverse y eran sin discusión los amos del lugar. Los deportes eran muy importantes; mala noticia para mí, pensé. El equipo de fútbol americano disfrutaba de una larga racha de victorias y el de remo había hecho famoso a Lakeside derrotando a una escuela más conocida de la costa este en un campeonato nacional.

En mi clase había unos cincuenta chicos, casi todos blancos. Sus padres tenían el tipo de trabajo que cabría esperar en una escuela privada en el noroeste del Pacífico de aquel entonces. Eran abogados, médicos, banqueros, ejecutivos de productos forestales, ingenieros de Boeing: miembros de la élite de Seattle. Uno de los padres había abierto un restaurante asador que se convertiría en una cadena nacional. Otro montaría una gran compañía de seguros de salud. No constituíamos una mezcla variada en absoluto y, sin embargo, me sentía diferente de gran parte de los demás chicos. Muchos parecían muy seguros de sí mismos, especialmente aquellos con hermanos mayores en Lakeside, que parecían saber ya cómo funcionaban las cosas. En aquellas primeras semanas, observé cómo los demás encontraban rápidamente su sitio apuntándose a fútbol, al periódico, al grupo de teatro, a la coral o a cualquier otra actividad. A diferencia de mí, muchos llegaban con una red social establecida. Se conocían del club de esquí o de tenis, o bien a través de conexiones familiares.

Perdido en un sitio nuevo, recaí en mi bien conocido truco de hacer el tonto. Ese papel funcionaba en mi antiguo colegio, así que decidí mantener la comedia. Uno de los mayores honores que podías alcanzar en Lakeside era una Estrella Dorada, la medalla otorgada a los alumnos que habían destacado en las «cinco puntas» de la estrella: deportes, estudios, compañerismo, carácter y esfuerzo. En mis primeros dos años, no hubo ninguna posibilidad de que nadie me tomara por un miembro de esa casta.

He leído descripciones de mí en Lakeside durante esa época. Me consideraban retraído, solitario, friki y un poco odioso. Seguramente era todas estas cosas. Con la distancia de los años y la perspectiva de la edad, veo cómo me esforzaba para encontrar una identidad. Todos los progresos que creía haber hecho en mi antiguo colegio aquí no significaban nada. Era un negado para los deportes en una escuela conocida por sus equipos deportivos. Era un ávido generalista en un sitio donde la gente se centraba en materias concretas. No encajaba, en resumen, y no sabía cómo solucionarlo. Así que fingí que no quería hacerlo.

Mi comedia fracasó casi de inmediato.

La Geografía de séptimo curso la daba el señor Anderson, el director de deportes, que era sobre todo conocido por haber entrenado al equipo de fútbol durante su racha de victorias. Daba la imagen a la perfección, con su mandíbula cuadrada, su pelo cortado al rape y una pelota de fútbol en su escritorio. A veces dirigía la clase como si estuviéramos en el campo de juego. Sacabas mala nota en un examen y quizá tenías que tirarte al suelo y hacer diez flexiones. Le dabas una respuesta errónea y él amagaba tal vez con lanzarte su balón. Aunque a mí me gustaban la geografía y los mapas, y sabía en cierto modo que el señor Anderson era un buen tipo, holgazaneaba en clase, me saltaba los trabajos, apenas participaba y hacía mi buena tanda de flexiones.

Me sentí muy satisfecho de mí mismo haciendo el payaso hasta que llegó el momento de trabajar en grupo en un proyecto. El señor Anderson puso juntos a los mejores alumnos y a mí me emparejó con el chico que todo el mundo sabía que tenía las peores notas de la clase. Solo con eso, me vi de golpe con los ojos del profesor: Gates no es inteligente. Eso me escoció.

Mi único intento de redimirme fue con un trabajo sobre el mar Negro. Decidido a demostrarle a Anderson que merecía que se reconociera mi inteligencia, me fui a la biblioteca de Seattle y llené páginas y páginas de datos y hechos históricos fusilados de fuentes como la *Enciclopedia Británica*, que para mí venía a ser como el pariente erudito de la *Enciclopedia Mundial* para niños que teníamos en casa. Pero, mientras que proporcionar un alud de datos había funcionado en mi trabajo sobre Delaware de quinto curso, en los dos años transcurridos desde entonces las expectativas habían cambiado. Anderson me puso una nota baja (no sé hasta qué punto exactamente, pero lo bastante baja como para que se me quedara grabado). Pese a mi elevada opinión de mí mismo, según el análisis objetivo de Anderson —y de otros profesores de aquel curso— estaba por debajo de la media.

Cuando acabó el curso escolar, pedí a todos mis profesores que me firmaran el anuario, marcando el espacio en el que debían hacerlo, donde añadí además esta exhortación: «¡Póngame un sobresaliente!». Por supuesto, nadie lo hizo. No me lo merecía. Ya en casa, cogí un lápiz y escribí al pie de la página con grandes letras de burbujas: «¡Guau! ¡Mejor Olvidarse de Vosotros, los Profesores! ¡Adiós!».

Hasta ese momento había ido avanzando casi sin darme cuenta en el colegio gracias a profesores que veían un potencial en mí bajo aquella máscara de indiferencia. En Lakeside solo parecían ver la máscara. Estoy seguro de que, después de ese primer año en la nueva escuela, mis padres se cuestionaron si habían tomado la decisión correcta. Yo desde luego sí lo hice.

Pero si hubiera prestado atención al último número del períodico de Lakeside de esa primavera, habría reparado en una noticia de dos párrafos al pie de la segunda página. Decía que, a partir del otoño, el departamento de Matemáticas iba a conectarse a una computadora. «Es de esperar que algunos alumnos la usen para trabajar en proyectos ambiciosos», comentaba la nota.

Al principio de octavo curso, empecé a reparar en un chico de primaria. Era difícil que pasara inadvertido. Alto, con un rebelde pelo castaño, Kent Evans tenía un labio leporino muy marcado y hablaba con cierta dificultad. Más adelante descubrí que, cuando era un bebé, su labio y su paladar estaban tan deformados que sus padres debían alimentarlo con un cuentagotas. Cuando yo lo conocí en nuestro segundo año, Kent había pasado por una serie de penosas operaciones que le habían dejado la dentadura llena de ortodoncias y la boca siempre entreabierta. Recordándolo ahora, creo que estas dificultades tan precoces pusieron la semilla de una osadía que habría de manifestarse una y otra vez durante el periodo demasiado breve en que lo traté.

Kent y yo estábamos en la clase de Matemáticas de octavo curso del señor Stocklin. Kent era muy callado, apenas participaba, pero yo notaba que seguía el hilo perfectamente. Parecía dotado para las matemáticas, al menos por lo que yo percibía desde el otro lado del aula. Se le veía más serio que cualquier otro chico de la clase.

Descubrí que era un recién llegado a Seattle. Su familia había venido a vivir aquí hacía solo un año, justo antes de empezar el séptimo curso. Debido al trabajo de su padre, que era pastor unitario, se habían ido trasladando de aquí para allá y habían vivido en Victoria, en la Columbia Británica, antes de venir a Seattle. Igual que yo, Kent no encajaba fácilmente en las pandillas establecidas de Lakeside. Estaba lejos de ser un deportista, y no era uno de los chicos guais hacia los que todos gravitaban. A diferencia de mí, eso le tenía sin cuidado. La posición social, e incluso lo que pensaran los demás de él, no parecía afectarle. Vivía centrado en sí mismo y en sus intereses, que cultivaba con una intensidad muy superior a lo que cabría esperar de un chico de doce años. En octavo curso, esos intereses giraban en torno a la política nacional.

Estábamos en otoño de 1968, el final de un año que sería recordado como uno de los más tumultuosos de la historia de Estados Unidos. En el lapso de solo unos meses, se habían producido los asesinatos de Martin Luther King Jr. y Robert F. Kennedy, los apaleamientos televisados de los manifestantes durante la Convención Nacional Demócrata de Chicago y los disturbios que se extendieron de Baltimore a Boston. La oposición a la guerra de Vietnam, que ya estaba candente, había entrado entonces en plena ebullición. El presidente Johnson renunció a presentarse a la reelección, dando paso a un montón de demócratas que competían para impedir que el republicano Richard Nixon llegara a la Casa Blanca.

Kent tenía opiniones contundentes y documentadas sobre todas estas cuestiones. Se oponía con vehemencia a la guerra de Vietnam, odiaba a Nixon, adoraba a Ted Kennedy (devoró el libro del senador sobre las políticas demócratas). Estudiaba los últimos casos que la Unión Estadounidense por las Libertades Civiles estaba defendiendo y denunciaba el auge de la teoría de la conspiración anticientífica según la cual la fluoración del agua era un complot comunista para envenenarnos. Idolatraba a Eugene McCarthy, el senador de Minnesota que se presentaba a la nominación demócrata contra Lyndon B. Johnson. Estoy seguro de que había adoptado como modelo para sí mismo la imagen de McCarthy de intelectual liberal y, de hecho, incluso ganó un asiento en el senado estudiantil de Lakeside (después de que fracasara su candidatura para el puesto de secretario tesorero).

Cuando McCarthy no logró ganar la nominación demócrata en 1968, Kent se lanzó a apoyar la campaña presidencial de Hubert Humphrey. Cubrió el jardín de su casa de carteles rojos y azules con el nombre de Humphrey, hizo campaña puerta a puerta y repartió folletos en el centro a favor de Humphrey y de los demócratas que se presentaban al puesto de gobernador y al Senado de Estados Unidos. Cuando Humphrey visitó Seattle, Kent se apostó frente al hotel Olympic con la esperanza de hablar con el candidato (no lo consiguió, pero al cabo de un mes explicó con orgullo que había estrechado la mano de su compañero de candidatura, Edmund Muskie). Quien haya participado activamente en el Partido Demócrata de Seattle en esa época, es muy posible que haya visto a ese adolescente regordete en los mítines y en la sede central de Union Street: un chico solitario entre los periodistas y los empleados del partido.

A uno de nuestros profesores de Lakeside le gustaba explicar lo sorprendido que se había sentido al tropezar con Kent en una reunión del partido y escuchar luego su opinión sobre las maquinaciones del grupo y las luchas de poder entre bastidores. «Sabía más de política de lo que yo sabré jamás», decía. Tan obsesionado estaba Kent con la carrera presidencial de ese año que utilizaba las iniciales de los candidatos para marcar sus exámenes en la clase de francés: las iniciales de Nixon para las respuestas erróneas y las de Humphrey para las correctas. En las elecciones de 1968, por supuesto, ganó Nixon. La decepción de Kent quedó ligeramente mitigada por su convicción de que él había contribuido a otorgarle a Humphrey la victoria por un estrecho margen en nuestro estado de Washington.

Toda esa intensidad me intrigaba. Si algo le gustaba, Kent se entregaba de lleno. Como autor de una disquisición de ciento setenta y siete páginas sobre el estado de Delaware, con cubiertas de madera, yo era capaz de apreciar ese rasgo. Un profesor de Literatura lo censuró por ser demasiado intenso. «Su único defecto actualmente es un exceso de preparación —escribió en el boletín de Kent en su primer año—. Para un reciente ensayo de cuarenta minutos presentó un esquema para una tesis doctoral». A diferencia de mí, él sacaba buenas notas.

Kent y yo nos hicimos amigos íntimos rápidamente. Poco después de conocernos, nos sumamos a una excursión con un profesor de Lakeside conocido por arrastrar a los alumnos a largas caminatas por el bosque bajo la lluvia. El recorrido que escogió en aquella ocasión nos llevó a lo largo de la escarpada costa de Washington. Por la noche, Kent y yo montamos nuestra tienda en la playa, sin considerar lo cerca que estábamos del Pacífico. Unas horas más tarde, Kent me despertó a sacudidas mientras el agua del mar entraba chapoteando en la tienda e inundaba nuestros sacos de dormir. Riendo histéricamente, salimos corriendo y arrastramos la tienda a una zona más elevada.

Aunque ya éramos muy amigos, desde aquel momento nos volvimos inseparables. Las conversaciones que iniciábamos en el colegio proseguían por la noche por teléfono. Yo estiraba el cable en espiral del auricular escaleras abajo hasta mi habitación y charlábamos durante horas. Todavía recuerdo su número.

Como la mayoría de los chicos, yo no perdía casi ni un instante en pensar sobre mi futuro, dejando aparte la vaga idea de que quería ser científico, o quizá abogado como mi padre. Pero a esa edad resulta difícil vislumbrar cómo el hecho de responder bien a las preguntas de los exámenes puede traducirse en una vida más allá del colegio, y no digamos ya en el lejano horizonte de una carrera profesional. Kent iba muy por delante de nosotros en este sentido. Siempre estaba hablando de dónde quería estar al cabo de diez o veinte años, y planeando estrategias para llegar allí. Parecía convencido de que estaba destinado a grandes cosas y de que solamente debía estudiar el mejor de los muchos caminos posibles para alcanzarlas.

Leímos juntos un montón de biografías de personajes famosos, de líderes como Franklin D. Roosevelt y Douglas MacArthur. Pasábamos horas al teléfono diseccionando sus vidas. Analizábamos los caminos que habían seguido para llegar al éxito con la misma intensidad adolescente que otros chicos ponían entonces en descifrar «Lucy in the Sky with Diamonds». ¿Qué tal la idea de ir a West Point y convertirse en general del ejército? Descubrimos cómo MacArthur había estado programado desde muy joven para seguir una carrera militar. Comparamos ese camino con el caso del general Patton, que más bien se tropezó con su vida como brillante soldado y líder. Para adquirir una perspectiva histórica, leíamos libros sobre Napoleón, maravillándonos de su genio y de sus terribles defectos. La única manera de distinguirte realmente era ser un héroe de guerra, concluimos. Pero ninguno de los dos quería ir a la guerra. Quitemos «general» de la lista. ¿Qué tal el servicio diplomático de Estados Unidos? Descubrimos que solo los cargos políticos parecían conseguir los mejores puestos y, basándonos en un informe que Kent solicitó a una oficina del gobierno, el sueldo del personal de las embajadas era bajo. Fuera de la lista. ¿Y convertirse en profesor? Tenían influencia y la libertad para investigar cosas interesantes, pero a Kent le preocupaba que el sueldo pudiera ser bajo. ¿Y político? ¿O quizá abogado como mi padre?

Yo era el tipo de chico que quería ganar en todos los juegos y, sin embargo, no tenía un objetivo definido más allá de la victoria. Contaba con una inteligencia en bruto e intereses omnívoros, pero no pensaba a largo plazo en la dirección de mi vida. La ambición de Kent contribuyó a despertar la mía y a canalizar mi prodigioso espíritu competitivo.

En todo caso, mientras estábamos imaginando nuestro respectivos futuros, el camino que seguiríamos finalmente se hallaba frente a nosotros.

Una mañana de aquel otoño de octavo curso, el señor Stocklin llevó a toda nuestra clase a McAllister House, un edificio blanco de tablilla que albergaba el departamento de Matemáticas. En su interior, oímos un chuc-chuc-chuc resonando por el vestíbulo, como el de un tren cremallera subiendo por la ladera de una montaña. Al fondo de un pasillo, en una antigua oficina, un grupo de chicos de secundaria se inclinaban sobre lo que parecía una máquina de escribir con un disco telefónico giratorio en un lado.

El señor Stocklin nos explicó que aquello era una máquina de teletipo. Con ella podíamos conectarnos a una computadora para jugar a juegos, e incluso para escribir nuestros propios programas de computación. La computadora misma no estaba en Lakeside, nos dijo, sino en otro lugar —era en California— y accedíamos a ella a través de la línea telefónica. Por eso el teletipo tenía un disco telefónico. Lo que nuestro profesor nos describía, según descubrí muy pronto, se llamaba tiempo compartido, un método para repartir una computadora entre múltiples usuarios al mismo tiempo. Siempre había pensado que las computadoras eran grandes cajas manejadas por especialistas en laboratorios universitarios, sótanos de bancos y otros lugares que la mayoría de la gente nunca visitaba. En la Exposición Universal había visto una computadora UNIVAC, una serie de cajas del tamaño de un refrigerador, más altas que una persona, que alcanzaban en conjunto la longitud de un camión pequeño. La máquina, llamada la «biblioteca del futuro», era manejada por un hombre que recogía las preguntas del público y las introducía en la computadora, que escupía a su vez las respuestas.

Era difícil imaginar que yo mismo podría jugar con una computadora.

Dan Ayrault, que se convertiría en el director de Lakeside en menos de un año, describió Lakeside en una ocasión como «una escuela con muy pocas normas». Que hubiera pocas normas significaba que los profesores tenían libertad para experimentar. Si un alumno estaba muy interesado en un tema, su profesor podía apartarse del plan de estudios y tomar otra dirección. La escuela contrataba a profesores que estuvieran profundamente interesados en su campo y fueran realmente competentes. Algunos habían trabajado en la industria, en compañías como Boeing. Uno era astrofísico. Había varios abogados. Otro, que sería mi profesor de Química en el último año de secundaria, había patentado un método para aislar el aminoácido triptófano.

La idea era que un instructor de esa talla tendría la suficiente confianza como para dar a los alumnos espacio para explorar..., incluso si eso implicaba rebasar los límites. Robert Fulghum, que impartía Arte, era un pastor ordenado que se haría famoso con su superventas *Todo lo que realmente necesito saber lo aprendí en el parvulario*. Eso fue unos años después de que Fulghum hubiera puesto a prueba el espíritu libre de Lakeside contratando a modelos desnudos para sus clases de Arte. El equivalente en el departamento de Matemáticas de esos modelos desnudos era aquella terminal de computadora.

Contábamos con ella en gran parte gracias a Bill Dougall, el jefe del departamento de Matemáticas de Lakeside. Como muchos de los profesores, Bill defendía un concepto de educación que no se reducía a sentarse en un aula pasivamente y escuchar una lección. Había sido piloto de la marina en la Segunda Guerra Mundial y había trabajado como ingeniero aeronáutico en Boeing. En algún momento de su trayectoria había estudiado Literatura francesa en la Sorbona, en París, además de obtener los títulos de posgrado en Ingeniería y Educación. Apasionado alpinista y explorador (se había tomado un periodo sabático para construir un molino de viento en Katmandú), era el profesor que había encabezado aquella salida en la que Kent y yo acabamos empapados y consolidamos nuestra amistad. Sus excursiones eran una tradición sagrada en Lakeside: esas infames caminatas bajo cualquier inclemencia meteorológica que pudiera descargar el noroeste del Pacífico sobre cuarenta chicos y unos cuantos profesores intrépidos.

Bill Dougall y algunos otros profesores, después de asistir a un curso de verano de computación, empezaron a presionar para traer a Lakeside una conexión a una computadora. Eso, en 1968, suponía pagar el alquiler mensual de la máquina de teletipo y la tarifa por hora para conectarse a una computadora de tiempo compartido. La terminal podía costar más de mil dólares al año y el coste del tiempo de conexión, a unos ocho dólares la hora, podía ascender a varios miles de dólares más. Dougall contaba con el apoyo del director, pero era difícil justificar el gasto; en las escuelas secundarias y los hogares no había computadoras. El señor Dougall se puso entonces en contacto con un grupo de padres de Lakeside que organizaba una venta benéfica anual para recaudar dinero para las actividades de la escuela. En marzo de 1967, el Club de Madres de Lakeside, como se llamaba oficialmente su organización, tomó prestado un espacio en un bloque de oficinas del centro y recaudó en tres días unos tres mil dólares, lo bastante para alquilar un Teletipo ASR-33 de última generación y sufragar el tiempo de conexión suficiente para empezar.

Lo más divertido de este milagro es que nadie sabía cómo utilizar aquel dispositivo. El señor Dougall agotó sus conocimientos de programación en una semana. Un profesor de Matemáticas llamado Fred Wright había estudiado lenguajes de programación, pero no tenía ninguna experiencia práctica con computadoras. Aun así, con la corazonada de que aquella terminal era algo interesante, la escuela confió en que alguien acabaría aprendiendo a manejarla.

Ahora, después de todos estos años, me sigue asombrando cuántas cosas dispares tuvieron que darse a la vez para que yo utilizara una computadora en 1968. Más allá del acto de fe de aquellos profesores y padres que nos consiguieron la terminal, y más allá del golpe de suerte de que la gente estuviera entonces compartiendo computadoras a través de la línea telefónica, lo que completó ese milagro fue la decisión de dos profesores de Dartmouth de crear el lenguaje de programación BASIC. Con solo cuatro años de vida entonces, el «Código simbólico de instrucciones de propósito general para principiantes» (BASIC, por sus siglas en inglés) fue creado para ayudar a los estudiantes de disciplinas no técnicas a iniciarse en la programación con computadoras. Uno de sus atributos era que utilizaba comandos tales como GOTO, IF, THEN y RUN,* que tenían sentido para los humanos. BASIC es lo que me enganchó y me dio ganas de seguir probando.

En la pared junto a la terminal, un profesor había pegado media hoja de papel con las instrucciones más rudimentarias para poder empezar, incluyendo cómo registrarse y qué teclas pulsar cuando algo fuera mal. También incluía la siniestra advertencia de que teclear «PRINT SIN UN NÚMERO DE REFERENCIA PODRÍA CAUSAR UNA PÉRDIDA DE CONTROL».

La página contenía también un programa de muestra escrito en BASIC que explicaba a la computadora cómo sumar dos números.

```
Listo…
10 INPUT X,Y
20 LET A=X+Y
30 PRINT A
40 END
```

Ese fue probablemente el primer programa que manejé en mi vida. La elegancia de aquellas cuatro líneas de código resultaba fascinante para mi sentido del orden. Su respuesta instantánea venía a ser como una descarga eléctrica. A partir de ahí, escribí por mi cuenta mi primer programa: un juego de tres en raya. Los intentos para que funcionara me obligaron a reflexionar detenidamente sobre los elementos más básicos de las reglas del juego. Inmediatamente comprendí que la computadora era una máquina tonta a la que tenía que explicar cada uno de los pasos que

---

* Respectivamente, significan: GOTO: ir a; IF: si; THEN: entonces; y RUN: ejecutar. *(N. de los T.)*.

debía dar, bajo todas las circunstancias que pudieran producirse. Cuando yo escribía un código impreciso, la computadora no podía deducir o adivinar a qué me refería. Cometí un montón de errores mientras trataba de resolver este problema. Cuando al fin lo conseguí, el sentimiento de satisfacción superó de largo el resultado en sí. Un juego de tres en raya es tan simple que incluso los niños pueden aprenderlo rápidamente. Pero parecía un triunfo conseguir que una máquina lo jugara.

Me encantaba cómo la computadora me forzaba a pensar. Esa máquina era completamente implacable ante las ideas chapuceras. Me exigía que fuera coherente y que prestara atención a los detalles. Una coma o un punto y coma mal colocados, y la cosa no funcionaba.

Aquello me recordaba la sensación de resolver demostraciones matemáticas. La programación no requiere dotes matemáticas (más allá de lo básico), pero exige el mismo tipo de planteamiento lógico y riguroso que la resolución de problemas, lo cual supone descomponer cada problema en partes más pequeñas y manejables. Y, tal como sucede al resolver un ejercicio de álgebra, hay diferentes maneras de escribir programas que funcionen —unas más elegantes y eficientes que otras—, pero infinitas maneras de crear un programa que falle. Y los míos fallaban siempre. Solo después de mucho perseverar, obligándome a mí mismo a pensar con inteligencia, podía persuadir a un programa para que funcionase a la perfección.

Otro de los primeros programas que escribí fue un juego de aterrizaje lunar. El problema: depositar suavemente un módulo lunar sobre la superficie del satélite sin estrellarse y antes de quedarse sin combustible. A partir de esta premisa, me vi obligado a descomponer el problema en distintos pasos. Tenía que resolver cómo podía mover el jugador el módulo (arriba y abajo, a izquierda y derecha), cuánto combustible tenía y con qué velocidad lo consumía. También debía describir el aspecto de la nave y establecer el modo de representarla en la pantalla con rayas y asteriscos.

Un día, poco después de que Lakeside instalara la terminal, el señor Stocklin escribió un programa que contenía un bucle infinito, con lo que continuó funcionando hasta que alguien lo paró, pero no antes de que consumiera más de cien dólares de nuestro precioso presupuesto obtenido en la venta benéfica. No sé si se atrevió a asomarse más por allí, pero aquello fue una lección para todos nosotros.

Para no aumentar demasiado los gastos, yo primero escribía todo lo que podía de mi programa con lápiz y papel antes de abrirme paso hasta la máquina. Sin conectarla todavía, para ahorrar, tecleaba lo que había anotado y el programa se imprimía en un rollo de cinta de papel de dos centímetros y medio de anchura. Ese era el primer paso. Luego marcaba el número telefónico con el disco giratorio que había en un lado de la terminal y esperaba a que sonara el zumbido del módem, confirmándome que me había conectado. Entonces metía la cinta en el teletipo y, chuc-chuc-chuc, el programa se iba introduciendo a la vertiginosa velocidad de diez caracteres por segundo. Finalmente, tecleaba RUN. Normalmente, había un corrillo de chicos esperando su turno para usar la computadora, así que, si mi programa no funcionaba, debía cerrar la sesión, buscar un rincón para averiguar dónde me había equivocado y luego esperar mi turno para volver a ponerme frente a la máquina.

Este ciclo de retroalimentación resultaba adictivo. La sensación de hacerlo cada vez mejor era un auténtico subidón. Escribir programas surgía de una suma de habilidades que a mí me resultaban fáciles: el pensamiento lógico y la capacidad para concentrarse intensamente durante largos periodos de tiempo. La programación alimentaba además mi persistente necesidad de ponerme a prueba.

La atmósfera en aquel cuarto de la computadora era (en gran parte) una saludable mezcla de cooperación y competición. Veníamos a ser como una pandilla de adolescentes en la pista de baile tratando de superarnos los unos a los otros. Una diferencia de dos o tres años no es gran cosa si se mira con perspectiva, pero parece enorme cuando tienes trece años, eres bajito para tu edad y todavía te falta un tiempo indeterminado para acabar dando el estirón. Kent y yo estábamos entre los más pequeños de ese grupo y la supuesta superioridad de algunos de los mayores nos fastidiaba.

Aunque estuviera en octavo curso, yo confiaba en mi capacidad mental y estaba convencido de que mi intensidad me permitía hacer todo lo que hicieran los mayores (si no mejor, al menos más deprisa). Estaba decidido a no dejar que nadie me pillara en falta en ningún sentido. Kent también odiaba que alguien lo mangoneara por su edad. Quizá incluso más que yo.

Un chico de segundo de secundaria llamado Paul Allen captó la situación de inmediato y la explotó a fondo. «Bill, ya que te crees tan listo, a ver si eres capaz de resolver esto». Esas son más o menos las primeras palabras que me dijo la persona con quien fundaría Microsoft años más tarde. Hacía solo unas semanas que se había abierto el cuarto de la computadora y había todo un grupo de chicos que estaban compitiendo para poder usar la máquina un rato. Sin más instrucciones que algunos libros que nos habían prestado nuestros profesores, todo el mundo estaba tratando de averiguar cómo escribir sus primeros programas.

Paul, que entonces tenía quince, era dos años mayor que nosotros y se consideraba mucho más guay. Su imagen cuidadosamente estudiada era la de un «hombre renacentista», tan capaz de citar la carga de explosivo de un misil balístico intercontinental como de identificar los acordes de una canción de Jimi Hendrix. Era un guitarrista competente y tenía todo el aspecto de serlo; era el único que llevaba patillas. A diferencia de muchos de nosotros, Paul hacía un tiempo que se interesaba por las computadoras, inspirado por lo que había visto en la Exposición Universal y lo que había leído en un montón de libros de ciencia ficción. Dos años antes, cuando estaba en octavo curso en Lakeside, había utilizado su discurso de graduación para trazar un brillante futuro en el que las computadoras estarían presentes en todos los estamentos de la sociedad, e incluso predijo que en unas cuantas décadas tendrían la capacidad de pensar.

Lo que no había hecho hasta ese otoño en el cuarto de Lakeside era utilizar realmente una computadora. Por supuesto, ante la provocación de Paul, me lancé a resolver el problema, decidido a ser el primero en escribir programas más complejos que los mayores.

Esta situación se repitió con distintas variantes una y otra vez, incluso cuando no estábamos trabajando con la terminal. La pauta venía a ser así: Paul me incitaba —«Eh, Bill, apuesto a que no sabes resolver este problema de mates»— y yo me ponía a luchar con el problema para demostrar que era capaz de hacerlo. Otras veces el desafío era: «Eh, Bill, apuesto a que no eres capaz de ganar a [aquí el nombre de cualquiera de los presentes] en una partida de ajedrez». Yo mordía el anzuelo siempre. Me lanzaba de cabeza a cualquier reto que Paul me proponía hasta que lo resolvía/ganaba/terminaba. Esta dinámica llegó a definir la relación entre Kent y yo, por un lado, y Paul y su amigo, otro alumno de segundo llamado Ric Weiland, por el otro. Paul y Ric estaban interesados en los dispositivos electrónicos, una afición que en el caso de Ric había despertado seguramente su padre, un ingeniero de Boeing que había inventado una parte esencial del montaje de un ala. Unos años antes, Ric había construido una sencilla computadora con relés eléctricos que jugaba al tres en raya. Ric era más callado y cerebral, no tan competitivo como Paul. Emparejados por la diferencia de edad, éramos rivales; juntándonos los cuatro, Paul, Ric, Kent y yo nos hicimos amigos.

A medida que transcurrieron las semanas, muchos de los chicos que habían empezado a jugar con la terminal perdieron el interés y desaparecieron, dejando un grupo más reducido de adeptos incondicionales. La programación venía a ser un nivelador social. No importaba la edad si eras capaz de escribir buenos programas y resolver problemas interesantes. Un alumno de último año de secundaria llamado Bob McCaw creó el programa de un casino a partir de cero. Su compañero Harvey Motulsky intentó enseñar a la computadora a jugar al Monopoly. Yo trabajé para expandir el programa de Monopoly de manera que la computadora pudiera jugar por sí sola. Kent modificó problemas matemáticos que había copiado de un libro de la RAND Corporation. Entre él y yo descubrimos cómo combinar nombres, verbos y adjetivos sintácticamente para construir un generador de frases aleatorias, una versión muy primitiva de los bots conversacionales de IA que surgirían décadas más tarde. Nosotros le hacíamos juntar varias frases y nos mondábamos de risa con las disparatadas historias que contaba.

Este estallido de creatividad, comprendo ahora retrospectivamente, fue el resultado intencionado de una brillante orientación, o acaso debería decir de una falta de orientación. Fred Wright, el profesor de Matemáticas, era de hecho el supervisor del cuarto de la computadora. Fred era joven entonces; debía de tener poco menos de treinta años. Había sido contratado solo dos años antes en Lakeside y era una opción perfecta para la escuela, un profesor que se sentía entusiasmado cuando los alumnos encontraban su propio camino para alcanzar una respuesta. Lo tuve más tarde de profesor, y me observaba divertido cuando me empeñaba en resolver con álgebra problemas de geometría; me dejaba gustosamente explorar ese camino menos eficiente, sabiendo por intuición que acabaría encontrando el sistema más fácil y eficaz.

Fred dirigía el cuarto de la computadora con la misma filosofía. Ni hoja de registro, ni puerta cerrada, ni instrucción formal (Lakeside no ofrecía aún clases de computación). Mantenía el cuarto abierto y nos dejaba entrar cuando nos apetecía, confiando en que, sin imponer ningún límite, tendríamos que ser creativos y encontrar el modo de enseñarnos a nosotros mismos. De vez cuando, asomaba su cabeza rapada casi al cero para cortar una pelea o para escuchar cómo explicaba un chico con excitación el fantástico programa que estaba escribiendo. En un momento dado, un alumno pegó un cartel encima de la puerta que decía: «Cuídate de las iras de Fred Wright», un guiño irónico a la elástica supervisión de Fred. Algunos miembros del profesorado propusieron que se implantara una regulación más estricta en el cuarto de la computadora («¿Qué hacen esos chicos ahí dentro?»). Fred rechazó sus sugerencias en cada ocasión. Aquello dejó un vacío de poder que nosotros llenamos de inmediato. Desde el principio, aquel fue nuestro dominio, la sede de nuestro club. Durante ese otoño vivimos prácticamente en ese cuarto en una secuencia ininterrumpida de escribir programas, comprobar que fallaban y volver a intentarlo una y otra vez. Nuestras notas se resintieron, nuestros padres se preocuparon. Pero nosotros aprendimos un montón y rápidamente. Nunca me había divertido tanto en el colegio.

Cada mañana iba a Lakeside en alguno de los coches compartidos de las madres del barrio. Normalmente, reinaba el silencio en el coche durante el trayecto de veinte minutos, porque todos estábamos medio dormidos o empollando en el último minuto. Mi madre se repartía la tarea de llevarnos con varias madres más, y cada una se encargaba de un día o dos a la semana. Los lunes y martes yo sabía que me subiría a un Chevelle descapotable azul y que la madre de Tom Rona desplegaría infaliblemente más energía que nadie a esa hora tan temprana de la mañana, exceptuando a mi propia madre. Monique Rona era francesa, y con su inglés de fuerte acento era capaz de incitar a sus soñolientos pasajeros a entablar conversación. En el otoño de 1968, hablábamos de computadoras. A aquellas alturas se nos estaba agotando el dinero para pagar nuestro tiempo de conexión. La señora Rona se convertiría en nuestra inesperada salvadora. Muy pronto nuestro reducido grupo recibiría el más extraordinario de los regalos: acceso gratuito a una de las computadoras disponibles más potentes.

Durante su infancia en Francia en plena Segunda Guerra Mundial, Monique Rona participó en la Resistencia francesa, actuando como señuelo para desviar a los soldados alemanes de los refugios de judíos. Más adelante, mientras estudiaba en la Sorbona, en París, se casó con un estudiante de Ingeniería y, después de la guerra, la pareja emigró a Estados Unidos, donde su marido se sacó un título en el MIT y ella estudió Matemáticas. Una oferta de trabajo de Boeing los llevó a Seattle, donde su marido obtuvo el cargo de científico superior; la señora Rona consiguió un empleo de subdirectora del laboratorio de computación de la Universidad de Washington. (En esa época, ese tipo de puesto raramente lo ocupaba una mujer).

La señora Rona se había percatado de mi entusiasmo por mi nueva afición y me preguntaba en qué estaba trabajando, sacándome de mis silenciosas reflexiones sobre un problema de programación. Con solo uno o dos meses de experiencia, estoy seguro de que mostraba mucha más seguridad en mí mismo de lo que correspondía. Aun así, ella sentía curiosidad, se interesaba por lo que decía y nunca me trataba con condescendencia.

Casualmente, aquel otoño, la señora Rona estaba montando en Seattle una de las primeras empresas del país de tiempo compartido con una computadora. A través del laboratorio de computación de la universidad, había conocido a un comercial de Digital Equipment Corp., una compañía de la zona de Boston que era entonces pionera en la fabricación de minicomputadoras. DEC se había establecido a principios de la década de 1960 vendiendo potentes computadoras pequeñas —recibirían el nombre de minicomputadoras— para institutos de investigación y laboratorios universitarios que no necesitaban las caras computadoras centrales de IBM y otros vendedores de grandes aparatos. Con el tiempo, DEC fue ascendiendo de categoría y en 1966 empezó a vender una computadora llamada PDP-10, que era mucho más potente que sus parientes las minicomputadoras, pero aún más asequible que las principales computadoras centrales. Y estaba preparada para el tiempo compartido.

La señora Rona, el tipo de Digital y otros cofundadores (también del laboratorio de computación de la universidad) vislumbraron una oportunidad en la zona de Seattle, donde las grandes compañías como Boeing iban a ampliar probablemente su uso de computadoras y donde las más pequeñas quizá sentirían la tentación de computarizarse por primera vez. El equipo puso en alquiler la máquina más reciente PDP-10 y bautizó la empresa como Computer Center Corp., o CCC. Yo, como buen friki de las mates, no puede evitar llamarla «C-al-Cubo».

En Lakeside, mientras tanto, nuestra nueva afición estaba volviéndose muy cara. Los minutos de conexión se iban sumando. Consciente de ello, la señora Rona escribió una carta a Lakeside con una sorprendente propuesta: si unos cuantos jóvenes programadores de la escuela la ayudaban en su empresa, ellos —y esto es lo alucinante— nos darían acceso gratuito a su nueva computadora DEC.

Un sábado de noviembre de 1968, mi padre me dejó frente a la nueva oficina central de C-al-Cubo, donde me encontré con el señor Wright, Paul, Kent, Ric y algún otro alumno de secundaria de Lakeside. La oficina estaba cerca de la Universidad de Washington, en la antigua sede de un concesionario de Buick desde donde se oía el tráfico de la Interestatal 5. Justo enfrente, un autoproclamado anarquista abriría pronto el Morningtown Café, un garito hippy donde durante los siguientes doce meses me zamparía cientos de porciones de pizza de pepperoni.

Desde fuera, C-al-Cubo parecía en todos los aspectos el concesionario de automóviles que había sido en su día, con una sola diferencia: a lo largo de los enormes ventanales que debían de haber exhibido en su día modelos de Electra y Skylark, se veía una larga hilera de terminales de teletipo idénticas a la que nosotros teníamos en Lakeside. Una vez dentro, un ingeniero nos mostró la oficina y nos explicó que la empresa pensaba empezar su actividad a finales de año. Eso les daba dos meses para asegurarse de que la nueva computadora estaba preparada para afrontar las exigencias que implicaba manejar tal vez cientos de usuarios diferentes al mismo tiempo.

Un poco de contexto: hoy en día, cualquier empresa que compre un sistema informático puede esperar que incorpore un software de fiabilidad, seguridad y estabilidad comprobadas. No era así en 1968. Las compañías como DEC y sus competidores, incluidas IBM y GE, hacían dinero con el hardware: los chips, los discos de almacenaje de cinta y las unidades de procesamiento que constituían el propio ordenador, así como todos los elementos de la caja tamaño refrigerador y los dispositivos conectados con él. En comparación, el software era algo secundario a lo que se le atribuía tan poco valor que se añadía gratuitamente. Incluso cuando un cliente había alquilado o comprado un ordenador, el sistema operativo (el software que controla las principales funciones del ordenador) a menudo requería un montón de pruebas y depuración de los fallos antes de que estuviera preparado para un uso cotidiano intensivo.

Ahí era donde entrábamos nosotros. Para ayudar a mejorar su software, DEC llegó a un acuerdo con C-al-Cubo. Si la nueva empresa identificaba y comunicaba los fallos del sistema, DEC renunciaría a su tarifa mensual de alquiler. Esto es lo que en términos industriales se conoce como «pruebas de control» y, por lo general, implica un periodo de tiempo para que el cliente se asegure de que el sistema de su nuevo ordenador funciona según lo previsto. C-al-Cubo vio ahí una oportunidad para aplazar todo lo posible los pagos por su uso de la computadora.

El acuerdo propuesto por la señora Rona nos daba a nosotros, un grupo de chicos, acceso gratuito a su sistema, con la única condición de que, cuando la máquina se colgara o hiciera algo raro, debíamos informar de ello. Paradójicamente, provocar fallos era bueno. Ellos preferían que fueran unos adolescentes quienes encontraran un problema antes de que lo hicieran los clientes de la empresa. Además, cuantos más fallos documentaran, más tiempo pasarían sin pagar el alquiler. C-al-Cubo necesitaba monos de laboratorio. Monos con martillos.

6

Tiempo gratis

Desde el momento en que Monique Rona nos pidió ayuda, el reconvertido concesionario de automóviles de su empresa terminó siendo nuestro segundo hogar. En diciembre de 1968, Kent, Paul, Ric y yo pasamos horas y horas en C-al-Cubo, codificando, depurando programas y redactando informes de fallos. Con la llegada del nuevo año, los sábados se convirtieron en tardes laborables que se extendían hasta la noche. Mientras los demás chicos de Lakeside estaban estudiando o practicando deportes, yendo a la iglesia o durmiendo, nosotros estábamos en C-al-Cubo, jugando gratis con una carísima computadora de gran potencia. Quiso la suerte que aquel fuera uno de los inviernos con más nevadas de la historia de Seattle —más de un metro y medio de nieve—, lo que nos proporcionó días sin clases que pasábamos allí.

Sabíamos que al final se desharían de nosotros. Como niños afanándose en el suelo para recoger los caramelos de una piñata reventada, teníamos que conseguir todo lo que pudiéramos antes de que se acabara. Eso fue lo que tenía en la cabeza una noche de aquel invierno mientras estaba en mi habitación: «¿Por qué estoy aquí perdiendo el tiempo cuando podría estar con la computadora?».

Eran alrededor de las diez. Mis padres estaban arriba. Kristi estaba en su habitación estudiando. Abrí sigilosamente la ventana de mi habitación, salí afuera y me deslicé por el porche trasero y por el costado de nuestra casa. En unos minutos estaba en el Hospital Infantil, donde tomé el autobús número 30 Laurelhurst-Ballard hasta Roosevelt Way. Recorrí cuatro manzanas por Roosevelt hasta C-al-Cubo. Veinte minutos de puerta a puerta.

Esa fue la primera de las muchas noches en las que me escabullí aquel invierno, y luego durante años. Me encontraba a los trabajadores del hospital que cogían el autobús a última hora para volver a casa. Si se me escapaba el último autobús de regreso, en torno a las dos de la madrugada, hacía a pie el trayecto de cuarenta y cinco minutos hasta mi casa, reescribiendo códigos mentalmente e ignorando a los estudiantes que salían de los bares y los cafés. Nadie parecía preguntarse qué hacía un chaval solo por la calle a aquellas horas. Con los ojos fijos en el suelo, doblaba a la derecha en la calle Cuarenta y cinco y luego recorría un largo trecho en línea recta hasta mi barrio. Si prefería la ruta más pintoresca, pasaba por el campus de la Universidad de Washington y junto al inmenso vertedero que había cerca de la casa de mi amigo Boomer, y luego subía la cuesta hasta llegar a la mía. Entraba por el patio trasero y me colaba por la ventana de mi habitación. Unas horas de sueño y luego: «*Good morning to you, good morning to you, good morning, good morning, good morning to you*».

Desde que mis padres y yo habíamos alcanzado una tregua, ellos se habían vuelto más tolerantes. Pero no habrían permitido que su hijo de trece años estuviera fuera de casa a las tantas de la noche. Kristi lo sabía, y yo le agradezco que nunca me delatara. Nunca he sido una persona madrugadora, pero no comprendo cómo mi madre no se dio cuenta de que estaba más agotado de lo normal.

No se puede exagerar lo excepcional que fue para nosotros cuatro aquel periodo de tiempo gratis con una computadora. Éramos unos críos: Kent y yo estábamos en octavo curso, y Paul y Ric, todavía con quince años, en segundo de secundaria. Ninguno tenía verdadera experiencia con ordenadores. El hijo de Monique Rona cree que su madre, con sus insólitos antecedentes como señuelo infantil en tiempos de guerra, tenía mucha fe en los niños y sabía que eran capaces de asumir responsabilidades. Imagino que, siendo una mujer en el sector de la tecnología en los años sesenta, ella misma había sido muchas veces ignorada, descartada y subestimada. Me gusta pensar que su apoyo se fundaba en la voluntad de que no nos pasara a nosotros lo mismo.

Muchas personas de éxito que he conocido me han explicado que, después de enamorarse de su disciplina, tuvieron que pasar un periodo de duro trabajo y concentración. Es el periodo durante el cual el interés en bruto se transforma en verdadera destreza. En *Fuera de serie*, Malcolm Gladwell habla de las diez mil horas de práctica que hacen falta para alcanzar un alto nivel de destreza, ya sea en componer música o en jugar al tenis. A mí me incluyó como ejemplo en el campo del software. Añadiré mi propia visión a su regla: sin aquel golpe de suerte de tiempo gratis de conexión —digamos, mis primeras quinientas horas—, las nueve mil quinientas siguientes tal vez no se habrían producido siquiera.

Lo que C-al-Cubo sacó de aquel acuerdo fue de entrada bastante decepcionante, estoy seguro. Al principio, nos dedicamos a jugar a ciegas con la potente computadora para ver qué pasaba si hacíamos alguna estupidez. Nuestros primeros informes sobre fallos decían algo así como: «Si activas las cinco unidades de cinta al mismo tiempo, sucede algo extraño. Si le dices a la computadora que haga diez tareas y que cada una intente reservar memoria lo más aprisa posible, la computadora se cuelga». Monos blandiendo sus martillos.

Así aprendimos.

Con frecuencia, mucho después de que Kent y Ric se hubieran ido a casa, Paul y yo nos quedábamos en las terminales, parando solo lo justo para comer algo o ver una película en el cine Neptune, que quedaba cerca. Este periodo, realmente solo de unos cuatro meses, configuró para mí un estilo de trabajo que duraría décadas. Sin restricciones de coste o de tiempo, aterrizaba en una zona de concentración total. En cuanto lograba terminar una sección del programa, podía pedirle a la computadora que la ejecutara y obtenía una respuesta instantánea sobre si lo había hecho bien o mal. Intenta algo y mira si funciona. Si no, vuelve a intentarlo de otra forma. La computadora funcionaba un poco como una máquina tragaperras, que te atrapa dándote pequeñas recompensas a intervalos aleatorios. En vez de animarme con monedas, la computadora me hacía continuar confirmándome que algunas partes de mis programas podían funcionar. A mí me apasionaba el juego mental que consistía en ver si lograba aumentar la frecuencia de esas recompensas.

Este circuito de retroalimentación, una vez que se ponía en marcha, estimulaba nuestro deseo de aprender más. Nosotros no podíamos mirar tutoriales de YouTube en internet: no existía internet. Los manuales eran escasos. Kent copió a mano programas matemáticos y un sistema para calcular poblaciones estatales de un manual de computación de la RAND Corporation que había cogido prestado en alguna parte. Cuando conseguí un ejemplar de un delgado volumen de bolsillo titulado *Introducción a la programación*, me inquietaba tanto perderlo que deslicé la cubierta en la máquina de escribir de mi madre y tecleé: «Este libro pertenece a Bill Gates. Él lo necesita. ¡Devuélveselo!».

La escasez de guías didácticas en aquella época reflejaba el hecho de que no había muchos expertos. La mayoría de los mejores programadores trabajaban para el gobierno, a menudo en proyectos secretos, o en unas pocas universidades punteras: sitios como Dartmouth, MIT y Stanford. Había un puñado de nombres conocidos, con frecuencia jefes de laboratorio de esos programas universitarios de alto nivel. Uno de ellos, un profesor de Stanford llamado John McCarthy, había sido prácticamente el inventor del tiempo compartido, el sistema que nosotros estábamos usando, y era uno de los padres del campo de la inteligencia artificial. Sus alumnos fueron, a su vez, pioneros en las técnicas de programación, los lenguajes y las herramientas de la primera época. Quiso la suerte que algunos de aquellos estudiantes estrella fueran a parar a Seattle y a C-al-Cubo, donde formaron el equipo técnico de la empresa.

El hecho de que yo estuviera a uno o dos grados de separación del tipo que fue el primero en utilizar el sistema de tiempo compartido y la inteligencia artificial se me escapaba en aquel entonces. Pero no los beneficios de ello. De vez en cuando, los programadores de C-al-Cubo nos mostraban fragmentos de su código, pistas incitantes de lo que tal vez podrían habernos enseñado. Nosotros queríamos ver más, pero nos daba vergüenza pedirlo.

Encontramos una solución alternativa. Al final de cada jornada, alguien sacaba la basura. Entre esa basura había papel de computadora usado: un papel de treinta y ocho centímetros de ancho, con perforaciones en cada lado, donde había impresas líneas de código, aquello en lo que los ingenieros de C-al-Cubo hubieran estado trabajando ese día. El código estaba incompleto; aquello eran solo fragmentos de su pensamiento capturados en una matriz de puntos sobre un papel, a veces estrujado y, con frecuencia, roto en pedazos. Una noche, cuando todos los empleados se habían ido a casa, Paul y yo fuimos a la parte trasera del edificio para ver qué podíamos encontrar en el contenedor. Paul me impulsó hacia arriba y me sostuvo las piernas mientras yo hurgaba entre los desechos del día: vasos de poliestireno y restos de comida, mezclados con trozos de papel retorcidos como una doble hélice que se hubiera desarmado por sí misma. Aquella primera inmersión no arrojó grandes resultados, pero volvimos a la parte trasera una y otra vez. Paul era más alto y más fuerte, así que se encargaba de izarme; yo era más ligero y más ágil, así que me encargaba de zambullirme entre los desperdicios.

Hurgando una noche en nuestra mina/contenedor, encontramos un grueso montón de papeles llenos de columnas de números y comandos concisos como ADD, SUB, PUSH y POP. Nos los llevamos adentro, los extendimos sobre la mesa y... ¡bingo! Eran instrucciones para porciones del sistema operativo de la PDP-10. Esas instrucciones —el código fuente— eran inaccesibles para nosotros. Lo que encontramos era críptico, solo unas líneas de código a las que habríamos tenido que aplicar una ingeniería inversa para saber de qué servían. Pero aquellos papeles arrugados y manchados de café eran lo más excitante que habíamos visto nunca.

El listado estaba escrito en código máquina, el más esencial que un programador puede usar. El código máquina permite escribir programas mucho más rápidos que cualquier cosa que se pueda crear en un lenguaje de alto nivel como BASIC, pero es laborioso, exige a los usuarios definir explícitamente cada paso que la computadora debe dar para realizar una tarea. Por ejemplo, en BASIC dar instrucciones a la computadora para mostrar «Hola» requiere un único comando (PRINT «Hola»), mientras que en el código máquina esa misma tarea puede suponer veinticinco líneas de instrucciones carácter por carácter. Para los no iniciados, el código resultaba casi impenetrable, un lenguaje secreto dominado solo por los verdaderos expertos, y por esa razón yo quería aprenderlo.

En torno a esa época, Paul rompió el hielo con Steve Russell, uno de los programadores de C-al-Cubo procedente del MIT, que era famoso por haber desarrollado un temprano y adictivo videojuego llamado *Spacewar!*, el primer juego de ordenador, en el que dos jugadores combaten para derribar la nave espacial de su adversario con torpedos de fotones. Cuando Paul le dijo que queríamos aprender lenguajes más avanzados, Steve nos prestó manuales que detallaban el código máquina de la computadora y la estructura de su sistema operativo —llamado TOPS-10— que habíamos estado tratando de descifrar a partir de nuestros restos recogidos en la basura. Los manuales eran tan preciados que solo nos los dejaban examinar por la noche. Paul y yo nos tumbábamos en el suelo de C-al-Cubo y leíamos y memorizábamos juntos hasta altas horas de la madrugada.

Cuanto más aprendía a programar, más deseaba hacer algo real: escribir un programa que resultara verdaderamente útil para alguien. Era el mismo impulso que había sentido unos años antes al darme cuenta de que, por muy bueno que fuera el dibujo que yo pudiera hacer de un puente o un cohete, nunca podría construir uno en el mundo real. Pero esto era distinto. Con una computadora tenía la sensación de que, cualquier cosa que pudiera imaginar, podía crearla. En casa, mi madre cocinaba a partir de recetas organizadas en fichas que guardaba por categorías en una pequeña caja de madera. Tomé prestadas cuatro o cinco de esas fichas, las llevé a C-al-Cubo y diseñé un sencillo programa en BASIC que, cuando se introducía el comando «pastel de carne», mostraba la receta correspondiente de mi madre. Para el lenguaje de un programador, era un programa trivial, pero a mí me sirvió para entender cómo funcionaban las referencias DATA y el comando READ.

La guerra tenía una presencia cotidiana en nuestras vidas. Las noticias de la televisión y las portadas de *Life* nos mostraban los costes de Vietnam para ambos bandos. Probablemente fue de ahí de donde saqué la idea de escribir un programa que simulara la guerra. Lo que imaginé no era como *Spacewar!*, un juego preprogramado con el que intentabas conseguir la máxima puntuación. Yo quería algo que fuese una herramienta para construir un modelo del mundo real y poner a prueba diferentes tácticas y estrategias, como si fueras un general al frente de uno de los bandos en guerra. Imaginé que mi programa incluiría todos los factores que se me ocurrieran que pudieran entrar en juego en una gran batalla. Primero con lápiz y papel, creé mi propio mundo virtual en una zona costera y otorgué a los bandos enfrentados un ejército de tierra, una marina y una fuerza aérea. Cada uno tenía un cuartel general y campos de aviación, además de tropas, artillería, tanques y baterías antiaéreas para protegerlos, y cazas de combate, bombarderos, destructores y portaaviones para lanzar ofensivas.

Vi viejas películas de guerra para recabar datos y calibrar, por ejemplo, a qué velocidad podía disparar una batería antiaérea, examiné libros de la biblioteca para comprender las tácticas en el campo de batalla y revisé las historias militares que Kent y yo habíamos leído. Quería que todo pareciera lo más realista posible, y no como en un juego, sino como en los modelos de computación que ya habían empezado a utilizarse para predecir los cambios meteorológicos y las tendencias económicas.

Mientras analizaba cómo podían interactuar todos estos elementos, comprendí que no podía decirle simplemente a la computadora: «Si sucede esto, haz siempre aquello». Para hacerlo realista, tendría que atribuirle a cada resultado una determinada probabilidad de que ocurriera. Si un jugador lanzaba sus cazas de combate contra el cuartel general de su oponente, cada avión tendría ciertas posibilidades de ser derribado por los cañones antiaéreos, por ejemplo. Pero ¿cuántas posibilidades? Mis libros de la biblioteca no lo decían, así que hice suposiciones basándome en lo que había visto en aquellas películas y en unas cifras aproximadas que encontré sobre el número de aviones que habían sido alcanzados o derribados por el fuego enemigo en la Segunda Guerra Mundial.

A medida que pasaban las semanas, mis planes se fueron desarrollando. Introducía ajustes en la efectividad de las tropas basándome en el tiempo que requerían para recuperarse entre distintos combates, en el número de cazas de combate necesarios para escoltar a cada bombardero, en las mayores posibilidades de que los bombarderos fueran alcanzados por el fuego antiaéreo, dado que son más grandes y más lentos, en los efectos de la meteorología en los aviones, los barcos y la infantería, etcétera, etcétera.

Con este diseño trazado, empecé a trasladar esos escenarios a un código BASIC, línea por línea, en la PDP-10 de C-al-Cubo. Con frecuencia, Ric y luego Kent se marchaban —sus padres eran más estrictos sobre la hora de llegada—, dejándonos a Paul y a mí trabajando en nuestros proyectos: él aprendiendo código máquina y escribiendo sus propios programas, y yo librando una guerra en software.

Visualizaba claramente lo que quería crear. Y creía que podía alcanzar ese objetivo, aun cuando me daba cuenta de que estaba más allá de mis posibilidades en ese momento. Tenía trece años y estaba aprendiendo a mi manera con una máquina de medio millón de dólares como maestro.

Y entonces se nos acabó la suerte. A finales de aquella primavera, DEC empezó a cobrarle a C-al-Cubo el alquiler de la computadora, y C-al-Cubo decidió que ya no nos necesitaba. Lakeside, entretanto, empezó a pagar a C-al-Cubo por el acceso a su computadora. Desde ese momento, nosotros cuatro fuimos degradados de monos de laboratorio a clientes. En la escuela, el señor Wright controlaba nuestras cuentas y, al final de cada mes, colgaba un papel que enumeraba con su letra extremadamente pulcra cuánto debíamos cada uno. Era un arma de doble filo figurar en lo alto de esa lista: nos daba derecho a presumir de ser el núcleo duro del grupo, pero pagábamos un precio en dinero de verdad por gozar de ese estatus.

Si alguna vez te expulsan de un castillo, resulta útil haber pasado mucho tiempo allí dentro, merodeando por todos los rincones y localizando las puertas secretas. Durante nuestra temporada trabajando con la PDP-10 de C-al-Cubo, había descubierto un fallo. Al acceder al sistema, había una ventana temporal durante la cual, si tecleabas «Crtl C» dos veces, la computadora te dejaba acceder como administrador. Tener acceso como administrador a una computadora es como tener una llave maestra: te permite acceder a cualquier parte del sistema. Con esa llave, puedes ver la cuenta de cada cliente, leer sus archivos, ver sus contraseñas, borrar sus cuentas. Puedes reiniciar todo el sistema o cerrarlo. No hicimos nada de esto. Lo que hizo Paul, en cambio, fue encontrar con ese truco algunas contraseñas que pensábamos utilizar para obtener acceso y tiempo gratis con la computadora. Por desgracia, nos pillaron antes de que pudiéramos poner en marcha nuestro plan. Cuando el señor Wright se enteró de lo que tramábamos, contactó con C-al-Cubo, y la empresa, a su vez, avisó a DEC, que instaló enseguida otra versión del software de acceso.

Y enseguida esquivamos también ese software.

Lo único que Fred Wright no podía soportar, por indulgente y confiado que fuese, era la falta de honestidad. Nos convocó en su despacho en McAllister, donde estaba esperándonos un hombre muy alto con una barba Van Dyke. Me pareció entender que alguien lo presentaba como Fulano de Tal, del FBI. Años más tarde, Paul se refería al tipo como un representante de C-al-Cubo, pero con su traje oscuro parecía un agente del FBI, es más, hablaba como un agente del FBI, así que yo estaba convencido de que era efectivamente un agente del FBI. Fuese quien fuese, me aterrorizó. Con tono severo, nos advirtió de que al piratear el sistema de C-al-Cubo habíamos infringido la ley.

Yo no era un mal chico. Nunca robaba ni destrozaba nada. Nunca me había metido en un lío de verdad y no estaba acostumbrado a que me reprendieran los adultos. Era la primera vez que me sentía un poco avergonzado, así como ligeramente aterrado. Más adelante, cuando reflexioné sobre aquella situación, vi las cosas de otro modo. Toda nuestra misión era encontrar fallos en su sistema. Pues bien, encontramos uno importante. Pero en aquel momento temía que nos expulsaran una temporada. No fue así, pero el castigo me pareció aún peor: quedamos excluidos del uso de las computadoras de C-al-Cubo.

Ocho meses después de tocar una computadora por primera vez, tenía prohibido acercarme a ellas.

Durante aquel verano no vi mucho a Paul y Ric, y pasé mucho menos tiempo con Kent. Él hizo un largo crucero en yate con su familia por la costa oeste de Canadá, durante una parte del verano, y luego visitó Washington D. C. con otro amigo de Lakeside. Sin acceso a las computadoras, Kent se entregó a su pasión por la política.

La presión de mi madre para que realizara actividades extraescolares se había aflojado mucho durante el año anterior, aunque dos veces al mes me iba en un coche compartido con un grupo de chicos a la iglesia de la Epifanía para asistir a unas clases de baile de salón. (Las clases resultaban embarazosas, pero tenían la virtud de ponerme frente a frente con chicas justo cuando estaba empezando a encontrarlas interesantes). Y no necesité ninguna persuasión para continuar con los Boy Scouts, que siempre me habían gustado mucho. Cuando tenía doce años, me apunté a la Tropa 186, una de las agrupaciones de escultismo más grandes y organizadas de la zona. En esa época, el senderismo, el camping y el montañismo estaban en auge en Estados Unidos, y Seattle estaba adquiriendo renombre como una meca para los deportes al aire libre. La cadena autóctona de material para actividades al aire libre Recreational Equipment Inc. (más conocida como REI) estaba ampliando rápidamente su línea de productos, y su director, Jim Whittaker, se había convertido unos años antes en el primer americano que alcanzaba la cima del Everest. Mi nueva tropa de los Scouts estaba en sintonía con aquel boom del senderismo y su principal razón de ser era llevarnos a la montaña. También ganabas insignias al mérito y ascendías de categoría, como en cualquier otra tropa, pero si te apuntabas a la 186 era sobre todo para salir de excursión y acampar.

Había hecho aquel campamento pasado por agua en octavo curso y algunas excursiones de un día con los Cub Scouts, pero no tenía mucha experiencia en la naturaleza salvaje cuando me apunté a mi primera excursión de ochenta kilómetros. Antes de la caminata, mi padre me llevó a REI y me compró una mochila Cruiser roja y unas botas de cuero italianas muy caras. Mientras nos internábamos con la tropa en el área protegida de Glacier Peak, enseguida noté que los talones me rozaban con la parte posterior de mis rígidas botas nuevas. Hacia la mitad del primer día, cuando llevábamos quizá seis kilómetros, me ardían los talones. Seguí adelante. Por la noche, cuando me saqué las botas y me despegué los calcetines, tenía la piel tan rozada y en carne viva que uno de los *scouts* comentó luego que parecía el interior de un dónut de mermelada. Uno de los padres que participaban en la excursión, un cirujano otorrino, me dio unas pastillas de codeína (las cosas eran menos estrictas en los sesenta). Insensibilizado por los narcóticos, y ayudado por otros *scouts* que cargaban con el contenido de mi mochila, seguí adelante renqueando durante otros dos días más o menos, hasta la mitad del recorrido, donde mi padre vino a recogerme.

Me sentí humillado. Estaba convencido de que todo el mundo me consideraba un enclenque, el único chico que no había sido capaz de terminar la excursión y el único lo bastante estúpido como para no haber ablandado sus botas de antemano. A mi modo de ver, aquello había sido un desastre absoluto y sin paliativos.

Uno de los líderes de la excursión era un chico llamado Mike Collier, un *scout* veterano que me llevaba unos cinco años. Todo el mundo sabía que tenía mucha más experiencia incluso en ese tipo de salidas que los adultos que formaban parte de nuestra tropa. Sus padres eran grandes excursionistas y Mike era miembro de los Mountaineers, un club de actividades al aire libre que organizaba excursiones y daba clases de alpinismo y otras técnicas similares. En la época en la que me apunté a la tropa, él y sus padres habían empezado a invitar un grupo selecto de *scouts* a sus expediciones familiares, que eran siempre mucho más ambiciosas que las salidas de nuestro grupo.

Pese a mi fracaso en la ruta de ochenta kilómetros —o tal vez a causa de ello, no lo sé—, Mike y sus padres me invitaron a participar en su próxima expedición, que tendría lugar en el mes de junio, al terminar las clases. Los otros *scouts* que vendrían con nosotros, Rocky, Reilly y Danny, tenían trece años, como yo, y eran muy aficionados al montañismo. Me alegraba que me hubieran incluido en el grupo y me sentía entusiasmado ante la oportunidad de probarme a mí mismo. Y, además, el momento era perfecto, puesto que C-al-Cubo acababa de vedarnos el acceso a sus computadoras y yo tenía todo el tiempo libre del mundo.

Mike nos dijo que había visto un reportaje de televisión sobre el sendero Salvavidas, que discurría a lo largo de la costa del Pacífico de la isla de Vancouver, una zona desolada famosa por sus tormentas, arrecifes y corrientes traicioneras…, y por ser la tumba de miles de barcos. A principios de la década de 1900, el gobierno canadiense abrió un sendero para que los marinos naufragados que llegaban a la orilla pudieran volver a la civilización. Con el tiempo, el sendero había caído en el abandono. En el reportaje, una naturalista local y su marido habían recorrido los ochenta kilómetros del sendero, y Mike quería seguir sus pasos. Iba a ser toda una aventura, nos dijo. Volaríamos en un hidroavión, vadearíamos ríos y treparíamos por acantilados. Habría cuevas que explorar y calas que atravesar a nado.

El primer día, mientras descargábamos nuestras mochilas del hidroavión, la mía cayó al agua. No era un gran comienzo. Una vez que echamos a andar, quedó claro por qué habían construido aquel sendero para los marinos perdidos. Aun cuando llegaras a tierra, la costa era tan escarpada y remota que tus problemas estaban lejos de haber terminado. Dirigiéndonos hacia el norte aquel primer día, nos abrimos paso a través de la espesa maleza del sendero y de un terreno cenagoso. El camino se interrumpía repentinamente en un acantilado, y tenías que descender por una larga escalera vertical o bajar por una cuerda sujetándote con las manos. Luego avanzamos lentamente por un trecho de playa rocosa y, finalmente, subimos por otra serie de escaleras o cuerdas hasta el sendero infestado de vegetación y nos deslizamos bajo enormes árboles caídos cubiertos de musgo.

La única parte de la expedición que inquietaba a Mike era cruzar el río Klanawa, que no tenía una corriente muy rápida, pero cuya profundidad variaba de día en día dependiendo de la climatología: las fuertes lluvias y las escorrentías de la montaña podían volverlo intransitable para los senderistas. Mike nos envió a recoger madera de deriva a la orilla cubierta de guijarros; luego cortó trozos de cordón rojo de avalancha y nos enseñó cómo usarlo para atar las maderas y formar pequeñas balsas con las que cruzar hasta el otro lado.

Terminamos la expedición al día siguiente, en el pequeño pueblo pesquero de Bamfield. Cuando entrábamos en la población, una mujer mayor se nos acercó: «¿De dónde venís, chicos?». De Seattle, respondimos con orgullo; acabábamos de recorrer el sendero Salvavidas. «¡Dios mío!», exclamó la mujer, y luego nos invitó a su casa a comer unos camarones frescos que su marido había capturado aquella misma mañana.

Más tarde, mientras estábamos esperando un medio de transporte hasta el ferry más cercano, otra persona del pueblo se nos acercó. «¿Alguno de vosotros es Bill Gates?», preguntó.

Resultó que mi padre tenía que transmitirnos un cambio en nuestros planes para ese día, así que había llamado aleatoriamente a una persona de la población y le había dejado un mensaje. Aquello nos pareció asombroso. Era lo más cerca que habríamos de estar jamás de la impresión de Stanley al encontrarse al doctor Livingstone en la orilla del lago Tanganica.

Me quedé enganchado al senderismo. Después de esa primera expedición, Mike convenció a sus padres para que le dejaran dirigir las siguientes por su cuenta. A veces se sumaban otros, pero habitualmente éramos nosotros cinco: Mike, Rocky, Reilly, Danny y yo. Me admiraba el estilo natural y espontáneo de Mike. Parecía saber todo lo que necesitábamos saber en las montañas, pero no daba lecciones ni órdenes. Lideraba discretamente, dando ejemplo, y, si alguna vez había que tomar una decisión importante, la sometía a votación. Yo valoraba esa actitud democrática, aunque normalmente implicara que mi esperanza de seguir una ruta más corta resultara derrotada, como ocurrió dos años más tarde en el sendero de la Expedición de Prensa.

Una vez que volví de la expedición por el sendero Salvavidas aquel verano de 1969, me fui con mi familia al canal Hood, donde retomamos las tradiciones de Cheerio —las mismas familias, los mismos Juegos Olímpicos, mi padre convertido en alcalde— que habían caracterizado nuestros veranos durante toda mi vida. Pero ese año fue especial. Mi abuela nos anunció que había comprado una pequeña casa de vacaciones en el canal. Después de décadas visitando el lugar, mi familia contaba ahora con un lugar que podía considerar propio, una base donde mi madre y mi abuela confiaban en que nos reuniríamos todos a medida que nos hiciéramos mayores y tuviéramos inevitablemente una vida más ocupada. Aquel verano llevamos un televisor al canal y lo instalamos en la cabaña principal para ver el alunizaje del Apolo 11, igual que otros ciento veinticinco millones de americanos. Normalmente, no permitíamos que el mundo exterior interfiriese en nuestra vida en el canal, pero el gran salto para la humanidad de Neil Armstrong cumplía los requisitos para hacer una excepción.

Aparte del paseo lunar, ese verano resalta en mi memoria como un periodo de transición personal. Como muchos chicos de esa edad, estaba experimentando con distintas identidades. Recuerdo que era claramente consciente de que la forma de percibirme de los demás cambiaba según las circunstancias. En los deportes organizados, yo era un segundón. En la expedición de aquel verano, un chico duro, osado, capaz de esforzarse físicamente de un modo que nadie que jugara al fútbol conmigo habría reconocido. En nuestro pequeño grupo, era un miembro valorado de un equipo en el que no había otra recompensa que la camaradería.

En Cheerio, los adultos me veían como un líder. Organicé en un grupo a los demás niños, pequeños y mayores, hicimos una bandera y nos llamamos a nosotros mismos «Club Cheerio». Yo no hacía mucho más que liderar misiones por los bosques vecinos, pero el club generaba una especie de entusiasmo y de espíritu grupal entre todos. Lo notaba especialmente en Libby, que celebraba aquel verano su quinto cumpleaños. Yo disfrutaba de mi papel de protector y cómplice; para ella, era el infalible hermano mayor. Eso me encantaba.

En la escuela, sin embargo, era otra historia. En clase todavía ponía la mayor parte de mi atención en buscar una ocasión para gastar una broma u oponerme a lo que estuviéramos haciendo, para decir algo que creía que arrancaría unas risas, aunque fuese grosero. En el curso que acababa de terminar, habíamos estudiado la obra de teatro griega *Lisístrata* y escrito trabajos sobre ella, e incluso habíamos contado con un grupo de actores que vinieron a interpretarla para nosotros. ¿Cómo mostré yo mi agradecimiento? Tuve la desfachatez de decirle a la mujer que interpretaba el papel protagonista que aquella era una obra estúpida, y ese fue solamente uno de los muchos comentarios gratuitamente groseros que hice y que revelaban más sobre mí que sobre cualquier otra cosa. Ese tipo de mal comportamiento siempre me reconcomía después por dentro.

En Lakeside, después del almuerzo, todos los alumnos de primaria tenían cada día una hora para estudiar antes de las clases de la tarde. Para la mayoría, eso significaba entrar en fila en el auditorio de la segunda planta de Moore Hall, donde había que trabajar en silencio bajo la atenta mirada de un profesor. Esa sala de estudio, sin embargo, era para las masas, para aquellos con notas medianas o mediocres, o para los que no se esforzaban en clase. En cambio, el pequeño grupo de alumnos con las mejores notas, los estudiantes de matrícula de honor, estaban exentos de la sala de estudio y eran recompensados con lo que se llamaba estudio libre.

Tenían su propia sala en la primera planta, donde, sin ninguna supervisión, podían hacer los deberes, intercambiar impresiones sobre un proyecto o simplemente charlar. Incluso podían salir al patio a leer o dar un paseo por el campus, si les apetecía. El estudio libre era un derecho adquirido, un derecho que podía ser anulado si tus notas bajaban. Todo el mundo sabía que los chicos del estudio libre eran los mejores de la clase.

Como es de suponer, yo estaba varado en la sala de estudio. Con mis notas desiguales y mi mala actitud, me lo merecía. Y, durante un tiempo, me tuvo sin cuidado.

Kent, por supuesto, se había ganado rápidamente un lugar entre la élite del estudio libre. Se largaba con los demás «chicos inteligentes», mientras que yo me sentaba encorvado en el auditorio. Estaba seguro de que me correspondía ocupar el mismo lugar que Kent. Si mi proyecto sobre el mar Negro había representado una primera pista importante, aquello vino a ser la segunda: Lakeside no reservaba un lugar respetable para los bufones. Empezaba a darme cuenta de que la escuela ofrecía libertad a los chicos que se lo merecían. Si sacabas buenas notas o estabas profundamente interesado en algo, Lakeside te daba margen para que aprendieras y crecieras. Probablemente habría también algún profesor apasionado dispuesto a ayudarte. Kent comprendió todo esto instintivamente; para mí fue más bien un lento despertar.

Había otra experiencia escolar que tenía en mente durante

aquel verano. La sección de secundaria de Lakeside contaba con un equipo de Matemáticas que competía cada año en un examen regional de cuatro estados y había ganado unos cuantos años seguidos. Aunque sus éxitos no podían compararse en modo alguno con nuestras pasadas glorias en el fútbol americano, el equipo de Matemáticas se había ido ganando una reputación por sí mismo entre un cierto sector de la escuela. En 1969, a algunos de los mejores alumnos de Matemáticas de primaria se les había permitido pasar aquel examen. Yo era uno de ellos. Lo hice excepcionalmente bien, sacando una nota más alta que casi todos los miembros del equipo, lo cual me situó, estando en octavo curso, entre los mejores estudiantes de Matemáticas de secundaria de la región. Eso, por supuesto, alimentó mi ego. Pero aún más relevante fue el reconocimiento que recibí del alumno de último año de secundaria que había sacado la nota más alta en el examen. Dejando aparte el cuarto de la computadora, donde los mayores toleraban a los pequeños, no había mucha interacción entre los alumnos de primaria y secundaria. No quedaba bien prestar atención a chicos que tenían cuatro años menos. Aun así, aquel prodigio de último año vino a la sección de primaria y me localizó. Quizá, como genio de las matemáticas, simplemente quería conocer a otro genio emergente. Fuesen cuales fuesen sus motivos, me quedé alucinado. Estuvo superamable. Felicidades, me dijo; es algo fuera de lo común que un tipo tan joven lo haya hecho tan bien.

Más allá del equipo de Matemáticas, corrió la voz de que un chico de octavo curso había superado a casi todos los alumnos de la escuela. Y no solo eso, sino que —sorpresa— se trataba de Gates, el que siempre andaba haciendo tonterías y a quien nadie consideraba un alumno destacado. Reflexioné mucho sobre esa percepción. Y empezó a molestarme.

En la visión del mundo que me había empezado a formar, la lógica y el pensamiento racional exigidos por las matemáticas eran capacidades que podían utilizarse para dominar cualquier disciplina. Había una jerarquía de la inteligencia: el nivel de excelencia al que llegaras en Matemáticas era el que ibas a poder conseguir también en todas las otras materias, ya fueran Biología, Química, Historia e incluso las lenguas. Mi modelo, por simplista que fuera, parecía quedar corroborado en Lakeside, donde tenía la sensación de que podía relacionar la capacidad en matemáticas de un alumno con su rendimiento académico general.

Aquel verano, en el canal Hood, decidí poner a prueba mi teoría... en mí mismo. Por primera vez en mi vida, iba a aplicarme en los estudios.

7

¿Solo críos?

En Lakeside te hacían comprar tus propios libros. La escuela tenía una pequeña sucursal bancaria abajo, en Bliss Hall, donde tus padres depositaban dinero. A lo largo del curso, tú firmabas cheques por libros y otros gastos escolares (como nuestro tiempo de computadora). En la librería —una mesa plantada frente a un aula del sótano—, le decías a Joe Nix qué asignaturas tenías y él desaparecía entre las estanterías unos minutos, regresaba con un montón de libros y te hacía firmar un cheque. Joe era el vigilante nocturno —un personaje muy querido, siempre acompañado por su pastor alemán—, pero se desdoblaba en dependiente de la librería. Me recibió con una gran sonrisa cuando le mostré mi programa en mi primera semana tras el verano. Imbuido de mi nueva decisión, había ideado un plan que estaba seguro de que sería un éxito.

Mientras él revisaba la lista de asignaturas —Historia antigua y medieval, Literatura, Latín, Biología y Álgebra avanzada—, le dije que quería dos ejemplares de cada libro. Él se quedó parado un momento, claramente desconcertado por aquel pedido, pero luego se volvió hacia las estanterías y recogió los libros. Todavía hoy no sé si mis padres se dieron cuenta de que habían pagado el doble.

Mi plan era dejar un ejemplar en casa y otro en la escuela. No se trataba tanto de evitar los inconvenientes de cargar con los libros de acá para allá como de aparentar que no necesitaba estudiar en casa. Iba a convertirme en uno de los alumnos de élite, pero no estaba dispuesto a abandonar mi fachada de chico listillo y despreocupado. Mientras todos los demás gemían bajo el peso de los gruesos libros de texto, yo me volvía cada día a casa con las manos ostensiblemente vacías. De noche, encerrado en mi habitación con mis textos duplicados, resolvía una y otra vez cada ecuación cuadrática, memorizaba las declinaciones de latín y repasaba los nombres, las fechas y la historia de todas aquellas guerras y batallas griegas, con sus dioses y sus diosas. Al día siguiente, llegaba a la escuela fortalecido con todo lo que había aprendido, pero sin el menor indicio de haber estudiado. Dudo que nadie lo notara, o que a nadie le importara, pero en mi fantasía todos decían maravillados: «¡No trae los libros! ¿Cómo lo hace? ¡Debe de ser inteligente de verdad!». Tal era mi persistente inseguridad.

Siempre había poseído una intensa capacidad de concentración. Justo entonces estaba descubriendo cómo podía aprovechar esa capacidad en la escuela. Si me concentraba de verdad en un tema, absorbiendo datos y teoremas, fechas, nombres, ideas y cualquier otra cosa, mi mente clasificaba automáticamente la información dentro de un marco lógico y estructurado. Y ese marco venía acompañado de una sensación de control: yo sabía con exactitud dónde tenía esos datos y cómo sintetizar lo que había almacenado. Podía reconocer pautas instantáneamente y formular preguntas más atinadas; y también podía introducir cada nuevo dato que surgiera en el marco preexistente. Por ridículo que suene, aquello parecía la revelación de un superpoder. Aunque, al mismo tiempo, mis poderes no estaban plenamente desarrollados. A mis catorce años, no siempre tenía la disciplina necesaria para postergar la lectura de otro libro de Tarzán, en lugar de ponerme a interpretar la lección de Historia que tocaba estudiar.

Y todavía me costaba concentrarme en materias que no me parecían relevantes en mi visión del mundo. En Biología, nos enseñaron ese año a diseccionar una planaria —un platelminto—, pero el profesor no nos explicó por qué se suponía que aquello era importante. ¿Dónde encajaban los platelmintos en la jerarquía de los seres vivos? ¿Qué se suponía que debíamos aprender de esta incisión o de aquella otra? Parecía todo muy arbitrario. El profesor nos estaba enseñando probablemente la materia más relevante de todas: las ciencias de la vida, los mecanismos que determinaban la salud y la enfermedad, la diversidad de las especies, los miles de millones de años de evolución, e incluso las raíces de la conciencia. Más adelante en mi vida, descubrí lo que me estaba perdiendo y me zambullí de cabeza en las maravillas y bellezas de la biología. Mi yo de noveno curso, sin embargo, miraba los trozos de aquel gusano pensando que, si la biología se reducía simplemente a aquello, no entendía para qué servía. (Casualmente, el mismo profesor nos daba Educación sexual y, tal como la presentaba, hacía que pareciera tan interesante como las planarias).

Siempre había recordado el noveno curso como el año en el que saqué todo sobresalientes. Pero hace poco encontré mi expediente y vi con sorpresa una mezcla de sobresalientes y notables (incluido uno en Biología). Obviamente, el recuerdo del gran avance que había experimentado eclipsó el hecho de que mi disciplina mental aún estaba en construcción. En todo caso, mi madre, que durante años se había preocupado por la cantidad de tiempo que pasaba en mi habitación, pudo ver al fin los beneficios de ese encierro. Aquellas eran las mejores calificaciones que había obtenido en mi vida, y me estimularon para seguir intentándolo con más ahínco. También me liberé de la sala de estudio.

Una vez que decidí bajar la guardia y mostrar a los profesores que sentía curiosidad y tenía interés en aprender, florecí. Una raíz de la palabra «educación» es *educere*, que significa «incitar» o «extraer». La mayoría de mis profesores de Lakeside intuyeron que podrían sacar más de mí planteándome desafíos. Vieron que era importante para mí demostrar que era inteligente, que podía salir con un comentario perspicaz en clase o entender los libros suplementarios que me hacían leer.

Me abalancé sobre todos los libros que mi profesor de Física, Gary Maestretti, me recomendó. En las muchas conversaciones que manteníamos fuera de clase, él sabía cómo guiar mi frenética energía hacia cuestiones que contribuyeran a ampliar mi perspectiva. Él desmantelaba la idea de la ciencia como una colección de hechos probados que aprender de memoria; la ciencia era un modo de pensar el mundo, un permanente cuestionamiento de hechos y teorías admitidos durante mucho tiempo. A lo largo de la historia, los investigadores se habían hecho famosos por descubrir que los «hechos» aceptados durante generaciones e incluso durante siglos eran erróneos, y por haber formulado ideas más correctas.

El ejemplo más impactante que daba el señor Maestretti se remontaba a principios del siglo XX, cuando muchos físicos creían que la mayor parte de las grandes cuestiones de su disciplina habían hallado respuesta. Gracias a Newton, Maxwell y muchos otros pioneros, se podía calcular cómo funcionaban las fuerzas de la gravedad, la electricidad y el magnetismo. La ciencia contaba también con una explicación decente de la composición de los átomos. Pero, aun así, los físicos habían observado fenómenos que no podían explicar, como los rayos X y el descubrimiento de la radiactividad por parte de Marie Curie. Menos de una década después, Einstein demostró que las leyes de Newton proporcionan las respuestas correctas en la mayoría de las situaciones corrientes, pero por motivos erróneos. El universo es mucho más extraño de lo que habían advertido los científicos anteriores. La materia puede curvar el espacio y la luz. El movimiento y la gravedad conjuntamente pueden ralentizar el tiempo. La luz se comporta como una partícula y también como una onda. Las nuevas teorías de la relatividad y de la mecánica cuántica trastocaban incluso la concepción de los científicos de la historia, el funcionamiento y el futuro del universo.

Tras estudiar Física en Lakeside, pasabas a Química y entrabas en el laboratorio de Daniel Morris. El doctor Morris, como todos lo conocían en la escuela, era un antiguo químico industrial que se había doctorado en Química orgánica en Yale. Era el profesor que había patentado un método mejorado de aislamiento del aminoácido triptófano. Con su habitual bata blanca y dando sorbos a un vaso de precipitado de vidrio con café, el doctor Morris encarnaba la imagen que yo tenía del científico. Una cosa que escribió en la introducción de su libro de texto resume una idea que expresaba a casi todos los chicos de su clase: «Parece que olvidamos cuál es la verdadera piedra angular de la ciencia: la creencia de que el mundo tiene sentido».

Recuerdo sentirme fascinado por los anuncios publicitarios que aseguraban que un pegamento superfuerte podía pegar cualquier cosa. «¿Por qué tiene ese increíble poder para pegar?», le pregunté al doctor Morris. Él nos alentaba a plantear preguntas como esta, basadas en nuestra curiosidad, y se servía de ellas como momentos para la pedagogía. El pegamento, me explicó, está compuesto de pequeñas moléculas que quieren unirse unas a otras, pero se lo impiden unos ingredientes en forma de trazas que mantienen el pegamento en estado líquido. Cuando lo aprietas entre dos superficies —incluidos tus dedos, si no tienes cuidado— las trazas de agua neutralizan los inhibidores y liberan el pegamento para que se solidifique casi al instante.

Al igual que el señor Maestretti, el doctor Morris hacía hincapié en la superposición de conocimientos que permite que la comprensión científica se expanda y se vuelva más profunda con el paso del tiempo. Su personaje histórico favorito era un químico francés del siglo XIX llamado Henry Louis Le Chatelier, que diseñó un principio sobre los cambios en el equilibrio de un sistema. El doctor Morris encontraba en la vida diaria ejemplos que servían para ilustrar esto, tales como por qué la gaseosa mantiene las burbujas si vacías la mitad de la botella, pero vuelves a ponerle el tapón. (Nunca he olvidado la respuesta: el gas efervescente sale en forma de burbujas del líquido hacia el espacio vacío, pero, al final, vuelve a formarse suficiente presión dentro de la botella como para que el gas se disuelva de nuevo en la gaseosa con la misma rapidez que burbujea).

Para el doctor Morris, el principio del «equilibrio dinámico» era una forma elegante de organizar buena parte de la química en un sentido amplio y una forma de entender muchas reacciones químicas de manera específica. La química puede suponer un verdadero esfuerzo tal y como se suele enseñar, como un arduo conjunto de tareas de memorización. El don del doctor Morris fue eliminar las complejidades para dejar modelos sencillos que tuvieran sentido para los jóvenes estudiantes.

El doctor Morris cambió mi perspectiva de lo que podía ser una vida anclada en la ciencia. El estereotipo de entonces era el de alguien dedicado de manera monomaniaca a una cuestión muy limitada y esotérica que apenas nadie más podría comprender o ni tan siquiera desear entenderla. Pero el doctor Morris tenía intereses profundos y de amplio espectro. Tocaba el clarinete, dirigía un coro, investigaba la geometría de la cuarta dimensión y —para especial deleite de sus alumnos adolescentes de sexo masculino— tenía autorización para la pirotecnia. Nos ayudó a preparar un líquido que explotaba al tocarlo; algunos chicos lo ponían en las grapadoras e incluso en los asientos de los baños. (Mi versión en aquel entonces era que no formaba parte de ellos, y así sigue siendo).

La ciencia me atraía en parte porque encajaba con mi necesidad de orden y organización y me ofrecía ese tipo de marco satisfactorio y tranquilizador que ya había encontrado en las matemáticas. También seducía a mi visión hiperracional del mundo. En esencia, la ciencia requiere una mente tremendamente curiosa y capaz de domarse a sí misma con disciplina y escepticismo. A mí me gustaba cómo pensaban los científicos, siempre preguntándose a sí mismos: «¿Cómo puedo saber?» y «¿Cómo podría estar equivocado?».

Mis profesores de Lakeside me brindaron el don de una perspectiva modificada: es cuestionando lo que sabes —lo que crees verdadero— como avanza el mundo. Era un mensaje intrínsecamente optimista para mí a esa edad tan impresionable.

Tras nuestro destierro del castillo de C-al-Cubo, Paul se había abierto paso a base de persuasión en una sala de computadoras de la Universidad de Washington, donde se dedicó el verano entero a perfeccionar sus conocimientos de programación sin nosotros. A Kent y a mí no nos lo dijo, porque, confesó más tarde, parecíamos demasiado pequeños para poder pasar por universitarios y temía que, si nos presentábamos, perdería sus privilegios. Nos lo compensó a mitad de curso, sin embargo, cuando nos volvió a meter en C-al-Cubo. Para entonces, las relaciones con la empresa se habían ablandado y ellos mismos le pidieron ayuda para unas tareas de programación.

Así fue como, tras el paréntesis de seis meses sin computadoras, empecé a juntarme con Paul en C-al-Cubo y reanudé el trabajo en mi simulación de guerra. Poquito a poco, conseguí que algunas partes funcionaran. Imprimía el programa y marcaba dónde me equivocaba; luego introducía el nuevo código y volvía a imprimirlo. Finalmente, el papel perforado llegó a medir más de quince metros. Algunas partes estaban funcionando muy bien cuando recibimos la mala noticia: C-al-Cubo iba a cerrar. En poco más de un año de vida, la empresa no había logrado suficientes clientes importantes. La demanda de tiempo de conexión con la computadora no era la que habían previsto. A ello se añadía que Boeing, la mayor empresa de Seattle, se hallaba en graves apuros. Los pedidos de las aerolíneas se habían detenido y Boeing había pedido enormes préstamos para desarrollar su primer jumbo (el 747), lo que llevó a la compañía a despedir a decenas de miles de empleados. La onda expansiva sumió a Seattle en la decadencia económica y, con ello, a muchas otras empresas. (Antes de que transcurriera un año, alguien pondría una valla publicitaria en la autopista 99 que decía: «La última persona que se vaya de Seattle... que apague las luces»).

Un sábado de marzo, mientras los empleados de mudanzas trajinaban en C-al-Cubo embalando todo lo que no estuviera clavado en el suelo, Paul y yo seguimos trabajando frenéticamente en nuestros proyectos. En un momento dado, nos quitaron las sillas en las que estábamos sentados. Nos acomodamos en el suelo y continuamos tecleando con las terminales sobre las rodillas. Unos minutos después, vimos cómo una de las sillas rodaba por Roosevelt Way hacia Lake Union, como tratando de huir del agente del embargo, y estallamos en carcajadas.

La pérdida del acceso gratuito a la computadora era un problema para mí. Había presentado mi programa de guerra como proyecto final para la clase de Historia. Ahora, sin los medios para completarlo, tenía que darle un giro. A principios de aquella primavera había decidido leer el Nuevo Testamento. Había asistido a la escuela dominical desde primer curso y el año anterior había recibido la confirmación, el rito que sigue una persona joven para comprometerse con Cristo. Pero aún no tenía muy claras mis creencias, así que, tal como hacía siempre que necesitaba comprender algo, me dediqué a leer. Calculé que, si me leía cinco capítulos por noche, cubriría el resto de los doscientos cincuenta y dos capítulos del Nuevo Testamento que todavía no había leído en 50,4 días. Terminé un poco antes, así que leí también algunos libros sobre cristianismo, incluido *Dear Mr. Brown*, una serie de cartas ficticias dirigidas a un joven que, según escribía el autor, Harry Emerson Fosdick, está «intentando seriamente encontrar una filosofía de vida inteligente». Esa frase me definía acertadamente y, aunque las conclusiones de Fosdick no me convencieron del todo, contribuyeron a mi proceso de exploración.

El trabajo que presenté era a medias una descripción del programa de simulación de guerra y a medias mi propio análisis de la Biblia. En algunas partes tenía dificultades para expresar lo que sentía sobre Dios y sobre mi fe. (El profesor dijo lo mismo: «Proyecto extremadamente ambicioso y bien realizado, aunque en ocasiones no consigo descifrar tu forma de escribir»).

«Querido Paul, he pensado que quizá te sientas solo sin nosotros, así que he decidido escribirte», empieza diciendo una carta no enviada que escribí un par de semanas después de que terminaran las clases de aquel año. Acababa de concluir otra expedición con Mike Collier y tres scouts más pequeños. Volvimos a recorrer el sendero Salvavidas, esta vez en la dirección opuesta a la que habíamos seguido un año antes. La carta reflejaba la diversión inocente y espontánea de aquellas excursiones. Los cinco nos habíamos subido al Volkswagen Escarabajo de Mike, atando las mochilas en el techo. En algún momento del trayecto de cuatro horas, competí con un chico llamado Phil a ver quién podía contener la respiración más tiempo. Perdí. Sus sorprendentes dos minutos y diez segundos superaron fácilmente mi minuto y cuarenta segundos, como le escribí a Paul en la carta, en la que le comunicaba también el hecho importante de que el hermano pequeño de Phil había devorado mi bolsa de galletas con forma de animales en los primeros cinco minutos del trayecto.

Esa noche, en el ferry, los más pequeños no dejaron de soltar risitas mientras atisbaban por encima del hombro de un pasajero que estaba leyendo el *Playboy*. Mike, entretanto, estudiaba los mapas y yo leía un libro (seguramente alguno de Robert Heinlein o de otro autor de ciencia ficción). Desde Port Alberni, conseguimos que nos llevaran en una embarcación que transportaba toneladas y toneladas de hielo, en la que observamos boquiabiertos cómo un grupo de hombres y mujeres se ventilaban una botella de vino tras otra. Nos quedamos despiertos hasta muy tarde, nos perdimos, comimos perritos calientes para desayunar y rescatamos a un perro que se había deslizado por un abrupto acantilado.

Escribí esa carta unos días después desde el yate de los Evans, que estaba anclado en un sitio llamado Pirates Cove. Al final de la expedición, Mike me había llevado en coche a la parte sur de la isla, donde me había reunido con Kent y sus padres. Habían navegado de Seattle a Victoria la semana anterior y me invitaron a pasar con ellos los siguientes diez días. Nos dirigimos hacia el norte hasta Princess Louisa Inlet, una estrecha masa de agua de impactante belleza donde las montañas se elevan en vertical desde la orilla hasta una altura de dos mil cuatrocientos metros. Nadábamos y leíamos, y por la noche jugábamos a juegos de mesa. A Kent le gustaba Stocks and Bonds, un juego que simulaba cómo es manejar una cartera de acciones a través de las subidas y bajadas del mercado y de acontecimientos diversos («el presidente de la compañía, hospitalizado en un sanatorio por tiempo indefinido»). El que tenía al final de la partida una cartera de acciones más abultada ganaba. Las compañías eran inventadas, pero el juego nos enseñó cosas sobre el mundo real: división de acciones, mercados alcistas, ratios precio-beneficio y rentabilidad de bonos. Como mis compañeros de excursión, Kent tenía un sano espíritu competitivo, pero estaba más interesado en los juegos que tuvieran una relación con la vida real.

Fue en ese viaje cuando conocí mejor a los padres de Kent. Observé lo estrecha que era su relación con él. Antes de mudarse a Seattle, el padre de Kent, Marvin, se había retirado de un trabajo a jornada completa de pastor unitario, gracias a una pequeña herencia procedente de su familia materna. Los padres de Kent dedicaron generosamente ese tiempo libre a sus dos hijos. Como progenitor sin un trabajo diario, Marvin estaba siempre dispuesto a llevarnos con su Dodge Polara del 67 a cualquier parte de Seattle. Nos sentábamos en la parte trasera y él delante, pero con mucha frecuencia volvía la cabeza y nos hacía una pregunta con su suave acento arrastrado del sur sobre lo que estuviéramos comentando o sobre un asunto de su propia cosecha.

Ahora, retrospectivamente, me doy cuenta de que las dificultades iniciales de Kent debían de haber modelado la dinámica de la familia. Cuando era un bebé, Kent tenía la boca tan deformada que no podía comer. Mary y Marvin temían que no sería capaz de hablar, que quedaría marginado y que toda su vida resultaría muy difícil. En los años cincuenta, las discapacidades estaban menos aceptadas; creo que algunos familiares sugirieron incluso que lo dieran en adopción. La cirugía, la terapia y un montón de metal en su boca corrigieron las peores dificultades físicas. En cuanto a las demás inquietudes que sentían, el resultado no podría haber sido mejor. Mary y Marvin descubrieron que, a medida que crecía, Kent no se mostraba afectado por aquellos inicios tan difíciles: de hecho, poseía un nivel de seguridad y madurez muy superior al de su edad. No le costaba asumir nuevos desafíos; tenía elevadas expectativas sobre sí mismo y poseía una gran confianza en sus capacidades para alcanzarlas. Reconociendo esa seguridad en sí mismo que demostraba, sus padres lo trataban como a un adulto. Y, por consiguiente, creo yo, él daba por supuesto que lo era.

Para cuando yo le conocí, navegar, y ser ducho en ello, era una parte importante de su identidad. Una de sus posesiones más preciadas era una reproducción del cuadro de Winslow Homer *A favor de la brisa*, una escena de un hombre y tres chicos navegando en un pequeño velero bajo un fuerte viento que él había colgado en un gran tablero de corcho de su habitación. A Kent le gustaba tanto ese cuadro que hizo expresamente un viaje a la National Gallery de Washington D. C. solo para ver el original.

El yate en el que estábamos ese verano, un Pearson de diez metros de eslora, era una nueva adquisición, un velero lo bastante grande para hacer largas travesías por todo el estrecho de Puget. Lo llamaron Shenandoah, como el río de su Virginia natal. Kent, su hermano y sus padres se hacían a la mar en cuanto terminaba el curso y pasaban todo el tiempo, hasta que volvían a empezar las clases en otoño, visitando lugares —como Pirates Cove— que parecían salidos directamente de la serie de televisión *The Hardy Boys*: Desolation Sound, Secret Cove, la Sunshine Coast. La madre de Kent anotaba con todo cuidado los detalles de cada jornada en un pesado libro de registro cuya cubierta decía en letras doradas: *Libro de bitácora del yate Shenandoah*.

Mi experiencia en navegación se reducía a un tipo local de embarcación de contrachapado barato llamado *flattie*. Cuando mi hermana Kristi se aficionó a navegar, tomé unas clases, en parte para mantenerme a su altura. Como residentes de Laurelhurst, teníamos acceso al club de playa de la zona, lo cual suena más lujoso de lo que realmente era: un trecho de arena con mesas de pícnic y unos cuantos embarcaderos. El club organizaba carreras de *flatties* en verano. Formando equipo, Kristi y yo disfrutábamos los días de poco viento, cuando nuestro escaso peso nos daba ventaja. Con todo esto quiero decir que, antes de subir a bordo del Shenandoah, los momentos cumbre de mi carrera como navegante habían sido unos cuantos intentos a base de adrenalina de rodear una baliza más deprisa que un adulto a bordo de un barco idéntico de cinco metros de eslora.

Durante nuestro viaje, Kent prácticamente ejerció de capitán mientras navegábamos hacia el norte. Estudiaba las mareas y la sonda de profundidad para que no encalláramos al entrar en Malibu Rapids, la estrecha entrada del Princess Louisa Inlet. Monitorizaba el indicador de viento aparente para hacer ajustes en las velas y en la posición del barco. Sabía navegar a estima —determinar la posición con las cartas de navegación— y conocía el significado de las distintas banderas y dónde y cuándo había que izarlas. En aquellos nueve días a bordo, observé en Kent el mismo impulso para dominar una técnica que al año siguiente alimentaría su interés en aprender a escalar montañas.

La mayoría de nuestras conversaciones durante ese verano giraron en torno a las computadoras. Habíamos aprendido mucho en el aproximadamente año y medio transcurrido desde que habíamos escrito nuestros primeros programas. Pero ¿qué podíamos hacer con lo que sabíamos? ¿Ganar dinero? Kent estaba convencido de que podíamos hacerlo.

Los caminos profesionales sobre los que hablábamos entonces se centraban en los negocios. El bisabuelo de Kent había hecho una pequeña fortuna vendiendo árboles frutales y otras plantas en el vivero que había fundado. Ese era el origen de la herencia. Kent se sentía orgulloso de ese legado y sentía que estaba destinado a encontrar su propio camino hacia la riqueza. Yo le contaba lo que había aprendido sobre los negocios de los amigos de mis padres, como el inventor del desfibrilador cardiaco Physio-Control. Él me animó a empezar a leer la revista *Fortune* y el *Wall Street Journal*. Mientras tanto, adoptó el aspecto de un hombre de negocios, comprándose un enorme maletín más apropiado para un vendedor de mediana edad que para un adolescente. La «monstruosidad», como él lo llamaba, estaba siempre repleto de revistas y documentos, e iba con él a todas partes. Lo abrías y tenías instantáneamente una biblioteca a tu alcance.

Así como habíamos examinado biografías de generales y políticos en nuestras primeras exploraciones, ahora íbamos a la biblioteca y desenterrábamos declaraciones de representación corporativas para ver cuánto ganaban los ejecutivos de la zona. Kent y yo descubrimos con asombro que un amigo de mis padres, el director del mayor banco de la región, ganaba alrededor de un millón de dólares al año, cosa que nos pareció muchísimo hasta que vimos sus participaciones accionariales.

«¡El tipo tiene QUIN-CE millones de dólares! —exclamó Kent—. ¿Te imaginas que lo pidiera todo en efectivo?». Ambos especulamos sobre cuánto espacio ocuparía todo ese dinero en su coche.

Tratamos de imaginar cómo podríamos llegar a ganar esa cantidad de dinero. Obviamente, seguir una carrera en la banca era una forma; o bien, inventar un dispositivo médico que salvara vidas, o alcanzar un alto puesto en IBM. Leímos un reportaje de la revista *Fortune* sobre el floreciente mercado de los periféricos de computadora: impresoras, unidades de cinta, terminales y otros dispositivos extra que había que añadir a las computadoras mismas, fabricadas en gran parte por IBM. (La idea de que programar computadoras pudiera generar una fortuna no se contemplaba siquiera en aquel momento). Las grandes industrias que había a nuestro alrededor eran bancos, navieras y compañías madereras. La industria del software no estaba entre ellas. Ni en Seattle ni en ninguna parte. No disponíamos de modelos en ese terreno. Aun así, confiábamos en que podríamos ganar un poco de dinero con nuestras habilidades de programación. Como los chicos que cortan el césped, pero de forma más divertida.

Fue Kent quien tuvo la idea de fingir que éramos algo parecido a una empresa para que pudiéramos recibir folletos gratuitos de productos en su casa. En aquel entonces, las revistas de computación como *Datamation* y *Computerworld* tenían cupones que podías enviar para recibir información sobre Sperry Rand, Control Data y otra docena de compañías que ya no existen. Kent adquirió el hábito de enviar todos y cada uno de los cupones que encontraba. Estoy seguro de que muchos vendedores de hardware de finales de los años sesenta pensaban que Woodbine Way 1515 era la sede de una compañía llamada Lakeside Programming Group. El nombre era deliberadamente vago. Llamarla «club» habría delatado que éramos solo unos críos y no una entidad corporativa en toda regla. «Grupo» suponía un punto intermedio. En ese nombre había latente una protocompañía, y la semilla de la idea de que alguien nos pagaría algún día por nuestras habilidades.

Mis primeros años de secundaria coincidieron con la llegada de un nuevo director a Lakeside. Dan Ayrault había sido profesor de la escuela antes de tomarse un periodo sabático para sacarse su máster en Educación. Volvió como director durante el tumultuoso final de la década de 1960, cuando a todas las instituciones, escuelas y negocios les estaba costando adaptarse. Lakeside podría haber reaccionado redoblando las tradiciones que tan bien le habían funcionado durante tanto tiempo, cosas como los uniformes y dirigirse a los profesores como «señor». Sin embargo, se volvió más flexible. La escuela abandonó su antiguo código de vestimenta, permitiendo que cambiáramos nuestras chaquetas y corbatas por lo que hoy se llamaría un atuendo informal. Para los estándares de la época, se trataba de una medida radical, y algunos padres protestaron aduciendo que la reputación de Lakeside estaba deteriorándose. Dan intentó también promover una mayor diversidad en nuestra escuela de gran predominio blanco con un programa que acogiera a más alumnos negros. Era un intento modesto, sin duda, pero puso a Lakeside un poco más a la altura de los tiempos.

Durante su periodo sabático, Dan había recorrido Estados Unidos estudiando las escuelas independientes y había concluido que los alumnos tenían mejor rendimiento cuando se hallaban libres de restricciones. Quería un mundo «sin enseñanza obligatoria», según declaró a nuestro periódico escolar aquel otoño. Los chicos debían encontrar su propia motivación para aprender. Una vez que lo consiguieran, triunfarían como estudiantes. Más horas no programadas y más clases optativas, más métodos de aprendizaje no tradicionales daban como resultado estudiantes más motivados.

Aquello me sonó bien. Y lo mismo una de sus medidas para alcanzar ese objetivo: la incorporación de chicas. Para moverse con más libertad, los chicos necesitaban una dosis de madurez, pensaba Dan. «Los chicos parecen desenvolverse con más decoro, madurez y disciplina cuando hay chicas a su alrededor», declaró a nuestro periódico escolar. Admitía que aquello tal vez era una generalización, pero «la idea me parece convincente».

«A mí también», pensé.

Y así, ante mi propia fascinación y la de casi todo el mundo en Lakeside, Dan firmó un acuerdo para fusionarse con una escuela para chicas cercana, la St. Nicholas School. St. Nick's estaba claramente anticuada. Su código de vestimenta —una pesada falda de lana, nada de maquillaje, nada de joyas— tal vez encajaba en la década de 1940, pero había quedado penosamente desfasado a finales de los sesenta. Al empezar a disminuir la cantidad de alumnas, la escuela sondeó a Lakeside sobre una posible fusión.

Bob Haig, uno de los profesores de Matemáticas de primaria, asumió la tarea de tratar de integrar los horarios de clase de las dos escuelas. En Lakeside se decidió que la inminente fusión sería la oportunidad perfecta para computarizar los horarios de las clases, una labor que siempre se había hecho a mano, según iba surgiendo y llena de defectos. El señor Haig nos pidió a Kent y a mí que le ayudáramos. Sería un programa complicado. Tras pensarlo bien, no se me ocurría ningún modo ingenioso de desarrollarlo. Dijimos que no.

Para sacar tiempo para ocuparse él mismo del proyecto, el señor Haig le preguntó entonces a Kent si podía encargarse de su clase de Introducción a la ciencia de la computación. Kent reclutó al resto de miembros del Lakeside Programming Group para que le ayudáramos. Nuestro primer trabajo, si se podía llamar así, era de profesores. Bueno, más bien de tutores no remunerados, en realidad. Simplemente unos críos que daban clases a otros.

Nunca se había dado antes esa clase. No teníamos un plan del curso, no teníamos libro de texto. Así que lo creamos nosotros. Cada uno asumió una sección. Ric enseñaba Qué hace una computadora; yo, Lenguaje ensamblador; Paul, Teoría de la memoria; y para una de sus clases, Kent pasó una película sobre Shakey el Robot. (Shakey era lo último en IA entonces, básicamente una caja y una cámara de televisión sobre ruedas que podía moverse alrededor de una habitación). Enseñar planteaba desafíos sorprendentes. Podíamos describir lo que hace un compilador o explicar el comando GOTO, pero ¿qué se suponía que debíamos hacer cuando los alumnos llegaban tarde, o no prestaban atención, o se saltaban la clase? Si hacían mal un examen, ¿la culpa era suya o nuestra? No soportábamos la idea de herir sus sentimientos con malas notas, así que les repartíamos generosamente sobresalientes y notables.

La desaparición de C-al-Cubo había dejado a Lakeside sin un proveedor de computadoras. En el otoño de 1970, la escuela firmó un contrato con otra nueva empresa de tiempo compartido. Esta, situada en Portland, Oregón, se llamaba Information Sciences Inc. y cobraba mucho más por el tiempo de conexión. Así que, por supuesto, estuvimos hurgando hasta encontrar un modo de piratear el sistema para usarlo gratuitamente. Y, por supuesto, nos pillaron antes de que pudiéramos aprovecharnos de verdad de ello. Kent estaba mosqueado. ¡De ningún modo íbamos a pagar a ISI aquellos precios exorbitados! Él tenía un plan. ISI recibió muy pronto una carta de apariencia extremadamente oficial del Lakeside Programming Group, ofreciéndoles sus servicios. Utilizamos la letra cursiva de la máquina eléctrica de mi madre para que la carta pareciera aún más elegante. Estábamos convencidos de que era imposible que descubrieran nuestro subterfugio. Pero estoy seguro de que lo que sucedió a continuación se debió a la intervención del simpático vendedor de ISI, que sabía quiénes éramos los programadores de Lakeside y valoraba nuestra labor. El caso es que nos dieron un trabajo.

ISI se centraba básicamente en tratar de incitar a los negocios de la zona de Portland a computarizar sus operaciones, tal como C-al-Cubo había tratado de hacer en Seattle. Uno de sus clientes, un fabricante de órganos de tubo, quería automatizar su sistema de nóminas. ISI nos pidió que escribiéramos un programa sin remuneración alguna, bajo la premisa de que sería una buena experiencia educativa para nosotros. Redactaron un contrato estipulando el alcance del proyecto, animándonos a «desplegar una creatividad absoluta en el diseño del programa», y fijaron el plazo de entrega en el mes de marzo de 1971. Nuestro «contrato» estaba fechado el 18 de noviembre de 1970. Eso nos daba unos cuatro meses, lo cual, comprendimos enseguida, difícilmente sería suficiente.

Nuestro primer escollo era que ISI quería que escribiéramos el programa en COBOL, un lenguaje de computación que ninguno de nosotros, salvo Ric, conocía. Además, carecíamos de las herramientas necesarias. Así como necesitas martillos y niveles para construir una casa, para escribir software necesitas un editor y depurador. Ric se puso a construirnos un editor mientras el resto empezábamos a aprender COBOL.

Aunque Paul, Ric, Kent y yo nos considerábamos amigos, había mucha competitividad y mezquindad en nuestra forma de relacionarnos, y el sistema jerárquico de la escuela —los mayores frente a los pequeños— aún prevalecía. Hasta entonces nuestras peleas habían sido de poca monta. Pero ahora, con ISI, estábamos trabajando para conseguir algo de valor: tiempo gratuito con una computadora.

Eso quizá explique que, cuando llevábamos pocas semanas en el proyecto, Paul decidió que él y Ric lo harían por su cuenta. «No hay suficiente trabajo para todos», nos dijo a mí y a Kent. Como miembros de mayor edad del Lakeside Programming

Group, tiraron de galones y nos despidieron. Kent estaba fuera de sí, como siempre que se sentía menospreciado. Yo me sentía más tranquilo. Estaba dando Geometría con Fred Wright y me gustaba pasar tiempo con él hablando de matemáticas; supuse que disfrutaría de hacerlo más. Aun así, cuando salíamos del cuarto de la computadora, le dije a Paul: «Ya verás lo difícil que es. Nos vas a necesitar».

Y lo decía en serio. Kent y yo, con más claridad que Paul y Ric, habíamos deducido desde el principio que el proyecto iba a ser mucho más complicado de lo que habíamos creído inicialmente. Cualquier sistema de nóminas tenía que construirse de acuerdo con las normas de finanzas y negocios y las regulaciones gubernamentales. Pagar a los empleados implicaba seguir las leyes de impuestos federales y estatales, así como las deducciones de la Seguridad Social. Suponía tener en cuenta el subsidio por enfermedad y la paga de vacaciones, el seguro de desempleo, las conciliaciones bancarias y los programas de bonos de ahorro. Todo era nuevo para nosotros.

A medida que pasaron las semanas, Paul y Ric empezaron a darse cuenta de la complejidad del proyecto. Primero, invitaron a volver a Kent. Unas seis semanas después de despedirnos, Paul vino a hablar conmigo. Tenías razón, me dijo. Un sistema de nóminas es mucho más complicado de lo que creía.

En enero estábamos juntos de nuevo, pero el proyecto desfallecía. Ric se había metido en un atolladero. El editor se convirtió en su único objetivo: era algo tan genial, decidió, que podría venderlo por su cuenta. Paul, mientras tanto, empezó a perder interés y dedicaba tiempo a otros programas. ¿Acaso no sabía que un contrato era vinculante? Yo estaba enfadado por lo que consideraba una muestra de pereza y falta de profesionalidad por parte de ambos. Teníamos ante nosotros una oportunidad para crear un software de verdad, y ellos la estaban dejando escapar. A finales de mes, los reuní a todos y les dije que, si Paul realmente me quería en el proyecto, tendría que ser yo quien lo dirigiera. Y, en ese caso, yo decidiría a quién le correspondería cada porción de tiempo gratuito de conexión. Diseñé un esquema basado en mi valoración sobre quién estaba trabajando más, dividiendo nuestra recompensa en onceavos. Le asigné a Paul un insultante onceavo y a Ric dos onceavos. Kent exigió que él y yo estuviéramos a la par, así que nos quedamos cuatro onceavos cada uno. Paul y Ric asintieron, encogiéndose de hombros. Probablemente pensaban que nunca terminaríamos el programa.

Mientras tanto, Kent había contactado con el jefe del laboratorio de computación de la Universidad de Washington, le había explicado nuestro proyecto y le había pedido si podíamos utilizar su laboratorio. Aquello era un ejemplo perfecto de cómo Kent actuaba como un adulto y conseguía ser tratado como tal. El laboratorio contaba con múltiples terminales, lo cual significaba que podíamos trabajar todos simultáneamente, y quedaba a pocos minutos de la biblioteca de la universidad y de la imprescindible zona de restaurantes de esta, las pizzerías y un Orange Julius. Como en C-al-Cubo, habíamos encontrado un castillo que los chicos de nuestra edad normalmente no podían pisar. Pero, como en C-al-Cubo, la cosa no duraría.

Durante el siguiente mes y medio trabajamos en el laboratorio por las noches, después de clase, y durante los fines de semana, escribiendo nuestro programa, que llamamos PAYROL.* La Universidad de Washington estaba incluso más cerca de mi casa que C-al-Cubo. A aquellas alturas, para mí ya era una rutina fingir que me iba a la cama y luego escabullirme por la ventana para pasarme la noche programando. Estoy seguro de que mis padres lo sabían, pero en ese momento teníamos un pacto tácito: si seguía sacando buenas notas y no me metía en líos, ellos no me agobiaban.

No todo el mundo estaba encantado con la idea de tener a unos chicos de secundaria acampados en el laboratorio, ocupando

---

* De *payroll*, «nómina» en inglés. *(N. de los T.)*.

las terminales durante horas interminables y llenando las papeleras de vasos de Orange Julius. Pero los administradores del laboratorio en buena medida nos toleraban. Es decir, hasta la noche antes de nuestra fecha límite, cuando estábamos intentando frenéticamente terminarlo todo. Paul se agenció un teclado que le permitiría trabajar más deprisa, pero necesitaba un aparato muy caro llamado «acoplador acústico» para conectar una terminal a una computadora por vía telefónica. Decidió tomar uno «prestado» de otro despacho.

Hacia las 21.30 de esa noche, el dueño del aparato, un profesor al que ya no le gustaba de entrada que usáramos el laboratorio, entró enfurecido al ver que Paul había cogido el ácoplador sin pedir permiso a nadie ni dejar siquiera una nota. Paul le dijo que no creía haber hecho nada malo… y que, en realidad, ¡lo había hecho otras veces sin ningún problema! Con eso consiguió exacerbar aún más la rabia del profesor, que llamó al director del laboratorio. Este reprendió severamente a Paul. Pasada la tormenta, volvimos al trabajo.

Sin haber dormido prácticamente, los cuatro nos reunimos a la mañana siguiente en la terminal de autobuses, en una zona especialmente sórdida del centro de Seattle, para tomar el Greyhound de las 7.00 a Portland y presentar a ISI nuestro trabajo. El viaje duraba casi cuatro horas. Desde la estación, fuimos a pie a la oficina de ISI. Habíamos hecho todo lo posible para parecer profesionales, y no unos críos que necesitaban pedir permiso para saltarse las clases de ese día. Íbamos con chaqueta y corbata, y llevábamos maletines. Siguiendo el ejemplo de Kent, procuré proyectar seguridad y despreocupación, como diciendo: «Psé, nosotros hacemos estas cosas continuamente». Pero por dentro me inquietaba que los ejecutivos de ISI nos mirasen con incredulidad y dijeran: «Solo sois una pandilla de críos. Largo de aquí».

Justo lo contrario. Nos tomaron en serio. Examinaron minuciosamente el código de nuestro programa PAYROL, impre-

so en un montón de papel de computadora que habíamos llevado. PAYROL necesitaba más herramientas, pero al parecer el
núcleo del programa estaba lo bastante desarrollado como para
impresionarlos.

Nos pasamos toda la tarde en ISI y nos reunimos con todos los altos ejecutivos de la compañía, incluido su presidente,
de treinta y tantos años. Nos llevaron a almorzar a un restaurante de lujo llamado Henry's, y allí nuestros anfitriones nos habla-
ron de la creciente competencia entre las empresas de tiempo
compartido, aunque la demanda por sus servicios todavía no
había despegado: la idea de traspasar los procesos realizados en
papel, como las nóminas y el seguimiento de ventas, a una computadora era todavía tan embrionaria que pocas compañías la conocían siquiera. Les explicamos que habíamos presenciado cómo
C-al-Cubo se había ido a pique.

De vuelta en la oficina, el presidente dijo que podía darnos
más trabajo y nos pidió nuestros currículums. Yo lo garabateé
allí mismo a lápiz sobre un papel pautado, explicando mi experiencia en C-al-Cubo, el lenguaje máquina que había aprendido y todas las demás cosas que había intentado con una computadora. En un momento dado, Kent sacó el tema del dinero. En
el futuro, dijo, no queríamos que nos pagaran por horas o en
especie. Queríamos que nos pagaran por el trabajo realizado o
cobrar *royalties* por las ventas de lo que hubiéramos creado.
Kent se había preparado bien esta parte. Siendo unos chavales,
no necesitábamos dinero para mantenernos, pero, si uno de
nuestros productos tenía mucho éxito, podíamos sacar una fortuna en *royalties*. El presidente accedió también a esta propuesta.
Pero el primer trabajo que teníamos por delante era terminar el
PAYROL.

Desde mi punto de vista, éramos unos genios: lo bastante
buenos como para que nos tomaran en serio y como para escribir
el programa. Ahora, soy consciente también de la ayuda bene-
factora de algunos adultos. Nuestro principal valedor en ISI, por

ejemplo, un hombre llamado Bud Pembroke, se había dedicado activamente durante años a promover la programación entre los escolares de Oregón, redactando planes de estudios y diseñando las clases. Su pasión parecía ser la educación. Estoy seguro de que decidió darles un trabajo a cuatro adolescentes con el mismo espíritu. En Lakeside, Fred Wright era el espónsor adulto de nuestro trabajo. Aunque él no participara directamente, firmó nuestro «contrato» con ISI y tecleó una adenda al pie de este eximiendo a Lakeside de cualquier obligación de entregar efectivamente el programa, pero aclarando que alentaría «de todas las formas posibles a los estudiantes implicados para que lleven a cabo este proyecto». Sin embargo, más allá de lo que hubieran hecho para encauzarnos en aquel trabajo, aquellos adultos se mantuvieron luego en segundo plano y nos dejaron mostrar de qué éramos capaces.

Hasta ese momento, todo lo que habíamos probado con las computadoras era un simple ensayo sin incidencia en el mundo real, como manejar bonos y acciones en el juego de mesa de Kent. Una simulación. Sin embargo, nos habíamos demostrado a nosotros mismos —y al mundo, desde nuestro punto de vista— que podíamos crear algo valioso.

Cuando salimos de la oficina de ISI, Kent quería ir a cenar al Hilton, que, según sostenía, era donde la gente de negocios de verdad iba a celebrarlo después de cerrar un acuerdo. En lugar de eso, yo los arrastré a todos al Hamburger Train. Allí repasamos entusiasmados cada detalle de la jornada mientras recogíamos nuestras hamburguesas y patatas fritas de las maquetas de vagones de ferrocarril que circulaban alrededor del restaurante.

Tres días después, ya en Seattle, cuando Kent y yo llegamos a la Universidad de Washington para emprender la siguiente fase de nuestro gran proyecto, nos encontramos en la puerta del laboratorio un cartel que venía a decir que los alumnos de Lakeside que habían estado utilizándolo ya no tenían permitida la entrada. La mujer del mostrador de recepción nos explicó que el profesor dueño del acoplador estaba tan enfadado que había hecho que nos expulsaran del laboratorio.

Un estudiante universitario nos vigiló mientras recogíamos nuestros materiales, básicamente copias impresas y blocs de notas. Kent y yo fuimos en autobús a Lakeside, confiando en poder acceder al cuarto de la computadora. Estaba cerrado durante todo el fin de semana. Después de muchas idas y vueltas conseguimos llevarnos prestada una terminal portátil. La instalamos en mi habitación y la intentamos conectar por vía telefónica con la computadora, pero, cada vez que alguien de mi familia cogía el teléfono, se cortaba la conexión. Mi padre vino a rescatarnos dejándonos su oficina del centro de la ciudad. Era fin de semana, así que la tuvimos para nosotros solos.

Siempre recordaré la primavera de 1971 por el creciente distanciamiento —Paul y Ric, de un lado; Kent y yo, del otro— que entonces parecía muy serio, pero que, mirándolo retrospectivamente, creo que tan solo reflejaba los altibajos naturales de las amistades adolescentes. Kent y yo estábamos mosqueados porque Paul había conseguido que nos expulsaran de la Universidad de Washington, a lo que se sumaba el hecho de que Paul y Ric estaban perdiendo cada vez más el interés en nuestros compromisos con ISI. Estaban volcados en sus propios proyectos de programación y, además, no me cabe duda, siendo estudiantes de último año, estaban disfrutando de sus últimos meses de secundaria.

Entonces se produjo el escándalo de las cintas DEC.

En aquellos días, los discos duros y los disquetes estaban disponibles, pero no eran tan comunes. En lugar de eso, en las computadoras que usábamos —la PDP-10—, lo habitual para almacenar datos era una cinta magnética de ochenta metros de longitud y dos centímetros de ancho enrollada en un carrete de diez centímetros de diámetro. Venía dentro de un cartucho de plástico que te cabía en el bolsillo. (Para almacenar y sacar datos, las cintas debían insertarse en una bobina abierta conectada a una computadora).

En un momento dado tras la desaparición de C-al-Cubo, Kent investigó el proceso concursal de su bancarrota y averiguó que los bienes de la empresa serían subastados en el juzgado federal del centro de la ciudad. Entre los objetos que iban a liquidarse había más de un centenar de cintas DEC. Si las conseguíamos baratas, pensó Kent, podríamos venderlas a empresas y centros de computación con un recargo y sacar un beneficio. Las cintas probablemente tenían código almacenado, pero quien las comprara podía sobrescribir otros datos encima. Por si fuera poco, antes de revenderlas, podíamos revisarlas por si contenían trozos de código útiles. Un poco como zambullirse en el contenedor de basura, pero sin mugre ni manchas de café.

El día de la subasta, Kent y yo tuvimos que permanecer en la escuela para hacer un test estandarizado de lectura. Cuando terminamos, corrimos al juzgado. Las cintas habían sido vendidas, pero el empleado nos dio el nombre del comprador. Le llamé. Era un estudiante de Física de la Universidad de Washington que, por lo que deduje, no tenía previsto ningún plan para las cintas que había comprado. A lo largo de la primavera, volví a llamarle cada dos o tres semanas con la esperanza de que quisiera venderlas. En mayo, accedió a vendernos ciento veintitrés cintas. No se lo contamos a Paul y Ric, que para entonces ya habían dejado prácticamente de trabajar en PAYROL. Estaban a solo unas semanas de graduarse y dedicaban todo su tiempo en el cuarto de la computadora a sus propios proyectos. Con solo dos terminales para toda la escuela, siempre estábamos discutiendo por los turnos. Al menos una vez, la cosa fue a mayores. Ric me estampó contra la pared; Paul cogió una estilográfica y me manchó la cara de tinta. Estaba zarandeándome por todo el cuarto cuando apareció Fred Wright y nos separó.

La tensión entre nosotros llegó a un punto crítico aquella

misma semana. Habíamos comprado las cintas en ese momento y Kent llevaba unas ochenta en una bolsa de papel. Llovía a cántaros ese día. Temiendo que nuestras preciosas cintas quedaran empapadas durante el trayecto de Kent a casa, las escondimos en la base hueca de una terminal de teletipo. Apenas podíamos contener nuestro regocijo por lo ingeniosos que habíamos sido. Al día siguiente, las cintas habían desaparecido. Convencido de que Paul se las había llevado, Kent se puso como un basilisco, acusándole de robo y amenazando con llamar a la policía, con demandarlo y llevarlo a los tribunales, y toda una letanía de medidas legales que más tarde detalló en un memorial de agravios de tres páginas titulado: «DECLARACIÓN DE KENT EVANS Y BILL GATES EN RELACIÓN CON PAUL ALLEN Y RIC WEILAND». El primer párrafo exponía nuestra queja principal: «Hemos llegado a la conclusión de que las falsedades y medias verdades sobre nosotros que una serie de individuos han venido propagando en los últimos días nos han causado un perjuicio considerable. Esta declaración es un intento de presentar nuestra posición para evitar que las opiniones se basen en informaciones parciales o en un solo lado de la historia». En la última página, Kent concluía ampulosamente: «Hemos sido víctimas de un gran robo [...] No se tomarán medidas legales siempre que las cintas sean devueltas mañana por la mañana». Firmamos la declaración y se la dimos al señor Wright. Al final, Paul nos devolvió las cintas.

Todavía seguíamos siendo amigos, pero no estaba claro si nos veíamos mucho una vez que terminara el curso. Tras la graduación, Paul se disponía a trasladarse a la Universidad Estatal de Washington, que quedaba en la otra punta del estado, en Pullman, mientras que Ric se iba a estudiar a la Universidad Estatal de Oregón antes de entrar en Stanford al año siguiente. Los graduados de secundaria de Lakeside seguían la tradición de publicar falsos testamentos en los que dejaban en herencia regalos de broma a alumnos y profesores. En el suyo, Ric escribió que «legaba a Kent Evans y Bill Gates una parte de mi supremo sentido de la justicia del que tan necesitados están para las discusiones en el cuarto de la computadora». En un trabajo de su último año, Paul escribió sobre mí: «Muy influenciable, y está dispuesto a aprovechar cualquier ocasión para divertirse de formas extrañas. Encajamos muy bien». El sentimiento era mutuo.

Siendo los dos únicos miembros del Lakeside Programming Group que quedaban, Kent y yo tuvimos que encargarnos de terminar PAYROL. Trabajamos duramente todo el verano, clasificando los estados con impuesto sobre la renta y contactando con el departamento del Tesoro para averiguar las normas de deducción de los bonos de ahorro. Tras nueve meses en un proyecto que habíamos creído que llevaría solo tres, terminamos el programa en agosto. Y lo mejor de todo: funcionaba.

8

El mundo real

«¡Tenemos que demandarlos!». Kent deambulaba por la sala de estar de mi familia. Llevábamos unas semanas de nuestro tercer año de secundaria. Yo estaba a punto de cumplir dieciséis años; Kent era apenas algo mayor.

Me mantuve callado mientras él despotricaba ante mi padre sobre lo injustamente que estaba tratándonos ISI. Después de todo el esfuerzo que habíamos hecho, de los centenares de horas invertidos, ISI nos estaba negando el tiempo gratuito con una computadora que nos había prometido. Mi padre, en actitud de abogado, escuchaba pacientemente con las manos entrelazadas ante él.

Kent estaba convencido de que mi padre usaría todo el peso del bufete Shidler, McBroom, Gates & Baldwin contra la compañía de Portland. Yo pensaba que su reacción era excesiva, pero, qué diablos, era divertido verlo en acción. Para entonces, ya sabía que, siempre que se aprovechaban de él o que algo de este mundo le parecía injusto, se ponía como un basilisco. A veces encontraba una válvula de escape razonable para su ira. Ese mismo mes, por ejemplo, escribió una severa carta a nuestra filial local de la CBS para protestar por la decisión de la cadena de prescindir de Roger Mudd como presentador de las *Sunday Evening News*. Otras veces daba rienda suelta a su furia, como había hecho en el mes de mayo anterior, cuando acusó a Paul y Ric de hurto mayor por nuestras cintas DEC desaparecidas. Para Kent, que ISI incumpliera lo acordado sobre el tiempo gratuito de computadora alcanzaba el nivel de hurto mayor.

Cuando finalmente se hubo cansado de despotricar, mi padre empezó a hacerle preguntas sobre nuestro programa, sobre la última vez que habíamos hablado con ISI y sobre el contrato que habíamos firmado. Al final de la conversación, papá dijo que haría una llamada a la compañía. Y lo hizo en ese mismo momento.

Le dijo al presidente de ISI que era el padre de Bill y que intervenía a petición de nosotros dos para ver si podían llegar a un acuerdo sobre el tiempo que nos debían.

El presidente de ISI habló largo rato, mientras mi padre se limitaba a escuchar; y, cuando concluyó, mi padre dijo simplemente: «Ya le entiendo».

Esas tres palabras de mi padre, y su tono, se me han quedado grabadas para siempre. «Ya le entiendo». Para mí, contenían la esencia del tranquilo poder de mi padre. Impasible ante los argumentos del hombre, mi padre se limitó a transmitir que había tomado nota de ellos; al no decir nada más, dejó claro que no los aceptaba. Los chicos habían cumplido, y ahora ellos estaban obligados a respetar lo que habían prometido, fue el mensaje implícito que yo extraje, y el presidente de ISI pareció captarlo también. Sin más discusión, accedió a darnos el tiempo de computadora.

Mi padre nos ayudó a redactar una carta con la propuesta de pagos y otros detalles. En menos de dos semanas, firmamos un acuerdo para recibir cinco mil dólares en tiempo de computadora, que la compañía estipuló que podía usarse hasta el mes de junio del año siguiente, para lo que faltaban siete meses. Mi padre firmó el acuerdo como «padre/asesor». Como cualquier abogado, nos cobró sus servicios: 11,20 dólares para cubrir el coste de la llamada de larga distancia de cincuenta y cinco minutos.

Así es como recuerdo nuestra disputa con ISI: la compañía actuó injustamente y mi padre estuvo de acuerdo con nuestra postura. Revisando ahora los documentos, me doy cuenta de que la cosa no era tan sencilla. En un principio, los ejecutivos de ISI pensaron que estaban haciendo un favor a un grupo de chicos al ofrecerles una singular oportunidad educativa en negocios y programación. No creo que esperasen que nos tomáramos en serio el trabajo. Pero, cuando lo hicimos, decidieron que era apropiado algún tipo de pago. Es decir, hasta que descubrieron que al escribir el programa habíamos consumido ya más de veinticinco mil dólares en tiempo de computadora, además de los gastos de almacenamiento. Ahora, también puedo ver que mi padre en parte estaba interpretando un papel en nuestro provecho, una experiencia de aprendizaje para su hijo y el amigo de su hijo.

Me alegré de que obtuviéramos tiempo gratis con la computadora, pero también me encantó el simple hecho de que habíamos creado nuestro primer producto de software. Nos habíamos lanzado de cabeza sin el menor conocimiento sobre impuestos, Seguridad Social y otros factores esenciales en un sistema de nóminas. Al cabo de un año, cualquier gerente de una empresa mediana con una terminal de computación podría utilizar nuestro programa para emitir correctamente las nóminas de sus doscientos o sus dos mil empleados. No era un programa perfecto ni refinado, pero funcionaba, lo cual me dejaba atónito. Y habíamos recibido un pago por nuestro trabajo. No era dinero contante y sonante, pero ya era algo.

Aquello era un punto de partida para seguir adelante. Ese otoño removimos cielo y tierra buscando otras oportunidades.

Presentándose en las cartas como «director de marketing» del

Lakeside Programming Group, Kent ofrecía nuestras cintas DEC a los posibles clientes. Incluíamos envío gratuito y descuentos dependiendo del número de cintas que adquiriera el cliente. Muy pronto habíamos cobrado unos cientos de dólares de un museo de ciencia y de una empresa de electrónica industrial de tecnología punta, ambos en la zona de Portland.

Mientras seguía en Lakeside, Ric había conseguido un trabajo de programación a tiempo parcial en una empresa que estudiaba los flujos del tráfico en las calles de la zona de Seattle. Era un trabajo de tecnología punta en una empresa de bajo nivel tecnológico. La empresa, llamada Logic Simulation Co., recogía datos sobre el flujo de tráfico con unas cajas instaladas en un lado de la calle. Cuando un coche o un camión pasaba por encima de un tubo de goma, la caja registraba la hora perforando diminutos orificios en una cinta de papel. Las ciudades y los estados utilizaban estos datos para tomar decisiones sobre cosas como la sincronización de los semáforos y la reparación de calzadas. Las cajas producían rollos y rollos de cinta de papel que debían tabularse manualmente. Durante un breve periodo, Kent y yo hicimos ese trabajo a destajo, una tarea muy tediosa. Kent quería ampliar el equipo, subcontratar a chicos más pequeños de Lakeside. Se dirigió a la administración de la escuela y muy pronto tuvimos a un puñado de alumnos de séptimo y octavo curso trabajando para nosotros.

Además, teníamos nuestros cinco mil dólares de ISI en tiempo de conexión. Kent quería encontrar una empresa que necesitara acceso a una computadora y ofrecérselo con un descuento respecto a lo que ISI cobraría. Me opuse a esa idea. Competir con ISI usando su propia computadora no me parecía ético. Fred Wrigth, el profesor de Matemáticas que supervisaba el cuarto de la computadora, opinó lo mismo. Se enteró del plan y, para asegurarse de que sus padres conocían la posición de la escuela, escribió en el boletín de notas de Kent: «Las actividades del Lakeside Programming Group no siempre parecen completamente legíti-

Mi madre, Mary Maxwell Gates (sentada en el sofá junto a sus abuelos, arriba, izda.), creció en una familia de banqueros que amaba los juegos de todo tipo, el deporte y el servicio a la comunidad. Una líder nata, monta el triciclo más grande en la imagen de la derecha.

Mi padre, William Henry Gates sénior, se crio en Bremerton, Washington, donde mi abuelo tenía una tienda de muebles. Conducir su Ford cupé modelo A le permitió saborear pronto la independencia. Fue el primero de la familia en graduarse en la universidad, luego se licenció en Derecho.

Mis padres se conocieron estudiando en la Universidad de Washington y se casaron dos años después, en mayo de 1951. Sus diferentes personalidades y orígenes se complementaban y formaron la base de nuestra vida familiar.

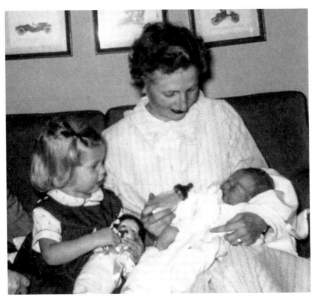

Nací el 28 de octubre de 1955, veintiún meses después de mi hermana Kristi. En casi todos mis primeros recuerdos, ella está a mi lado.

De bebé, me apodaron «chico feliz» por mi amplia sonrisa y mi risa fácil. Muy pronto, mis padres entendieron que el ritmo de mi mente era muy diferente al de los otros niños. Kristi, por ejemplo, hacía lo que le decían, jugaba sin problema con los demás y desde el principio sacaba muy buenas notas. Yo no hacía nada de eso. Mi madre estaba preocupada y advirtió a mis profesores de preescolar de lo que podían esperar.

Los libros eran muy importantes en nuestra familia. Desde los inicios de la escuela primaria, ya leía mucho en casa. Me gustaba la sensación de ser capaz de absorber información nueva con rapidez y podía pasar horas perdido en los libros, una muestra temprana de mi capacidad para bloquear cualquier distracción cuando algo me interesa.

Mi hermana Libby nació en 1964 y resultó ser el miembro más sociable de nuestra familia, y el más atlético. Al ser la menor (yo soy nueve años mayor), Libby recuerda crecer en una casa frenética, de niños ocupados y padres ocupados.

Mi madre y yo, a la edad de tres años, salimos en el periódico local cuando ella presidía un programa de la Junior League para mostrar piezas museísticas (en este caso, un viejo kit médico) a alumnos de primaria.

Mi madre tenía altas aspiraciones para su familia, y tanto ella como mi padre creían en la idea de contribuir a la comunidad antes de que ese concepto se pusiera de moda.

WHEN I GROW UP I WANT TO BE—

BOYS

☐ Fireman ■ Astronaut
☐ Policeman ☐ Soldier
☐ Cowboy ☐ Baseball Player
■ Scientist

GIRLS

☐ Mother ☐ Airline Hostess
☐ Nurse ☐ Model
☐ School Teacher ☐ Secretary
☐ _____

SIGNATURE — *Bill Gates*

La carrera espacial y la promesa de la ciencia estaban por todas partes durante mi infancia en los sesenta. No es de extrañar que eligiera «astronauta» en el formulario «Cuando sea mayor quiero ser…» de quinto curso. Pero «científico» era el trabajo de mis sueños: ser una de esas personas que se pasan el día estudiando los misterios del mundo me parecía perfecto para mí.

Mi abuela materna, a la que llamábamos Gami, era una presencia constante en nuestras jóvenes vidas. Tras la muerte de mi abuelo, concentró todo su amor y atención en mí y mis hermanas, acompañándonos a veces en las vacaciones, como esta en Disneyland.

A comienzos de los sesenta, mis padres y algunos de sus amigos comenzaron a alquilar cabañas en Cheerio Lodge, en el canal Hood, dos semanas cada mes de julio. Para un niño, era el paraíso. Mi padre era el «alcalde de Cheerio», una especie de director de juegos y domador de niños que también presidía los Juegos Olímpicos de Cheerio. La competición consistía más en pruebas de destreza y empuje que de atletismo, pero en cualquiera que fuera el juego yo me entregaba al máximo para terminar el día subiendo al podio. No tenía mucha destreza, pero sí empuje.

Nuestra familia vivía según la estructura de rutinas, tradiciones y normas que establecía mi madre. Dirigía, como decía mi padre, «un hogar bien organizado». Por ejemplo, la Navidad. La planificación empezaba a principios de otoño, cuando mi madre revisaba sus notas de las celebraciones del año anterior para ver qué se podía mejorar. Desde las tarjetas hechas a mano hasta la fiesta anual de patinaje que organizábamos, pasando por los pijamas a juego que nos poníamos la mañana de Navidad, nos empleábamos a fondo. Aunque en ocasiones mis hermanas y yo nos burláramos un poco de estas tradiciones, saltarse alguna de ellas habría sido una gran pérdida. La Navidad sigue siendo una de las cosas que más nos gusta recordar.

Me uní a los Cub Scouts a los ocho años. Cuando pasé a la Tropa 186, cuatro años más tarde, el senderismo, el camping y el montañismo vivían un auge en Estados Unidos y Seattle estaba consiguiendo renombre como meca de los deportes al aire libre. Nuestra tropa hacía de ir a andar a las montañas y la acampada su razón de ser.

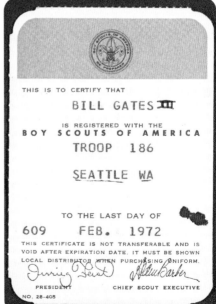

THIS IS TO CERTIFY THAT

BILL GATES III

IS REGISTERED WITH THE
BOY SCOUTS OF AMERICA
TROOP 186

SEATTLE WA

TO THE LAST DAY OF
609   FEB. 1972

THIS CERTIFICATE IS NOT TRANSFERABLE AND IS
VOID AFTER EXPIRATION DATE. IT MUST BE SHOWN
LOCAL DISTRIBUTOR WHEN PURCHASING UNIFORM.

PRESIDENT   CHIEF SCOUT EXECUTIVE

NO. 28-405

El verano siguiente al noveno curso, un *scout* me invitó a participar en una excursión por el sendero Salvavidas (ahora conocido como sendero de la Costa Oeste), que recorre la costa de la isla de Vancouver, una zona escarpada famosa por sus tormentas, arrecifes y corrientes traicioneras. La ruta (que implicaba viajar en hidroavión, vadear ríos y escalar acantilados) fue más difícil que cualquier otra cosa que hubiera experimentado antes, pero también más gratificante. Estaba enganchado.

Kent Evans (abajo, izda.) y yo nos hicimos mejores amigos muy rápidamente en octavo curso en Lakeside, la escuela privada a la que fui durante la secundaria.

En otoño de 1968, Lakeside se hizo con una máquina de teletipo. Kent y yo nos convertimos en usuarios habituales, al igual que Paul Allen (arriba, en el medio) y Ric Weiland (dcha.). Paul y Ric nos sacaban dos años, pero enseguida nos hicimos amigos mientras intentábamos averiguar cómo escribir nuestros primeros programas. Nos hacíamos llamar el Lakeside Programming Group.

Como sugieren mis fotos de clase, a lo largo de toda la secundaria (y después), siempre aparenté menos años de los que tenía. Entre el trabajo con el Lakeside Programming Group, el senderismo, los Boy Scouts y la escuela, estaba descubriendo quién era y en qué quería convertirme.

Cuando estaba en segundo de secundaria fui ujier de la Cámara de Representantes en Olympia, la capital de nuestro estado (arriba), y más tarde pasé parte del verano anterior a mi último año trabajando como ujier del Congreso, en Washington D. C. Es casi imposible estar en contacto con el Congreso y no verse absorbido por él; esa experiencia estimuló un interés por la política y el gobierno que duraría toda la vida.

En la visión del mundo que me había empezado a formar, había creado una jerarquía de la inteligencia: el nivel de excelencia al que llegaras en Matemáticas era el que ibas a poder conseguir también en todas las otras materias, ya fueran Biología, Química, Historia e incluso las lenguas. Tras graduarme en Lakeside, estaba convencido de que mi camino serían las matemáticas. Harvard era el siguiente paso hacia ese futuro.

En abril de 1975, Paul y yo encontramos un nombre para nuestra empresa: Micro-Soft (con el tiempo eliminaríamos el guion). Nuestro único producto era el BASIC 8080, que escribimos cuando yo estaba en el segundo año de la universidad. Nuestro amigo de Lakeside, Ric (juntos abajo, izda.), pronto se unió a nosotros en Albuquerque, donde inicialmente trabajamos en las oficinas de un avejentado centro comercial. A medida que Microsoft crecía, también lo hacía la cantidad de tiempo que dedicaba a la empresa; pedí mi segunda excedencia en Harvard en el invierno de 1977 y nunca volví. Empezábamos a atraer la atención de los medios (en la foto de la pág. siguiente estoy en una de mis primeras entrevistas televisivas), pero hasta que no contratamos a los primeros empleados de fuera de nuestro círculo de amigos, no sentimos que Microsoft era una empresa de verdad.

January 15, 1977

Mr. George Smith
Senior Tutor
Currier House
Harvard College

Dear Mr. Smith,

This letter is to inform you I plan to take the spring semester
of this academic year off. A friend and I have a partnership,
Microsoft, which does consulting relating to microprocessor
software. The new obligations we have just taken on require
that I devote my full time efforts to working at Microsoft.
Since I have taken a semester off previously I have a full
year of school to complete and currently I plan to return in
the fall and graduate in June '78. My address and phone number
will be those given for Microsoft on this stationary.

Sincerely yours,

William H. Gates

MICROSOFT/P.O. BOX 754
ALBUQUERQUE, NEW MEXICO 87103
(505) 256-3600

Gami siguió siendo una voz tranquilizadora en mi oído durante mis momentos de dificultad tanto en Harvard como en los primeros años de Microsoft.

Además de ser una fuente constante de apoyo y consejo, mi padre se dio cuenta pronto de que Microsoft se estaba convirtiendo en un negocio serio. Mi madre lo hizo de forma más gradual. Durante mucho tiempo, ella siguió pensando que al final las cosas se calmarían y yo acabaría mi licenciatura en Harvard.

Mi madre esperaba que yo cumpliera con su elevado nivel de exigencia, pero también hizo todo lo que pudo para apoyarme y alentarme, a veces con su ejemplo, como con su trabajo en la United Way de Estados Unidos, que la nombró miembro de su junta directiva en 1980. Con la riqueza, viene la responsabilidad de repartirla, solía decir. Lamento que no viviera lo suficiente para ver hasta qué punto he intentado cumplir sus expectativas.

mas. Me preocupa que vayan a vender el tiempo que ISI finalmente les ha concedido a clientes potenciales de ISI. Quiero asegurarme de que ustedes son conscientes de que los chicos están actuando en esta iniciativa por su cuenta». Kent abandonó el plan.

Aquel otoño, Lakeside fue un caos a causa de la fusión con St. Nick's. La tarea de programar las clases con una computadora, de la que se encargaba el profesor de Matemáticas Bob Haig, estaba demostrando ser mucho más complicada de lo que él esperaba. Algunos alumnos, al llegar al campus aquel mes de septiembre, descubrieron que tenían programadas clases que no existían. A otros les habían asignado Francés I en un aula donde estaban dando Latín II. Todos atosigaban a sus tutores con preguntas y formaban largas colas en la oficina de secretaría. «¿Podría cambiarme mis horarios, porque tengo todas mis clases seguidas y luego cuatro horas libres?».

Había también una inquietud más profunda. Durante cincuenta años, Lakeside había sido un bastión masculino, y sus alumnos se sentían seguros al abrigo de ese ámbito cerrado. Algunos creían que adoptar la enseñanza mixta degradaría aquel ambiente familiar. Uno de mis compañeros de clase publicó un artículo en el periódico escolar lamentándose de la decadencia de nuestro equipo de fútbol, que él atribuía a la atmósfera cada vez más libre e informal de la escuela, en lo que incluía la «distracción» de tener chicas en el campus. (¡Por no hablar, Dios no lo permita, de la creciente popularidad del fútbol europeo!). Otro compañero argumentaba, por el contrario, que los cambios se quedaban cortos, señalando con tino que treinta chicas jóvenes no suponían ninguna revolución, y que Lakeside, compuesta mayormente por chicos blancos, estaba lejos de representar a la sociedad en su conjunto. Kent, por su parte, estaba tremendamente preocupado por nuestros estándares académicos. Tenía la convicción —una convicción que resultaría equivocada— de que la St. Nick's no era una escuela tan rigurosa como Lakeside desde el punto de vista académico. De un modo muy típico suyo, se infiltró en las reuniones del claustro para defender su punto de vista, e incluso contribuyó a diseñar un nuevo plan para evaluar el rendimiento del profesorado.

Mi único problema respecto a la incorporación de las alumnas de St. Nick's era que no tenía ni idea de cómo hablar con ellas. Ya me costaba incluso comunicarme con chicos de mi edad que no fueran frikis. En cuanto a las chicas... Aparte de mis hermanas y de algunas amigas de la familia, para mí eran un territorio desconocido. Y ellas ¿qué pensarían de mí? Aún era flacucho y tenía aquella voz de pito: era más un crío que un adolescente. Ya había empezado a conducir, pero no tenía coche. Un recurso que utilizaba para manejar mis inseguridades era considerarme a mí mismo un antihéroe, un imitador de Steve McQueen en *El caso de Thomas Crown*, descontando su atractivo aspecto. Había visto la película hacía poco y me había encantado la seguridad de aquel actor; era el irresistible cerebro de la operación. Lo más cerca que yo me sentía de esa seguridad era cuando estaba en el cuarto de la computadora. Nuestro profesor de Física había puesto a sus alumnos un problema que implicaba escribir un breve programa de computación. Me instalé en el cuarto de la computadora, sabiendo que la mayoría de los alumnos nunca habían tocado una y que necesitarían ayuda. Algunos de ellos, razoné, serían chicas.

Cuando empezó el segundo trimestre, di un paso radical que esperaba que tuviera resultados más seguros: me apunté a la clase de teatro. Desde luego, el principal incentivo para mí era el elevado porcentaje de chicas que había en el grupo de teatro. Y, como la actividad principal de la clase era leer diálogos entre nosotros, las probabilidades de hablar con alguna eran altas.

Mientras exploraba mis dotes interpretativas, Kent se zambulló en su nueva afición: la escalada. Ese invierno estaba obsesionado con sumarse a una excursión de Lakeside para escalar el enorme volcán inactivo del monte Santa Helena, con botas de nieve, crampones y cuerdas. La excursión fue cancelada una vez por mal tiempo, y luego una segunda vez. Aquello era algo serio de verdad, muy diferente de la caminata que habíamos hecho juntos, que requería un equipo mínimo sin importar el tiempo que hiciera. Me sorprendió el deseo de Kent de aprender técnica de escalada. Para él, era un reto tan grande como lo era el teatro para mí. Kent no era un deportista; todo lo que implicara fuerza o coordinación le resultaba difícil. Pero no se arredraba: era plenamente consciente de sus limitaciones y estaba resuelto a superarlas. Ya había hecho lo mismo con el esquí. Tras terminar una temporada de clases, explicaba con orgullo que había ganado un trofeo por haberse convertido en el mejor del peor grupo de esquiadores. Ese mínimo progreso le bastaba.

Pese al hercúleo esfuerzo que hizo en otoño un grupo de profesores para ayudar al señor Haig, los problemas de los horarios persistían. A mediados de enero, Bob se presentó ante la junta escolar para tratar de explicar los motivos. Mientras tanto, seguíamos dando la clase de computación de Bob, y ahora, en los pupitres frente a nosotros, había también alumnos de último año, además de los estudiantes de secundaria básica.

Bob, otro de los antiguos pilotos de la marina e ingenieros de Boeing de Lakeside, era un dotado profesor de Matemáticas y un entregado tutor, pero tenía una experiencia limitada con computadoras. Al ver a todo el mundo en pie de guerra por aquel desbarajuste, Kent y yo decidimos que debíamos echar una mano. Nos reunimos varias veces con Bob para ver cómo podíamos arreglar las cosas para el trimestre de primavera. En la biblioteca de la Universidad de Washington, Kent desenterró años de literatura académica sobre programación de clases universitarias con títulos como «Construcción de horarios lectivos con métodos de flujo». Pero nada de aquel montón de documentos nos sirvió.

Había muchísimas variables que coordinar, empezando por

las necesidades y los deseos de cientos de alumnos, cada uno de los cuales tenía nueve clases dentro de una jornada dividida en once periodos. A eso había que añadir los horarios de setenta cursos, ciento setenta secciones de esos cursos y una larga lista de consideraciones especiales: la clase de percusión no podía programarse en el aula situada encima de la sala del coro; y mientras que la mayoría de las clases abarcaban un solo periodo, algunas, como danza o laboratorio de biología, abarcaban dos. Era un problema matemático muy complejo.

Sin embargo, casi sin darme cuenta, yo había estado trabajando en ese problema durante los últimos seis meses. Mientras iba a clase o estaba en la cama por la noche, mi mente barajaba diferentes permutaciones de los horarios: X número de clases, Y número de alumnos, etcétera, incluyendo los muchos conflictos y restricciones que era necesario factorizar en la ecuación.

Enero de 1972 fue en Seattle uno de los meses con más nevadas registradas, lo cual significaba días sin colegio. El martes 25 de enero, cayeron casi veinte centímetros de nieve, dejando prácticamente paralizada la ciudad. En lugar de salir a esquiar o a deslizarme en trineo, me encerré en mi habitación y, con un bloc de notas y un bolígrafo, empecé a trabajar en lo que era el problema más difícil que había intentado resolver hasta entonces: cómo satisfacer las distintas y en apariencia mutuamente excluyentes necesidades de centenares de personas, y hacerlo de un modo que una computadora lo pudiera entender. Es lo que en matemáticas se llama un problema de optimización, el mismo puzle que resuelven las aerolíneas para sentar a los pasajeros y las ligas deportivas, para programar los partidos. Dibujé una matriz de alumnos, clases, profesores, horas y todas las demás variables. Poco a poco, esa semana fui refinando mi gráfico, y progresivamente se fue volviendo más claro. El sábado salí de mi habitación consciente de que había resuelto los conflictos de una forma sistemática, una que me constaba que una computadora podría captar. Por primera vez en toda la semana, el cielo estaba completamente despejado.

Al día siguiente, domingo 30 de enero, Bob Haig despegó pilotando un Cessna 150 de un aeropuerto del norte de Seattle. La temperatura se había mantenido bajo cero toda la semana y se anunciaba un día soleado para esa mañana. El señor Haig iba acompañado por Bruce Burgess, un profesor de Literatura de Lakeside que era también el gurú de la fotografía en la escuela. El objetivo de ambos era sacar una fotografía perfecta del campus cubierto de nieve, con el monte Rainier al fondo. Cuando llevaban pocos minutos de vuelo, tuvieron problemas con el motor; el avión chocó con un cable de electricidad y se estrelló en un barrio del norte de Seattle. Ambos murieron.

Lakeside era una escuela pequeña. Los alumnos, así como sus familias, establecían estrechos lazos con sus profesores. Bob y Bruce, como profesores de secundaria básica, habían conocido a muchos alumnos de pequeños y los habían visto a lo largo de su trayectoria escolar. El hijo de Bob iba a mi clase. Bruce había sido mi primer profesor de Literatura en Lakeside. Con frecuencia se colaba en el cuarto de la computadora con su cámara. (Él sacó la que es seguramente la fotografía más famosa de Paul y de mí en Lakeside, alzando la vista mientras trabajábamos en dos máquinas de teletipo).

La muerte era una constante en las noticias a causa de la guerra de Vietnam y de la violencia de aquel periodo. Los asesinatos de Robert Kennedy y Martin Luther King habían dejado al país traumatizado; más cerca de nosotros, el líder de los derechos civiles de Seattle, Edwin T. Pratt, había sido abatido a tiros en la puerta de su casa. Aun así, en mi propia experiencia, arropado por la riqueza y los privilegios de Laurelhurst y Lakeside, la muerte siempre se producía lejos. Aparte de mi abuelo y mi bisabuela, ninguna persona cercana había muerto nunca.

Dos días después del accidente, Dan Ayrault nos convocó a Kent y a mí a una reunión con un grupo de profesores. El director nos animó a trabajar en equipo para terminar los horarios. No había tiempo de reescribir un nuevo programa con la solución que yo había encontrado. Para tenerlo en primavera, tendríamos que optar por una solución provisional. Dan nos dijo que la escuela podía pagarnos 2,75 dólares la hora por el trabajo.

Pese a toda la presión que habíamos sentido al escribir el programa de nóminas, la mayor parte de esa presión era autoimpuesta. No teníamos un plazo de entrega estricto. En el caso del programa de horarios, la sensación era totalmente diferente. Toda la escuela, mi propia escuela, esperaba que lo solucionáramos. Y, si fracasábamos, todo el mundo lo sabría. Aquella fue la primera vez que me sentí responsable por algo que iba más allá de mí mismo. Kent y yo empezamos a recordarnos el uno al otro: «Esto no es un proyecto de clase. Es el mundo real».

Durante unas tres semanas, Kent y yo trabajamos las veinticuatro horas con cuatro profesores para intentar improvisar a tiempo unos horarios para el siguiente trimestre. Nos saltábamos las clases y, a medida que transcurría cada noche, nos esforzábamos para no cometer errores y mantener a raya la fatiga. Recuerdo una guerra de lanzamiento de gomas elásticas, a altas horas de la madrugada, con un profesor de Literatura de nuestro equipo. Recuerdo que me quedé dormido una vez mientras tecleaba en la máquina perforadora de tarjetas; sabía que eran las tres de la mañana, pero no recordaba qué día de la semana era. Recuerdo que otro profesor nos sugirió que fuéramos unas horas a casa para ver a nuestros padres. Llevábamos días sin hacerlo.

Hicimos la mayor parte del trabajo en la Universidad de Washington, donde la escuela tenía acceso a una computadora. Ya entonces, la máquina estaba un poco desactualizada. Hacía lo que se conoce como procesamiento por lotes —ocupándose de los programas de uno en uno— mediante tarjetas perforadas, el sistema ahora en desuso en el que escribías tu programa en una máquina que perforaba agujeros en unas finas tarjetas de cartón. Cuando terminabas de perforar, tenías un montón de tarjetas. En la Universidad de Washington, la computadora estaba en el só-tano. Yo cogía mi montón de tarjetas, recorría el pasillo hasta el ascensor, bajaba a las entrañas del edificio y le daba las tarjetas al operador de la computadora. Después, esperaba. Por fin, el operador cargaba las tarjetas en la computadora, que imprimía los resultados. Cualquier pequeño problema en nuestro código hacía que la computadora se bloqueara. Algo tan tonto como un error sintáctico en la línea 10 desbarataba todo el programa y nos obligaba a subir de nuevo por el ascensor para empezar otra vez a perforar tarjetas nuevas. De principio a fin, una ejecución de prueba del programa podía durar cinco horas. Siempre que un alumno de posgrado preguntaba si estábamos haciendo algún trabajo para clase, Kent y yo repetíamos nuestro mantra: «No es para clase. Es para el mundo real».

Por fin, conseguimos que nuestro programa funcionara la noche anterior a la fecha de entrega. Al comienzo de las clases esa primavera, apenas había cola en la secretaría.

El programa que habíamos desarrollado era una especie de prototipo unido con pegamento y saliva. Unía trozos aportados por el señor Haig —escritos en FORTRAN, un lenguaje computacional que utilizaban científicos y técnicos— y partes centrales que habíamos improvisado durante aquellas noches. Incluso exigía que uno de los pasos del proceso de definición de horarios se hiciera a mano, porque no habíamos tenido tiempo de incluir esa parte en el programa. Dan, el director, se quedó tan contento que dijo que podía reunir financiación para pagarnos para que elaboráramos una versión actualizada con todos los elementos que necesitaba la escuela, y que la hiciéramos en BASIC, el lenguaje que habíamos escogido. Como siempre, Kent vio de inmediato una oportunidad mejor. Estaba convencido de que, con nuestro éxito en Lakeside, podríamos convencer a otras escuelas del país para que nos pagaran la organización de sus horarios utilizando nuestro software. Redactó un texto promocional en el que ofrecía nuestros distintos proyectos, incluido el del recuento del tráfico, que seguía yendo muy bien. Para entonces, contábamos con tres chicos que trabajaban para nosotros y habíamos asignado a un alumno de octavo que se llamaba Chris Larson la gestión de ese trabajo. Diseñamos unos folletos que pegamos por la escuela en los que anunciábamos que queríamos contratar a más gente para el Lakeside Programming Group y el trabajo del tráfico que estábamos haciendo para Logic Simulation Co.:

> LPG y LSC son dos organizaciones dedicadas a la computación que están desarrollando distintos proyectos para ganar dinero. Entre ellos están la organización de horarios de clase, estudios sobre volumen de tráfico, la edición de libros de cocina y la «simulación de árbol de fallos». En la próxima primavera y verano, es posible que deseemos ampliar nuestra mano de obra, ¡que ahora mismo está compuesta por cinco integrantes de Lakeside! No es solo para «frikis de las computadoras». Creemos que vamos a necesitar personal que sepa escribir a máquina y/o hacer dibujo técnico o arquitectónico. Si te interesa, habla con Kent Evans o Bill Gates (de secundaria), o con Chris Larson (de secundaria básica).

En la solicitud, hicimos constar que éramos una empresa que promovía la igualdad de oportunidades de empleo.

Esa primavera fue ajetreada. Tuve que compensar el tiempo de clase que había perdido trabajando en el programa de los horarios, a la vez que empezaba también a trabajar en su siguiente fase. Tenía las materias de todo un curso y seguía impartiendo las clases de computación de Bob. Kent tenía una agenda aún más cargada. Además de las clases, estaba muy concentrado en sus colaboraciones con el claustro de Lakeside redactando un documento para nuestros gerentes sobre lo que consideraba una débil disciplina entre los alumnos y diseñando un programa piloto para dar clases de cálculo a los alumnos de los primeros cursos de enseñanza secundaria. Además de esto, empezó un curso de iniciación al alpinismo en la Universidad de Washington. Comenzó a asistir los lunes por la noche a clases sobre técnica y pasaba los fines de semana practicando en las montañas y afloramientos del oeste de Washington.

Como siempre, cada noche hablábamos por teléfono, y me llamaba cuando llegaba a casa después de sus clases y escaladas. Igual que con la navegación, Kent adoptó el léxico del alpinismo, empleando palabras como «pared» y «paso clave», «asegurar» y «mosquetones». Hablaba de la superación del miedo en su primera gran escalada, su primer «grado 5», como decía él. («Difícil, con una subida constante, muy comprometida y pocos vivacs», según un sistema de clasificación). Yo estaba contento por él, y también sus padres. Creían que era bueno que ampliara sus horizontes, que hiciera alguna actividad sin mí, que entablara nuevas amistades entre los universitarios y parejas de su clase de alpinismo.

El viernes anterior al Memorial Day, el día de los Caídos, tras varias semanas perfilando los detalles, firmamos el contrato con Lakeside para que nos pagaran la siguiente fase del trabajo de los horarios. La escuela aceptó concedernos un estipendio y sufragar el tiempo de computadora que hiciera falta.

Esa noche, Kent me llamó como era habitual. Me dijo que no tenía tiempo para trabajar ese fin de semana. Se iba al monte Shuksan, un macizo glaciar de dos mil setecientos metros a unas horas al norte de Seattle, como última escalada de su clase. Sus padres habían estado debatiendo si debía ir; el fin de semana anterior, el grupo estuvo haciendo alpinismo en un sitio que se llamaba Tooth, una roca cedió y dos de sus compañeros cayeron por la pendiente congelada hasta las rocas. Kent había visto cómo dos helicópteros los llevaban de vuelta a Seattle. Al final, sus padres decidieron que no pasaría nada. Kent siempre había sabido manejarse por sí solo. «Te llamo cuando vuelva», me dijo.

No estoy seguro de qué hice ese fin de semana. Probablemente, lo pasé en el cuarto de la computadora de Lakeside diseñando el horario de clases.

El lunes 29 de mayo, estaba en mi habitación cuando oí el

teléfono y el murmullo de las voces de mis padres a través del techo. Mi padre me llamó desde lo alto de las escaleras para decirme que Dan Ayrault estaba al teléfono y que quería hablar conmigo. Subí los escalones de dos en dos mientras pensaba en lo raro que era que el director me llamara a casa. Mi padre me llevó a su dormitorio, donde mi madre me pasó el auricular.

Dan fue directo al grano. Había habido un accidente en la escalada. Kent se había caído. Un equipo de rescate con helicóptero lo había recogido y lo había llevado al hospital.

Yo esperaba que me dijera cuándo podía ir a visitarlo.

«Por desgracia, no ha sobrevivido, Bill. Kent murió anoche».

No tengo ningún recuerdo de colgar el teléfono ni de lo que mis padres me dijeron para consolarme. Me replegué en mí mismo, viendo una presentación de diapositivas en mi cabeza, pasando distintas imágenes de los días recientes, buscando pruebas de que lo que acababa de oír no era verdad. Kent en clase. Kent escribiendo en la terminal, mirándome. Los dos hablando por teléfono. «Te llamo cuando vuelva». Imaginé la montaña y a él cayendo. Dan había dicho algo de un helicóptero. ¿Dónde estaba en ese momento?

Tengo un vago recuerdo de ir a ver a los padres de Kent a su casa al día siguiente con Tim Thompson, otro amigo de Lakeside. Volvimos el día posterior y nos dijeron que habían organizado un acto de homenaje para la semana siguiente. Los padres de Kent nos pidieron que les contáramos a Paul y a Ric la trágica noticia y les preguntáramos si podrían asistir.

El recuerdo más claro que tengo es de estar sentado en los escalones de la capilla de la escuela, llorando, mientras cientos de personas iban entrando al acto de homenaje de Kent. Los padres de Kent y su hermano, David, sentados en la primera fila. Nuestro profesor de Arte, Robert Fulghum, saludando a cada uno de los que entraban. Me senté con mi familia y clavé la mirada en el suelo. Robert ofició el acto. Mientras amigos y profesores se levantaban a compartir sus recuerdos de Kent, sus palabras resbalaban sobre mí.

«Kent apreciaba el lado absurdo de la vida…».

«Daba la cara por lo que pensaba que era justo…».

«Un joven que llevó sus recursos y capacidades tan lejos como pudo y con todo el esfuerzo que le fue posible…».

«Nunca era más feliz que cuando una situación se volvía frenética, confusa o complicada…».

«Inteligente, independiente, que hacía malabarismos con sus cursos avanzados, el alpinismo, la enseñanza…».

«Un gran urdidor y emprendedor, un marino consumado y el peor artista de Lakeside…».

Yo tenía un papel en la mano en el que había escrito mis pensamientos. Quizá tenía previsto leerlos delante de todos, no estoy seguro. Pero no podía moverme; me quedé sentado, inmóvil. Al salir, cuando terminó el acto, se me acercó muchísima gente para darme el pésame. Todos sabían lo unidos que estábamos: el alto y desgarbado muchacho del maletín, el fanfarrón larguirucho y bocazas. Los dos con sus grandes ambiciones para el futuro. Podía ver que su compasión era auténtica. Pero, aun así, jamás podrían imaginarse todas esas horas y lo que habían supuesto. Nuestras tontas bromas privadas. Nuestros intensos estallidos de trabajo. Me parecía raro que me dieran un trato especial. Después, vislumbré a los padres de Kent. ¿Quién era yo para compadecerme tanto de mí? Esta era la mayor tragedia de sus vidas.

Este pensamiento tomó toda su forma durante la reunión que celebró la familia tras el acto. Paul, que había conducido cuatro horas y media desde la universidad para asistir, me acercó junto con otros con el coche. Entramos juntos y el padre de Kent nos recibió y nos estrechó la mano. La madre de Kent estaba acurrucada en el sofá, llorando. Fue en ese momento cuando entendí que, por grande que fuera mi pena, jamás sería tan profunda como la suya. Era mi mejor amigo, pero para ella era su hijito. En cierto modo, supe que esa pérdida dejaría para siempre a los señores Evans a la deriva. Las expresiones afligidas en los rostros de los amables y dulces padres de Kent ese día jamás las he olvidado.

Los amigos de Kent, según nos había dicho su padre, podíamos llevarnos cualquier cosa suya que tuviese algún significado para nosotros. Me entristeció mucho entrar en su pequeña habitación con sus habituales montones de papeles y libros de computadoras apilados en el suelo, el enorme escritorio hecho con una puerta apoyada sobre dos archivadores y su lámina de *A favor de la brisa* en el tablón de corcho. Resultaba demasiado doloroso llevarse la más intrascendente de sus pertenencias. Le di las gracias al señor Evans y le dije que no necesitaba nada.

Tiempo después, supe con detalle qué había ocurrido en la montaña el día en que Kent murió.

La clase de alpinismo y sus dos instructores habían conseguido llegar a la cima del Shuksan a última hora de la tarde. Cuando bajaban, se detuvieron en lo alto de una pendiente muy escarpada, por encima del campamento base, y un instructor y un alumno descendieron para asegurarse de que la zona era segura y los demás les siguieran. Hubo un momento de tensión cuando uno de los alumnos que estaba arriba cambió el lado en que apoyaba el peso de su cuerpo y desató una pequeña avalancha que arrastró a ese alumno pendiente abajo, pero consiguió sujetarse e hizo una señal al grupo para indicarles que estaba bien.

El alivio del momento duró poco. Kent tropezó, cayó hacia delante y, durante una décima de segundo, se giró para mirar hacia arriba —a los alumnos les habían enseñado que, si empezaban a caer, debían hacerlo de cara al suelo, con la cabeza en dirección a la cima, y servirse de los piolets para no seguir deslizándose— antes de caer de espaldas por la pendiente hasta chocar con las rocas del fondo. Seguía con vida cuando los demás llegaron hasta allí. El grupo construyó un iglú por encima de él para mantenerlo abrigado mientras otros dos salían a buscar ayuda.

Entre los alumnos había dos médicos que atendieron a Kent lo mejor que pudieron.

Aquella noche, un helicóptero del ejército lo llevó a un hospital de Bellingham. Cuando llegaron ya estaba muerto.

Supe que quizá era el más entusiasta de aquellos alumnos de alpinismo, pero también el que más tenía que esforzarse. Era el último en subir en casi todas las escaladas. También me dijeron que, a medida que fue avanzando el curso de un mes de duración, cada vez más gente lo había ido dejando al ver que era demasiado difícil y peligroso. Pero Kent estaba decidido a llegar hasta la última subida. Era propio de él traspasar siempre el límite de lo que se esperaba.

En 1973, una revista de alpinismo local publicó un pequeño artículo que declaró el año anterior «como el año con más accidentes de la historia del montañismo en Washington». Enumeraba una larga lista de fallecidos y heridos en las montañas, incluido Kent, y culpaba de esa racha de accidentes, en parte, a la popularidad de las clases de alpinismo, que exponían a alpinistas inexpertos a situaciones peligrosas. Ponía en duda la capacidad de juicio y la preparación de los nuevos montañeros. Sinceramente, yo también me lo cuestionaba. Una parte de mí estaba enfadada con Kent. No entendía por qué tenía que retarse a sí mismo con algo tan extremo como el montañismo. En cierto modo, todavía tengo esa sensación.

Más que a ningún otro a quien haya conocido, lo que motivaba a Kent era la promesa de todos los sitios increíbles a los que la vida le iba a llevar, desde el éxito profesional hasta un viaje por las carreteras de Perú en un Land Rover que conseguiría donde fuera y como fuera. Aquel verano había estado elaborando un plan para prestar servicios como asistente de guarda forestal, aunque sabía que no aceptaban a muchos estudiantes de instituto. Este optimismo sobre lo que él —igual que yo— podía lograr era el eje principal de nuestra amistad. Y también la convicción de que lo haríamos juntos.

Cuando alguien cercano a ti muere, lo que se espera que digas es que desde ese momento vivirás tu vida como esa persona vivió la suya. Que has encontrado rasgos en su existencia que te van a servir para seguir adelante. Lo cierto es que, en esa época en la que yo tenía dieciséis años, Kent ya había causado un profundo efecto sobre la persona que era yo. Cuando nos conocimos, yo era un niño de trece años con un coeficiente intelectual sin perfilar y una tendencia a la competitividad, pero con pocos objetivos aparte del de ganar a cualquier juego en el que participara. Kent me ayudó a tener un rumbo, dejándome clara la importancia de definir el tipo de persona en la que quería convertirme. Yo no tenía todavía una respuesta para ello, pero sí impulsaría muchas de las decisiones que tomé después.

Hace poco estuve leyendo el gran cuaderno de bitácora de letras doradas del barco de los Evans, el Shenandoah, y me detuve en las notas que su madre escribió durante nuestro viaje del verano de 1970. En sus anotaciones de la primavera de 1972, dejó registrado cada vez que Kent decidía ir a hacer alpinismo en lugar de salir a navegar con la familia. Como a un tercio del cuaderno, dejó dos páginas en blanco, salvo por la parte central de una de ellas, en la que escribió:

Kent Hood Evans
Nacido el 18 de marzo de 1955
Muerto el 28 de mayo de 1972
Kent murió en un accidente de alpinismo en el monte Shuksan

A lo largo de toda mi vida, me he enfrentado a la pérdida evitándola: aplacándola durante las primeras etapas del luto y, después, concentrándome rápidamente en una distracción que ocupara por completo mi mente. Como familia, no nos hemos recreado mucho en el pasado; siempre hemos mirado hacia delante con la esperanza de que nos aguardaba algo mejor. Y en 1972, se prestaba mucha menos atención al tratamiento activo de la pena que en las décadas posteriores. No era habitual ir a terapia; simplemente seguías adelante con tu vida. Los padres de Kent lloraron su inimaginable pérdida a su manera: tres semanas después del homenaje, salieron con el Shenandoah para realizar un largo crucero por el norte hasta el sitio favorito de Kent, el Desolation Sound. Pronunciaron una corta oración en el barco antes de zarpar.

En cuanto a mí, justo después de que Kent muriera, llamé a Paul, que estaba en su casa por las vacaciones de verano de la universidad. Le dije que iba a intentar terminar el horario de clases antes de que acabara el mes, antes de que se agotara nuestro tiempo gratis para el uso de la computadora. Quedaba todavía muchísimo trabajo por hacer. No se lo dije, pero para mí era importante terminar lo que había empezado con Kent; además, la escuela contaba conmigo. Lo que sí le dije fue: «Necesito ayuda. ¿Quieres hacerlo conmigo?».

Al día siguiente, estábamos en el cuarto de la computadora de Lakeside programando durante doce horas seguidas y durmiendo en viejos camastros del ejército. En la escuela nos dieron llaves maestras del edificio, permitiéndonos durante todo el verano acceso libre al campus vacío, lo cual me encantaba. Sin duda, Paul tenía cosas mejores que hacer, pero se unió a mí en nuestro antiguo espacio y dio instrucciones a la computadora para asignar a un chico su clase de laboratorio de biología antes de comer, o una hora libre para otro los jueves antes del fútbol europeo, o lo que fuera que cualquiera de los quinientos ochenta alumnos de Lakeside necesitara para incluir todas sus clases en un solo horario.

Durante un mes, Paul y yo vivimos en aquella sala. Me quedé dormido delante de la terminal en numerosas ocasiones, con la nariz pegándose poco a poco a las teclas durante una o dos horas. Después, me despertaba de golpe y empezaba rápidamente a programar de nuevo. A veces, estábamos tan groguis que llorábamos de la risa. Cualquier cosa nos hacía saltar. No recuerdo al detalle aquellas noches sin poder dormir, pero Paul sí. En su libro *Idea Man* cuenta el momento en que descubrimos que, sin saber cómo, una letra «X» había aterrizado en medio de nuestro código, una errata. Nos pusimos histéricos y empezamos a gritar «¡Equis!» una y otra vez como si hubiésemos desenmascarado a nuestro enemigo secreto.

Al recordarlo ahora, todo aquel proyecto tan loco formó parte de nuestro luto, una misión que desarrollamos sobre nuestro pasado compartido con Kent y entre nosotros mismos. Paul sabía más que nadie lo que yo estaba sufriendo. Sabía que para mí la mejor forma de soportarlo era sumergirme en la complejidad de aquel rompecabezas de programación, y quiso estar presente. Por supuesto, nunca hablamos de esos sentimientos. Pero estaban ahí.

Cuando se comparte tanto tiempo con una persona, es imposible no intimar más con ella. Yo nunca había pasado mucho tiempo en casa de Paul, pero le visité varias veces aquel verano. Su padre era callado, lo que se puede esperar del director adjunto de bibliotecas de la Universidad de Washington. Su madre, por el contrario, era muy simpática, se notaba que estaba deseando conectar, y lo hacía a través de los libros. Con el tiempo, me di cuenta de que era una de las mayores lectoras que me he encontrado nunca. Había leído todos los libros que yo conocía y cientos más de los que ni siquiera había oído hablar, desde clásicos hasta novelas publicadas más recientemente de autores como Chinua Achebe.

Con esa edad, al conocer a la familia de alguien se revela buena parte de lo que queda oculto entre la neblina social de la escuela y la afectación que los niños adoptan en público. Vi la pasión de Paul en todo su esplendor y a unos padres que, como los míos, sabían que su hijo no encajaba con la mayoría, pero, aun así, eran un gran apoyo. En el sótano, Paul tenía lo que podría considerarse como un laboratorio, incluido un enorme equipo de química y un artilugio que generaba electricidad entre esferas de aluminio, un regalo de Navidad de su padre con el que

Paul casi se electrocutó una vez. Guardaba cajas de repuestos electrónicos, soldadoras y diversas herramientas misteriosas que encontraba en tiendas de segunda mano. En la planta de arriba, su habitación estaba llena hasta el techo de lo que aparentemente eran todos los libros de ciencia ficción que se hubiesen escrito. A mí me gustaba la ciencia ficción, pero Paul subsistía a base de una dieta compuesta únicamente por Heinlein, Asimov, Herbert, Bradbury, Dick y muchos otros autores del género menos conocidos.

En los descansos intermitentes que nos tomábamos, paseábamos por el campus desierto de Lakeside mientras él me instruía con sus opiniones sobre el sexo, la droga y el rock and roll. Estaba mucho más versado que yo en esos tres campos, lo cual es como decir que yo no había catado los dos primeros y apenas sabía nada del tercero. Paul había tenido citas de verdad e incluso una novia. Le gustaba mucho la música, lo que normalmente quería decir guitarristas influyentes como Robin Trower, de Procol Harum, o su héroe, Jimi Hendrix.

Ay, Hendrix. Para Paul, Jimi Hendrix era el principio y el fin del genio creativo. Aquel verano estaba entusiasmado con la forma en que, con seis cuerdas y mucha distorsión, Jimi podía llevarte hasta el cosmos y traerte de vuelta a casa sano y salvo, todo en un simple solo. Los fines de semana, Paul se ponía pantalones de campana y un sombrero de ala ancha. Para entonces, había convertido el álbum *Are You Experienced?* en un mantra y también en una prueba. La pregunta de la canción que daba título al álbum debut de Hendrix era la clave de Paul para saber si una persona se conocía bien a sí misma y si había experimentado con las drogas. Al dirigirlo a mí, el estribillo de la canción era como otra provocación de Paul: «*Are you experienced? Have you ever been experienced? Well, I have*».*

---

* «¿Tienes experiencia? ¿Alguna vez has tenido experiencia? Pues yo sí». *(N. de los T.)*.

Empecé con el whisky. Uno muy barato que Paul trajo al cuarto de la computadora. Me emborrachó por primera vez, tanto que vomité y perdí el conocimiento aquella noche en la sala de profesores de Lakeside. A ese episodio le siguió días después una demostración de cómo fumar porros. Y luego, claro, Paul afirmó que yo no podía estar experimentado sin haber probado el LSD. Dije que no.

Aquel verano sufrí una presión tremenda. Sentí el peso de la confianza que la escuela había depositado en mi capacidad de aparecer a tiempo con un programa de horarios. Se suponía que, en menos de un mes, tenía que ir a Washington para trabajar como ujier del Congreso durante parte del verano (había pasado una temporada como ujier en la Cámara de Representantes de Olympia durante mi segundo año de secundaria, y estaba deseando ver el Congreso de Estados Unidos). No soportaba la idea de que, si fracasábamos, todo recaería sobre mis hombros.

Por suerte, el trabajo incesante tuvo su recompensa. Paul y yo terminamos a tiempo el programa. En otoño, funcionó a la perfección y el código que desarrollamos ese verano se utilizaría durante muchos años más. Los chicos ya no tenían que ir corriendo a sus orientadores en busca de ayuda. Y nos pagaron.

Un legado de mi tiempo compartido con Kent fue el hecho de ser consciente de que otra persona puede ayudarte a ser mejor. Aquel verano, Paul y yo forjamos un compañerismo que definiría el resto de nuestras vidas, aunque entonces no lo sabíamos. Un compañero aporta algo a la relación de lo que tú careces; te sirve de inspiración para esforzarte más. Con Paul de compañero, me sentía más seguro a la hora de enfrentarme a un desafío que me llevaba hasta el límite de mis capacidades. Tener a alguien que daba el mismo paso arriesgado que tú te sirve de aliento para dar el siguiente.

Paul y yo vimos que nuestras formas de trabajar eran complementarias. La mía era más trepidante. Me enorgullecía de mi velocidad para programar, de poder encontrar la respuesta correcta, la mejor, al segundo. Impaciente e improvisando sobre la marcha. Y podía trabajar de manera incesante, durante muchos días, sin apenas parar. El estilo de Paul era más calmado, más silencioso. Dentro de su cabeza pasaban muchas cosas. Lo sopesaba bien todo. Escuchaba y procesaba a solas. Su inteligencia era paciente. Sabía esperar a que aflorara la respuesta correcta. Y lo hacía pronto.

A Paul siempre le había interesado lo relacionado con el hardware. Leía todas las revistas que encontraba sobre los detalles de los avances técnicos que se desarrollaban en los laboratorios y las empresas de computadoras. Aquel verano de 1972, hablaba mucho sobre las innovaciones que estaban haciendo en una pequeña compañía californiana que se llamaba Intel. Paul había sido el primero que me había hablado de esa empresa en el otoño del año anterior. Me había enseñado un anuncio en *Electronic News* en el que Intel declaraba que había inventado «una computadora microprogramable en un chip». Es decir, que había introducido las funciones principales de una computadora en una sola pieza de silicona. Lo llamaron microprocesador 4004.

Fue un gran avance. Los ordenadores hacen lo que hacen gracias a impulsos eléctricos que siguen un orden lógico de instrucciones. Cuando yo nací, en 1955, esa labor la realizaban unos tubos de vacío que parecían bombillas pequeñas y que estaban dentro de computadoras grandes. Los frágiles tubos de cristal ocupaban mucho espacio, necesitaban mucha energía y generaban mucho calor. Aproximadamente por la misma época, unos ingenieros inventaron el transistor de silicona, que realizaba la misma función que los tubos, pero a través de unos diminutos circuitos electrónicos grabados en microchips del tamaño de una uña del pulgar. Intel dio un paso más allá al utilizar esos circuitos para meter la mayoría de las neuronas de una computadora en un único chip de silicona.

El 4004 era emocionante para un entusiasta de la electrónica como Paul, con sus cajas de cartón llenas de radios antiguas y su soldadora. Pero era muy limitado. Intel lo había desarrollado para una empresa japonesa que lo iba a usar en una calculadora de mano. No podía hacer mucho más.

En aquel momento, Paul me habló de una predicción que a mediados de la década de 1960 había hecho Gordon Moore, ingeniero y cofundador de Intel. Moore había estudiado los avances de la ingeniería y la fabricación que los creadores de ese semiconductor estaban utilizando para introducir en sus chips circuitos cada vez más pequeños. Moore predijo que aquellas innovaciones estaban surgiendo a un ritmo que probablemente doblaría el número de transistores en un chip cada año (una estimación que más tarde modificó a dos años).

¿El doble cada dos años? Eso era un crecimiento exponencial. Cuando Paul lo dijo, me imaginé una línea de un gráfico que se elevaba poco a poco y, después, se disparaba hacia arriba, con la forma de un palo de hockey. Tendemos a experimentar el mundo de una forma lineal y gradual: poco a poco, paso a paso. La industria de las computadoras no era diferente. Durante mucho tiempo, los avances habían sido graduales, limitados por las restricciones del tamaño, la generación del calor y el consumo de energía de sus muchos componentes conectados entre sí para formar el cerebro de una computadora. La predicción de Moore implicaba que la velocidad de los microprocesadores aumentaría exponencialmente. Si eso sucedía, una computadora que entonces ocupaba una habitación entera algún día cabría en un escritorio. El mismo Moore escribió que la tendencia podía dar lugar a «maravillas tales como las computadoras domésticas».

Así que, pese a que el 4004 no podía hacer gran cosa, los futuros microprocesadores podrían hacer muchísimo más. Es decir, si es que la predicción se hacía realidad. Hasta entonces, lo había hecho: el último chip de Intel, el 8008, podía procesar datos al doble de velocidad que su predecesor.

¿Había llegado ya? ¿Era esa la simiente del ordenador personal? Miré las características y le dije a Paul que no. Era imposible que ese chip nuevo pudiera ejecutar programas que hicieran algo interesante como juegos o gestionar nóminas. Le dije a Paul que tendríamos que esperar hasta que Intel sacara algo mejor.

Había una posibilidad, dijo: el trabajo de recuento de tráfico que Kent y yo habíamos puesto en marcha justo antes de que él muriera. Esa podría ser la aplicación perfecta para el chip: imagina que pudiéramos sustituir el tedioso recuento y la introducción manual de los datos con una computadora basada en el 8008. Le dije que el problema era lo suficientemente sencillo como para que el 8008 pudiera hacerlo: con un lector de cinta y software, la máquina podría convertir esos agujeros en datos digitales que se pudieran usar. A lo mejor seríamos capaces de crear la computadora que convirtiera rápidamente los agujeros del papel en datos de tráfico que pudieran usarse en cientos, si no miles, de ciudades de todo el país.

El primer paso era encontrar a alguien que hiciera el soporte físico. Visitamos a Paul Gilbert en la Universidad de Washington. Cuando estábamos en C-al-Cubo, Gilbert formaba parte de un círculo más amplio (aunque aún muy pequeño) de entusiastas de las computadoras de Seattle. Unos años mayor que nosotros, ahora era un estudiante de Ingeniería eléctrica. Con su trabajo en el laboratorio de física del campus, tenía acceso a todo tipo de herramientas y equipos electrónicos. Basándose en poco más que una descripción verbal de nuestra idea, accedió a ayudarnos. Pero ¿dónde podíamos conseguir el chip de Intel?

En julio, Paul Allen escribió una carta a Intel planteándole algunas preguntas sobre los planes de la empresa. Como muestra de lo pequeña que era en aquel entonces toda esa industria, le contestó un director diciendo que Intel tenía como objetivo la fabricación de una nueva familia de chips dos años después, probablemente en 1974. Paul le preguntó también dónde podíamos comprar un 8008. Un gran proveedor de componentes electrónicos que se llamaba Hamilton/Avnet había firmado un acuerdo como primer distribuidor de Intel. Por fortuna, esa empresa era un importante proveedor de Boeing. Tenía una oficina de ventas en Seattle.

Así fue como, en el otoño de 1972, Paul y yo terminamos en la zona industrial del sur de Seattle contándole a un tipo de ventas que queríamos comprar un chip Intel 8008. Todavía me río al imaginar lo que debió de sorprenderse aquel hombre de la tienda mientras se preguntaba qué demonios nos habíamos creído.

Le puse delante los trescientos sesenta dólares en efectivo —unos dos mil cuatrocientos hoy en día— que había ganado trabajando en el programa de los horarios. El tipo nos dio una caja que, si hubiésemos estado en otro tipo de tienda, habría contenido una bonita joya. Mi primer pensamiento fue: «¿Cómo podía ser tan cara una cosa tan pequeña?».

Resulta increíble recordar aquel momento conociendo el impacto del invento de Intel. La duplicación de circuitos se conocería después como Ley de Moore y aquellos microprocesadores provocarían la revolución digital que nos proporcionaría los ordenadores personales y los teléfonos inteligentes. La invención del microprocesador terminaría siendo el suceso más importante de mi vida profesional. Sin él, no habría ningún Microsoft.

Por supuesto, todo aquello quedaba en un futuro lejano para un empollón de dieciséis años y su friki y hippy compañero de diecinueve. Deseosos de saber cómo era un microprocesador, arrancamos el envoltorio de aluminio en la misma tienda y vimos lo que parecía una barra de chicle con dieciocho patitas doradas. Con miedo a que alguna descarga eléctrica de nuestras manos friera aquella cosa, volvimos a envolverla y nos fuimos de allí.

9

Una representación y cinco nueves

Cuando redacté mi solicitud para Harvard, condensé el amplio abanico de mi experiencia con computadoras en seiscientas palabras con aquella letra cursiva de la máquina de escribir Selectric de mi madre. Empezando por el «fructífero acuerdo» con una empresa local (C-al-Cubo) y siguiendo con las nóminas, los horarios y nuestros contadores automáticos de tráfico, les conté una versión resumida de la Historia del Lakeside Programming Group. Respecto a mi periodo como profesor, confesé: «De todas las cosas que he hecho es la más difícil. Por lo general, en una clase hay alumnos que muestran mucho interés y continúan trabajando con la computadora. […] Por otra parte, hay otros para los que la computadora es aún más misteriosa cuando me marcho que cuando llegué».

Si el encargado de admisiones que leyó mi solicitud llegó hasta el final, es posible que se sorprendiera con mi conclusión: «El trabajo con las computadoras ha resultado una gran oportunidad para pasarlo muy bien, ganar un poco de dinero y aprender mucho. Sin embargo, no tengo pensado seguir centrándome en este campo. Ahora mismo, estoy más interesado en el mundo de la empresa y el derecho».

En realidad, sabía que una carrera centrada en las computadoras —en el software, en concreto— era una posibilidad, quizá incluso la más probable si el microprocesador daba lugar a ordenadores más baratos de uso general, como Paul y yo esperábamos. Pero en el otoño de 1972 aún constituía la gran incógnita. Por el momento, para satisfacer mi curiosidad y como plan alternativo, quería explorar nuevos mundos.

Aquel verano había pasado un mes en Washington D. C., trabajando como ujier en la Cámara de Representantes. Fue una experiencia fantástica vivir en una residencia con otros ujieres, todos ellos estudiantes de secundaria, y tener que ir todos los días a Capitol Hill. El tiempo que pasé allí coincidió con la decisión del candidato demócrata a la vicepresidencia, Thomas Eagleton, de abandonar la carrera electoral de 1972, tras saberse que había sufrido depresión y otros problemas de salud mental. Su compañero en la campaña, el candidato a la presidencia George McGovern, había mantenido su apoyo a Eagleton durante un par de semanas, pero, al final, terminó buscando un sustituto. Yo me dejé atrapar por este drama, que era lo más parecido a un thriller político que había visto nunca. También traté de sacarle provecho. Antes de la dimisión de Eagleton, un amigo y yo nos habíamos hecho con todas las chapas de la campaña de McGovern y Eagleton que habíamos podido reunir, seguros de que iba a dimitir. Cuando lo hizo, vendimos las chapas a trabajadores del Congreso y a cualquier otro del Capitolio que quisiera una pieza de colección de esos dieciocho días históricos. Utilizamos parte de nuestras ganancias para pagarnos unas buenas cenas y salidas nocturnas con los demás ujieres.

Es casi imposible pasar un tiempo en el Congreso, incluso en un nivel tan bajo, y no dejarse llevar por él. Aquel mes me animó a pensarme más en serio hacer carrera en el gobierno y la política, un camino que probablemente habría empezado con estudiar Derecho.

Aunque yo me encargué de la elección de las universidades y de enviar las solicitudes, sé que mi madre estaba tremendamente entregada al resultado. Estaba previsto que todos los hijos de los Gates irían a una universidad importante. Había visto lo contentos que mis padres estaban con mi hermana Kristi en su segundo año en la Universidad de Washington. Estudiaba contabilidad —una especialización práctica que seguro que la llevaría a conseguir un trabajo bueno y respetable a ojos de mi madre— y estaba muy involucrada en el consejo estudiantil, igual que lo había estado nuestra madre cuando era una *husky* de la Universidad de Washington. Yo era el siguiente. Mi madre nunca había dicho específicamente que tuviese Harvard como objetivo, pero estaba claro que era así.

Aquel otoño, centré toda mi atención en mi nuevo rol: el de artista nervioso. Sorprendido ante lo bien que lo había pasado en la clase de teatro de mi penúltimo año, me había vuelto a apuntar. Descubrí que, en lugar de estresante, actuar resultaba liberador; con cada lectura me sentía más seguro. Pero era del todo consciente de que cualquier observador objetivo de Lakeside habría tenido muy pocas esperanzas en mí como actor. Yo era el chico de las computadoras. Y me enfurecía aquella clasificación tan limitante. El teatro supuso un intento de ampliar mis horizontes, probar algo nuevo y ver si sabría hacerlo.

La obra que representamos fue *El apagón*, del dramaturgo británico Peter Shaffer. Se trata de una comedia centrada en Brindsley, un artista joven e inseguro, y su prometida, Carol, la joven hija de un estricto coronel retirado del ejército. A lo largo de una sola noche, Brindsley verá al coronel por primera vez y también a un famoso coleccionista de arte, «el hombre más rico del mundo». Si todo sale bien, el nervioso Brindsley conseguirá la aprobación del coronel y tendrá la gran oportunidad de venderle una escultura al coleccionista. No sale bien. Se funden los plomos, las luces se apagan y los personajes pasan la mayor parte de la obra moviéndose a tientas en una oscuridad que solo ellos perciben (el público los ve inundados de luz, lo cual es mejor para disfrutar de las caídas y las alocadas confusiones de identidad). Había visto la obra en un viaje a Nueva York con mi familia, el verano anterior a mi comienzo en Lakeside, y me había gustado mucho. Se trataba de una obra agradable para cualquier público, en la que Brindsley se cae sobre el mueble antiguo y muy valioso que «ha tomado prestado» para impresionar al coleccionista e intenta ahuyentar a una exnovia que aparece en un momento inoportuno.

Contra todo pronóstico, me dieron el papel de Brindsley. La coprotagonista era Vicki Weeks, una de las chicas más populares de nuestro último curso. Tres tardes por semana, nuestro elenco se reunía en la capilla para tratar de precisar con exactitud el ritmo cómico de la obra.

Por muy alejada que estuviera la obra de las pasiones que me habían acompañado a lo largo del instituto, terminó siendo una de mis mejores experiencias en Lakeside. Llegaba a aquellos ensayos y me sumergía en el personaje. Correr por la capilla moviendo los muebles y fingir que andaba a tientas entre la oscuridad era una auténtica y disparatada diversión que me sirvió para estrechar lazos con el reparto y el equipo. Fue como aquella primera época en el cuarto de la computadora, pero con una diferencia fundamental: las chicas. Y una de ellas en especial, Vicki, cuya confianza impulsó la mía y me ayudó a ser más arriesgado a la hora de interpretar. Nos gastábamos bromas llamándonos el uno al otro con los estúpidos nombres de la obra, como «cariño» esto y «amorcito» lo otro. Envuelto en la seguridad de mi personaje, tuve mi primera experiencia práctica con el flirteo. Nervioso por echar a perder la actuación, me iba a casa, cerraba la puerta de mi habitación y repasaba mis diálogos una y otra vez.

No había imaginado lo gratificante que sería salir de mi zona de confort. Fue algo que estaba deseando hacer cuando llegara a la universidad: la oportunidad de redefinirme una vez más. Si iba a un lugar como el MIT, sería un friki matemático rodeado de otros iguales. Esa perspectiva me parecía demasiado… estrecha (razón por la que no había ido a mi entrevista en el MIT ese verano y me quedé jugando al pinball). Revisando los catálogos de cursos universitarios, vi un tentador menú de diferentes posibilidades: Matemáticas puras, Psicología cognitiva, Política de guerra, Teoría de la administración, Química avanzada… Eran el tipo de clases que podrían ampliar mis horizontes en toda clase de formas nuevas. Mientras rellenaba las solicitudes, experimenté con mi personalidad. Tal y como había aprendido en clase de teatro, cada una era una actuación: un actor, tres personajes.

Para Princeton dije que quería ser un ingeniero que supiera desarrollar software. Alardeé con ejemplos de mis programas e hice hincapié en mis calificaciones en Matemáticas. Para Yale dije que quería estudiar Administración pública, quizá Derecho. Hice hincapié en mi experiencia en Washington D. C., en mi afición por los Boy Scouts y mi interés por el arte dramático. Para Harvard, tal y como escribí en mi ensayo, expresé mi inclinación por Empresariales o Derecho.

La noche de noviembre que representamos *El apagón*, me tropecé y me caí al suelo, di vueltas en medio de la oscuridad, traté de besar a dos chicas distintas, tal y como estaba en el texto de la obra, y no olvidé ni una coma. Todo el elenco recibió halagos por su espontaneidad.

Desde el escenario, al acabar la obra, casi pude descifrar la expresión de mis padres. Veían a su hijo, el que antes había sido el payaso de la clase, rodeado de nuevos amigos, en un nuevo entorno, demostrando su lado más social y seguro. Conocían esa faceta en privado, pero, como la mayoría de los que estaban allí, se quedaron atónitos al verla en público. Por mi parte, me hizo sentir bien. Me había puesto un listón alto y lo había rebasado de sobra. Cuando salimos a saludar por última vez, me propuse un nuevo desafío: en algún momento, cuando se presentara una buena oportunidad, iba a pedirle a Vicki que saliéramos juntos.

Justo después de Navidad, recibí una llamada del ejecutivo de ISI que dos años antes había ayudado a que Lakeside Programming Group aterrizara en el proyecto de las nóminas. Bud Pembroke dijo que estaba participando en un proyecto para Bonneville Power Administration, la agencia federal que se encargaba de la producción y distribución de energía eléctrica en Washington, Oregón y California. Era más conocida por la supervisión de la presa Grand Coulee del río Columbia.

BPA se encontraba en plena computarización de su generación de energía. La gran empresa externa de defensa y tecnología TRW estaba encargada de la supervisión del proyecto, que implicaba convertir un sistema principalmente manual en otro dirigido por una computadora PDP-10, la misma que Lakeside Programming había utilizado para casi todo nuestro trabajo. Superados el presupuesto y la fecha límite, TRW estaba buscando por todo el país expertos en las PDP-10. En un momento dado, su búsqueda los llevó hasta Bud, que los condujo hasta Paul, Ric y yo.

Cuando recibí la llamada de Bud, acababa de regresar de una semana con Paul en la Universidad Estatal de Washington, trabajando en nuestro proyecto del tráfico que, para entonces, ya se llamaba Traf-O-Data. Paul Gilbert había montado una versión preliminar del soporte físico, una maraña de cables y chips metidos en una caja del tamaño de un horno microondas. Pero el software no estaba hecho todavía. Mientras lo desarrollábamos en la computadora de la Universidad Estatal de Washington, Paul me dijo que ya se estaba cansando de estudiar. Las clases no suponían desafío suficiente para su mente rápida y su curiosidad omnívora. Estaba pensando en tomarse unas vacaciones para buscarse un trabajo.

Así que, cuando le llamé para contarle lo del proyecto de BPA, Paul no lo dudó ni un segundo. Aceptó. Ric, estudiante de Ingeniería eléctrica en Stanford, decidió quedarse en la universidad (terminaría uniéndose a nosotros en verano).

Justo después de Navidad, Paul y yo fuimos con el Chrysler New Yorker del 64 de sus padres hasta la oficina de BPA de Vancouver, Washington, una ciudad por entonces algo agreste en la frontera de Oregón. Aquel día en el coche bromeamos con cómo debía de haber sido la conversación de Bud con la gente de TRW:

—Eh, Bud, ¿conoces a alguien al que se le dé bien la PDP-10?

—Bueno, están Gates y Allen.

—¿Quiénes son?

—Un par de críos.

En la entrevista dejamos claro que conocíamos a fondo aquellas máquinas. También llevamos copias impresas de los códigos que habíamos elaborado para el programa de los horarios y nuestra empresa de tráfico. No estoy seguro de cuánto se debió a nuestras aptitudes y cuánto a su desesperación, pero conseguimos el trabajo.

Parecía un empleo estupendo. Nos pagarían por hora y, como en C-al-Cubo y en ISI, dimos por sentado que tendríamos bastante tiempo libre para trabajar en nuestros otros proyectos. Paul preparó de inmediato toda la documentación para pedirse un permiso en los estudios.

La noche que regresamos, les conté a mis padres que nos habían ofrecido un trabajo en una empresa de primer nivel y en una de las instalaciones más importantes del país. Les expliqué que necesitaban nuestra pericia para un proyecto importante que tendría una gran repercusión y que, además, nos iban a pagar. «¿Y los estudios?», preguntó mi madre. Era mi último año y tenía que acabarlo bien para que me admitieran en las universidades.

Estaba seguro de que no iba a suponer ningún problema. Ella no estaba convencida. Que su hijo abandonara su magnífico instituto para irse a vivir solo a cientos de kilómetros de casa era salirse demasiado del guion.

Así que, esa semana, mi madre, mi padre y yo fuimos a ver al siempre sensato director de Lakeside, Dan Ayrault. Solté mi discurso. Me iba a perder el segundo trimestre, solo dos meses, y estaría de regreso para acabar el año escolar y asistir a la graduación. Estaba bastante seguro de que Dan se pondría de mi parte, y así fue: Dan, el que seguía pocas normas, no solo pensaba que no sería ningún problema, sino que incluso propuso que ese tiempo me podría servir como clases no presenciales y contar para mi graduación.

Cuando era niño, a mediados de la década de 1960, era muy fan de *El túnel del tiempo*, una serie de ciencia ficción en la que los personajes principales, dos científicos, viajaban en el tiempo hasta lugares reales e imaginarios. Me quedaba levantado los jueves por la noche para ver cómo esos tipos intentaban salvar el Titanic, se peleaban con flechas en los bosques de Sherwood o escapaban de la lava del gran Krakatoa. La serie estaba localizada en una enorme sala de control subterránea, donde un equipo de científicos con batas blancas hacían girar los mandos y apretaban los botones de una computadora para enviar a sus compañeros a través del tiempo hacia su siguiente aventura.

Mi primer pensamiento cuando vi nuestro nuevo lugar de trabajo: «¡Esto es la sala de control de *El túnel del tiempo*, solo que mejor!». Una pantalla del tamaño de una pared entera rastreaba el estado de la red eléctrica y cada presa e instalación eléctrica del noroeste del país. Había varias filas de terminales de computadoras, cada una con los más modernos monitores de tubo de rayos catódicos. ¡Y pantallas con gráficos de colores! El techo era tan alto que la gente subía y bajaba por largas escalerillas para ajustar las luces y los monitores.

La sala de control era el corazón de un sistema eléctrico que suministraba energía al oeste del país. Llevaba electricidad desde Grand Coulee y otras presas en el noroeste, además de otras fuentes adicionales de energía como centrales de carbón, hasta millones de hogares y negocios. Bonneville generaba esa energía principalmente mediante presas hidroeléctricas. El truco estaba en combinar el fluctuante suministro energético con la fluctuación de la demanda. La empresa siempre lo había hecho a mano, con los trabajadores llamándose entre sí y diciendo: «Aumenta la electricidad de tal presa», o: «Corta la energía de tal otra», y después, literalmente, hacían girar los mandos. Nuestro trabajo consistía en computarizar ese proceso.

Era fácil de decir, pero no de hacer. DEC había desarrollado la PDP-10 y su sistema operativo TOPS-10 para realizar tareas avanzadas y en tiempo real en las que cada microsegundo contaba, como controlar la producción en una fábrica de automóviles. Pero incluso esa era una labor sencilla en comparación con el desafío que TRW encaraba. Tenían que programar la computadora para examinar un aluvión de datos —sobre uso de energía, capacidad de las presas y cualquier cosa que afectara al suministro y demanda de electricidad— y tomar decisiones instantáneas y sin fallos respecto al equilibrio del suministro y la demanda.

Al principio, no supe calibrar el tamaño de esa labor. Previamente habíamos participado en una reunión en la que uno de los programadores dijo algo de los «cinco nueves». Yo no tenía ni idea de a qué se refería. Mientras escuchaba, averigüé que se trataba de que el sistema de computadoras que íbamos a desarrollar tenía que garantizar que la energía estuviese pasando durante un 99,999 por ciento del tiempo, cinco nueves. Ese nivel de eficacia significaría una inactividad de solo 5,26 minutos al año, prácticamente electricidad ininterrumpida. Nada en lo que yo hubiese trabajado antes exigía ese nivel tan cercano a la perfección. Pensé que estaban de broma.

Los de TRW nos explicaron que ese servicio tenía que mantener la energía sin interrupciones, incluso cuando hubiese fluctuación del suministro y de la demanda de electricidad. Por lo general, la demanda aumenta durante la mañana, cuando la gente se levanta y enciende sus aparatos, y, después, llega a su pico por la tarde y primera hora de la noche, cuando regresan a casa del trabajo, encienden la calefacción o el aire acondicionado, las luces, la televisión, etcétera. Incluso a las dos de la mañana se necesita electricidad para las farolas de la calle, los hospitales, la policía, las estaciones de bomberos y los restaurantes que están abiertos toda la noche. Esa carga base, que es como se llama, exige que las plantas eléctricas puedan producir un suministro continuo de electricidad.

La sala del «túnel del tiempo» era un testimonio de esa cultura: la red de Bonneville expuesta en una gran pared de luces y pantallas. En cualquier momento podía verse a todo color por dónde fluía la energía a través de la red, y también si había interrupciones.

Llegué en enero más seguro que nunca de mí mismo y de mi capacidad para la programación. Tenía cuatro años de experiencia con computadoras, la mayoría con las mismas máquinas que se utilizaban en Bonneville. Había trabajado en el programa de las nóminas, el de la organización de horarios escolares había sido un éxito, y tenía mi propia empresa que estaba automatizando estudios sobre el tráfico en varias ciudades estadounidenses.

La primera tarea que me asignaron fue documentar mensajes de error, lo que significaba redactar en un lenguaje sencillo los mensajes que aparecerían en cualquier momento en el que hubiese un problema en el sistema. No se trataba de una labor especialmente creativa ni interesante. Aun así, me puse manos a la obra. Paul y yo llegábamos temprano todos los días y trabajábamos muchas horas. Con el tiempo, nos fueron dando encargos cada vez más importantes.

Me enorgullecía de escribir código con rapidez durante largas jornadas de intenso trabajo. Me cuesta imaginar qué pensarían los experimentados programadores profesionales de Bonneville de aquel chico que trabajaba como un poseso cada día hasta caer la noche, introduciendo código y tomando refresco hecho con polvos Tang directamente de la jarra hasta que la lengua se le ponía naranja. Esa primavera batí mi récord de trabajo ininterrumpido cuando en una ocasión no salí del «túnel del tiempo» subterráneo durante casi cien horas seguidas. Eso significó que ni me duché ni casi comí durante casi cuatro días.

Una mañana, llegué y vi en mi mesa una copia impresa del código que había escrito la noche anterior, cubierta de tinta azul. Alguien lo había revisado y, como un profesor de colegio, me había corregido la tarea. En realidad, fue más que eso. Esa persona lo había destrozado. No solo estaba corrigiendo problemas sintácticos, sino toda la estructura y el diseño de lo que yo había desarrollado. Normalmente, mi primera reacción habría sido defenderme. Si alguien de Lakeside intentaba criticar mi código, podía soltarle: «Ni hablar. Te equivocas». Pero esta vez, sentado y leyendo los comentarios, estudiando el programa, pensé: «Guau, este tipo tiene toda la razón».

El nombre de aquel hombre era John Norton, un programador que TRW había enviado para ayudar a salvar aquel proyecto en peligro. Alto, con el pelo moreno y casi rapado, John tenía treinta y muchos años y, como supe después, era famoso por desarrollar programas de alta calidad y por haber cometido un fallo catastrófico. John supervisaba el software que controlaba una parte fundamental de la sonda espacial Mariner 1 en 1962. La sonda con destino a Venus hizo historia cuando la NASA la destruyó al cabo de pocos minutos de echar a volar, después de que los controladores se dieran cuenta de que sus sistemas de radar no funcionaban. El origen del problema estaba en un fallo técnico diminuto, probablemente un «-» que faltaba en el código de la computadora que John Norton supervisaba. Según cuenta la leyenda, Norton se quedó tan afligido por aquel error que durante varios años llevó en su cartera un artículo de periódico de aquel fracaso de la Mariner, bien doblado, como si fuese un origami.

Nunca había conocido a nadie más alerta y avispado en la codificación de computadoras. Continuamente me devolvía mi trabajo con correcciones que llegaban hasta niveles que yo no sabía que existían. Era un hombre callado, seguro y siempre concentrado en la tarea que tenía delante. Nunca hablaba de sus logros, sino que se encargaba de utilizar sus conocimientos para hacer que el trabajo fuera mejor y que el proyecto saliera bien.

El axioma de que se aprende más de los fracasos que de los éxitos está muy trillado, pero es absolutamente acertado. Hasta ese momento, yo había pasado probablemente más tiempo pensando en códigos y sintaxis que cualquier otro adolescente del mundo. Pero Norton me introdujo en un nivel completamente nuevo. Con su firme forma de enseñar, aprendí una lección no solo de cómo redactar mejor los códigos, sino también sobre la percepción que tenía de mí mismo. Recuerdo que pensé: «¿Por qué soy tan engreído con esto de la programación? ¿Cómo sé que soy tan bueno?». Empecé a ver cómo sería un código computacional casi perfecto.

En marzo llamé a mi casa. Mi padre cogió el teléfono y noté que estaba emocionado por algo: «Hijo, hemos recibido una carta de Harvard». Oí cómo rasgaba el sobre. «Por la presente, le notificamos que… William Henry Gates ha sido admitido en la Universidad de Harvard», leyó. Prácticamente podía sentir el orgullo de mi madre filtrándose por el cable del teléfono. Ya me habían admitido en Yale y dentro de un mes me contestarían desde Princeton diciendo que me habían aceptado. Pero sin siquiera tener que decirlo, todos los miembros de Gateslandia supieron que yo elegiría Harvard.

Dediqué los tres meses siguientes en Seattle a terminar mi último curso y a pasar tiempo con la gente de teatro, incluida Vicki, ensayando para nuestro último espectáculo, un conjunto de comedias cortas escritas por el gran genio del absurdo James

Thurber. Yo representé «The Night the Bed Fell», un monólogo que me dejaba solo en el escenario durante casi diez minutos contando el extravagante relato de Thurber sobre la reacción exagerada y loca de una familia después de que la cama del narrador se le cayera encima.

Vicki y otros cuantos de la clase decidieron organizar una fiesta de graduación, la primera desde que Lakeside se había unido a St. Nick's. Se organizó como una cosa sencilla para todos los de nuestra clase, sin mucha pompa ni ceremonia. Me pareció que no era demasiado arriesgado pedirle a Vicki que fuera conmigo. Unas cuantas noches antes de la fiesta, me armé de valor para llamarla. Cada vez que marcaba su número, la señal estaba ocupada. Marqué una y otra vez y, en un momento dado, hasta le añadí la dificultad de marcar el número con el pie. Por fin, sobre las diez, el hermano de Vicki respondió al teléfono. Fue a levantarla de la cama.

—Hola.

—Vicki, soy Bill... Bill Gates —recuerdo que añadí, aunque estoy seguro de que había reconocido mi característica voz aguda. Le dije que había estado tratando de hablar con ella toda la noche, pero que había sido imposible y que hasta había marcado con los dedos del pie, quizá no la mejor manera de venderme como cita elegante. Di varias vueltas hasta llegar a la pregunta principal—: ¿Qué haces el sábado por la noche?

—Ah, pues pensaba ir a la fiesta de graduación —respondió.

—Bien, ¿te gustaría ir conmigo?

—¿Me dejas que te responda mañana? —Me explicó que estaba esperando que un chico se lo pidiera; si no lo hacía, me avisaría. Al día siguiente, en el patio de Lakeside, dio la noticia: el chico se lo había pedido. Ella no pudo ser más amable, pero me dejó claro que me veía solo como amigo. Tardé un poco en superar su negativa; después de aquello evité volver a mostrarme vulnerable durante un tiempo. Pero sí que fui a la fiesta y lo pasé muy bien con una alumna de tercero muy guay, aunque sospecho que habíamos sido el uno para el otro una cita de repuesto.

Como es tradición en muchos institutos de Estados Unidos, los del último año de Lakeside faltan un día a clase en primavera como ocasión para relajarse juntos antes de que cada uno tome su propio camino. Para la clase de último curso de Lakeside de 1973, esa escapada nos llevó a una corta excursión en ferry hasta la isla de Bainbridge, donde todos pasamos la noche en la enorme casa de un compañero de clase. Durante un rato estuve con Vicki y el grupo más popular, pero, al final, se fueron solos y yo me encontré con algunos rezagados. Había fumado antes un poco de hierba, así que me sentía algo desinhibido cuando un amigo me ofreció ácido. Siempre me había resistido a las insistencias de Paul de que necesitaba «experimentar» tomando LSD. Esta vez, decidí ver en qué consistía. Parte del viaje resultó estimulante, pero tomé la droga sin caer en que seguiría notando los efectos a la mañana siguiente, cuando acudiera a la consulta del ortodoncista para una cirugía concertada hacía tiempo. Me senté con la boca muy abierta delante del rostro de mi dentista, con su taladro trabajando laboriosamente, no muy seguro de si lo que veía y sentía estaba sucediendo en realidad. «¿Podré saltar de esta silla e irme sin más?». Juré que, si alguna vez volvía a consumir ácido, no lo haría a solas ni si tenía planes para el día siguiente, sobre todo una intervención dental.

Tras la graduación, pasé el verano de vuelta en Vancouver. Alterné las noches en vela en el «túnel del tiempo», programando con Paul, y el esquí acuático en el río Columbia, donde uno de los ingenieros de Bonneville tenía un barco. Ric, al que habían dado vacaciones en Stanford, vino con nosotros. A veces, todavía nos referíamos a nosotros mismos como el Lakeside Programming Group, pero ya no era lo mismo sin Kent.

Los tres vivíamos juntos en un destartalado apartamento en

Vancouver. Bien entrada la noche, usábamos la PDP-10 de Bonneville para avanzar en nuestros otros trabajos, desarrollando software de nuestro proyecto de recuento de tráfico y ayudando a Lakeside a actualizar el programa de los horarios de clase. Trabajaba muchísimas horas y subsistía a base de Tang y pizza; fue casi la etapa más libre y relajada de mi vida.

Los ingenieros de TRW se burlaban de mí por mis excéntricos hábitos de trabajo («Sí que eres raro, tío» era un comentario que oí muchas veces durante ese verano), pero también fueron un apoyo increíble. Pasaron por alto mi edad y mi inmadurez y me dejaron entrar en su círculo. Me sentí aceptado, como si aquel fuera mi sitio, igual que me ocurrió con mis amigos de senderismo y con la gente del cuarto de la computadora de Lakeside.

A los ingenieros les encantaba mi entusiasmo por aceptar todo lo que me echaran encima. Me asignaban tareas solo por ver lo rápido y lo bien —o no— que podía escribirlas, conscientes de que me pasaría toda la noche intentándolo. A veces, ya habían escrito el código, así que, cuando terminaba, comparaba mi trabajo con el de ellos y aprendía de sus más ingeniosos subprogramas y algoritmos.

Aquel verano pensé mucho en cómo una persona se convierte en el mejor haciendo algo. Norton era una figura dominante, único en cuanto a su talento y profesionalidad. Yo trataba de entender qué era lo que él tenía y otros programadores no. ¿Qué se necesita para ser un veinte por ciento mejor que los demás? ¿Cuánto se debe solo al talento innato y cuánto a una dedicada entrega cuando mantienes una concentración implacable y estás decidido a desempeñar hoy tu trabajo mejor de lo que lo hiciste el día anterior? ¿Y repetir lo mismo mañana, al día siguiente y al otro durante años y más años?

Había avanzado mucho por aquel camino de la programación, tanto que los de TRW trataron de convencerme de que debía saltarme la universidad. No te molestes en sacarte una licenciatura, me decían. Me animaban a pasar directamente a la escuela de posgrado, estudiar programación computacional y, después, buscar un trabajo en Digital Equipment Corp. «Ese es tu sitio —me dijo uno de los programadores—. Tienes que ir allí y trabajar con esos tipos, decidir cuál será la siguiente versión del sistema operativo».

Era una idea descabellada. Las veces que los ingenieros de DEC fueron a Bonneville ese verano, vi cómo los programadores de Bonneville —excepcionales de por sí— se plegaban al conocimiento especializado y al evidente estatus superior de los tipos de DEC. La idea de que esas personas creyeran que yo tenía talento suficiente como para ser una de ellas supuso un gran estímulo para mi confianza. DEC ocupaba en mi imaginación una posición de altura casi mítica; durante nuestro proyecto de investigación profesional, Kent y yo habíamos absorbido cada dato que encontrábamos sobre esa empresa. Conocía la historia de que en 1957 los ingenieros Ken Olsen y Harlan Anderson habían dejado sus trabajos en el MIT para poner en marcha DEC con apenas un plan de negocio de cuatro páginas y una inversión de setenta mil dólares. En aquella época, IBM era el gigante de la industria y sus computadoras centrales de un millón de dólares se consideraban inmejorables. La idea de que una empresa advenediza pudiera hacerse un hueco por sí misma parecía una quimera. Olsen y Anderson habían empezado desde abajo, fabricando primero equipos de prueba electrónicos y, después, desarrollando de manera ininterrumpida un negocio rentable durante unos cuantos años antes de lanzar la primera computadora DEC. En menos de una década, DEC era la envidia del mundo empresarial estadounidense y Olsen era elogiado por ser su visionario fundador. La historia de DEC hacía que la idea de que pudiésemos poner en marcha una empresa de éxito pareciera posible.

Paul estaba dispuesto a seguir adelante. A principios de ese verano me insistió en que me olvidara de Harvard. Decía que él iba a ampliar su permiso en la universidad. Podríamos empezar desde abajo, como DEC, desarrollar nuestro emergente proyecto del tráfico y su computadora de uso individual y, después, expandirnos, convertirnos en consultores, trabajar en proyectos interesantes como Bonneville a la vez que desarrollábamos software para ese nuevo universo de microprocesadores que Intel había colonizado recientemente.

Hice de abogado del diablo y expliqué por qué creía que muchas de sus ideas y visiones tecnológicas no tenían posibilidad de negocio, al menos no en un futuro cercano. Tampoco estaba convencido de que alguna de las iniciativas que lanzaba fueran oportunidades suficientemente importantes como para que yo dejara a un lado mis planes universitarios. Sin embargo, durante un breve momento sí me vi tentado por la idea de pasar directamente a los estudios de posgrado, e incluso se lo planteé a mis padres. No les gustó. Lo cierto era que deseaba de verdad ir a la universidad. Quería tener la oportunidad de compararme con otros chicos avispados procedentes de un contexto más amplio que Lakeside.

Mi idea en aquel momento era que los avances del mundo provenían de los individuos. Me imaginaba al notorio genio solitario, al científico huraño que trabajaba incansablemente en su campo, exigiéndose hasta conseguir algún descubrimiento. Mi pequeña muestra de aquello era el éxito que habíamos cosechado con el programa de los horarios. Incluso meses después de entregar el software, seguía sintiendo una profunda satisfacción por todo ese proyecto, una prueba matemática que, una vez traducida a un código computacional, mejoró cientos de vidas. Desde una perspectiva general, fue una modesta hazaña, pero alimentaba mi idea de lo que podría ser capaz de conseguir. Creía que un posible camino sería el de las matemáticas. ¿Tenía un cerebro que pudiera encontrar la solución para algún teorema matemático de siglos de antigüedad o descubrir una solución científica que pudiera mejorar la vida? Parecía inverosímil, pero quería ver lo lejos que podía llegar.

Mi visión del científico solitario se convirtió en alimento para un debate intermitente con Paul. Él consideraba que el mundo avanzaba gracias a la colaboración, con equipos de personas inteligentes que se unían para lograr un objetivo común. Mientras yo consideraba a Einstein como el modelo, para él lo era el Proyecto Manhattan. Las dos perspectivas eran simplistas, aunque, con el tiempo, la suya definiría el futuro de los dos.

A medida que fueron pasando las semanas, aquel debate filosófico se convirtió en el telón de fondo de una discusión muy real sobre el trabajo de Lakeside. En nuestros ratos libres en TRW, continuábamos con nuestra labor de actualización del horario para el siguiente año escolar. Igual que el verano anterior, me preocupaba que no consiguiéramos tenerlo a tiempo. Adoptamos un patrón previsible: a Paul se le ocurrían ideas para el horario que yo echaba por tierra, normalmente porque, como primer diseñador del programa, sencillamente entendía su matemática y estructura subyacentes mejor que él. Discutíamos y, después, me iba y lo codificaba de la forma que yo consideraba que tenía sentido. A nuestras discusiones no ayudaba el hecho de que estuviéramos pasando todo el tiempo juntos. Cada comida. Cada película. Cada jornada de trabajo. Era natural que nos pusiéramos de los nervios el uno al otro.

Una noche estábamos discutiendo cuando salíamos del «túnel del tiempo» para ir a cenar y nos dirigíamos al aparcamiento. A menudo, como los pilotos de Le Mans, salíamos corriendo hacia nuestros coches —yo hacia el Mustang que me había prestado mi padre y Paul hacia su Chrysler— y después hacíamos una carrera hasta el restaurante al que hubiésemos decidido ir. Probablemente fuera esa la razón por la que fui en línea recta a toda velocidad hacia el coche. Cualquiera que fuese el motivo, iba corriendo por delante de Paul. En algún momento de ese día, alguien había tendido una cuerda a través de la entrada del aparcamiento. Con mis prisas y en medio de la oscuridad, no advertí la cuerda contra mi cintura. Tampoco advertí que la cuerda se fue tensando cada vez más mientras yo corría hasta que, ¡zas!, me lanzó hacia atrás contra el pavimento. Paul se acercó y me miró tirado en el suelo. Nos reímos como locos.

El estrés de trabajar y vivir juntos molestaba especialmente a Paul, que un día decidió salirse de nuestros dos pequeños proyectos. En una carta que me dejó en mi dormitorio, escribió: «Últimamente me he ido convenciendo cada vez más de que nuestro trabajo y nuestras conversaciones, e incluso el hecho de vivir juntos, no son satisfactorios, al menos desde mi punto de vista». Decía que sentía que yo no respetaba sus ideas, su inteligencia, y que «había llegado el momento de romper todos nuestros puntos de conexión» en lo relacionado con el horario de Lakeside y Traf-O-Data. En un lenguaje que a mí me parecía el de una sentencia de divorcio, Paul escribió que «por la presente, dejo sin efecto mi interés en los horarios […] Por la presente, dejo sin efecto mi interés en la máquina del tráfico. Es toda tuya (100 %)». En la carta manuscrita, dejaba un espacio para nuestras firmas. Al final del todo, escribió: «P. D.: Lo digo en serio».

No firmé. Supuse que, cuando los dos nos tranquilizáramos, nuestra relación encontraría su equilibrio. Pero, mientras tanto, me fui. Sin molestarme en recoger mis cosas, conduje hasta Seattle y trabajé en Lakeside día y noche para terminar los horarios justo antes de la fecha de entrega. No volví a Bonneville; Ric tuvo la amabilidad de traerme mis cosas a Seattle.

La dinámica entre Paul y yo había sido siempre complicada, una mezcla de cariño y rivalidad parecida a la que puedan sentir unos hermanos. Normalmente, nuestras diferencias de temperamento, estilo e intereses se unían para un buen fin. Aquellas diferencias nos impulsaban hacia delante y nos hacían ser mejores el uno con el otro. Pero aquel verano supuso una primera prueba de una colaboración que seguiría evolucionando. Yo tenía diecisiete años, Paul tenía veinte. Aún nos quedaba un largo camino por recorrer.

En un par de meses, Paul y yo habíamos empezado a hablarnos de nuevo. Para entonces, él ya estaba de vuelta en la Universidad Estatal de Washington y yo empezaba mi primer año en Harvard. Hicimos las paces y retomamos el trabajo en Traf-O-Data, tal y como le informé a Ric en una carta, dándole las gracias por su papel a la hora de ayudarnos a alcanzar una tregua: «Estoy seguro de que sabes que Paul y yo volvemos a unir nuestro camino (un largo camino, según parece) basado en una absoluta igualdad y un cierto entusiasmo. Quiero darte las gracias de verdad por la amistad tan especial que nos has demostrado a Paul y a mí en un momento particularmente complicado para los dos. La verdad es que quiero pensar que ambos nos habríamos dado cuenta de lo absurdo de nuestra actitud en algún momento. Tu amabilidad de traerme a mi casa todas las cosas que me había dejado en el apartamento fue una extensión de la consideración personal que mostraste durante todo el verano. Ojalá pudiera haber hecho yo lo mismo, aunque, después de todo, ha sido un verano estupendo [...] tu amigo, Trey».

10

Precoz

En la madrugada de un domingo de 1969, un camión del ejército estadounidense entró en el campus de Harvard. Unos hombres con trajes de trabajo descargaron grandes cajas que contenían una especie de regalo del Departamento de Defensa de Estados Unidos: componentes de una computadora central DEC que habían desmontado en Vietnam, donde había estado instalada como parte del esfuerzo bélico. Aquellas piezas, del tamaño de frigoríficos, fueron desembaladas en el Laboratorio de Computación Aiken de Harvard, donde los técnicos las conectaron para formar una PDP-10, igual que los modelos con los que yo llevaba cinco años programando cuando llegué al campus en el otoño de 1973.

La entrega durante la noche consiguió esquivar a los manifestantes contra la guerra que habían estado protestando contra la participación de las universidades en la investigación relacionada con la defensa. Los estudiantes que se manifestaban no se equivocaban del todo: la fuerza militar era probablemente el mayor cliente de la industria de las computadoras en aquel entonces y el temor a la Unión Soviética durante la Guerra Fría estaba haciendo que se destinaran montones de dinero público al trabajo de las universidades sobre los sistemas automatizados para guiar misiles, pilotar submarinos y detectar lanzamientos de misiles balísticos intercontinentales.

Cuando llegué a Cambridge para el curso de orientación del primer año, importantes inversiones del gobierno en tecnología para la defensa a lo largo de varios años habían resucitado la zona de Boston. DEC y decenas de otras empresas en la región habían abandonado proyectos del MIT para fabricar computadoras de uso militar. Antes de que Silicon Valley ocupara su lugar como centro de alta tecnología estadounidense, la carretera 128, que rodeaba Boston a lo largo de casi cien kilómetros, era la que ostentaba ese título.

Tuve la oportunidad de contemplar ese legado de dinero del gobierno la primera vez que entré en el Laboratorio de Computación Aiken de Harvard, unas semanas después de empezar las clases. Había ido para reunirme con el director del laboratorio. En el vestíbulo, vi una máquina descomunal con un letrero que explicaba que se trataba del Mark I, una protocomputadora desarrollada por Howard Aiken, de quien tomó el nombre el laboratorio. Como comandante de la marina en la década de 1940, Aiken trabajó en IBM para crear el Mark I como herramienta para calcular la trayectoria de los misiles. Más tarde, se utilizó en el Proyecto Manhattan. En su momento el Mark I fue una revolución, una masa de ruedas y relés eléctricos que prácticamente era una calculadora de quince metros de largo, una máquina capaz de sumar, restar, multiplicar y dividir más rápido que un ser humano. Cuando posé los ojos en el Mark I, no era más que una porción del original, una pieza de museo que no funcionaba.

Al otro lado del pasillo pude ver la sala con la Harv-10, el apodo que el Laboratorio Aiken había puesto a su PDP-10 donada por el gobierno. La Agencia de Proyectos de Investigación Avanzados del Departamento de Defensa (DARPA, por sus siglas en inglés) estaba financiando a Aiken para que la facultad de Ingeniería de Harvard y sus estudiantes pudieran utilizar el sistema con el fin de experimentar con nuevas formas de programación que hicieran que el software fuera más rápido, más seguro y menos caro. La agencia había desarrollado también una conexión que enlazaba la Harv-10 con la red de ARPA, que sería más conocida como ARPANET. El de Aiken fue uno entre las pocas decenas de centros de computación del país que había empezado a probar el correo electrónico y otros protocolos de comunicación nuevos, los primeros cimientos de internet.

Ese otoño yo no sabía nada de la relación del gobierno con el Laboratorio Aiken. Mi cabeza solo daba para: (1) ¡Vaya, Harvard tiene una PDP-10!; y: (2) Tengo que acceder a ella. En aquella época desconocía que el laboratorio estaba prohibido para los estudiantes universitarios. Era el reino de los de posgrado, la mayoría de los cuales estaban investigando a las órdenes de su director, Tom Cheatham. El profesor Cheatham llegó a Harvard tras pasar unas temporadas en la industria de las computadoras y en el gobierno. Era el que se encargaba de la supervisión de la Harv-10, la persona que dirigía cómo se utilizaba y quién la utilizaba. Para mí, era simplemente la firma que necesitaba.

En buena parte del mundo académico, la computación no suponía un área de estudio seria por derecho propio. La ciencia de la computación en la mayoría de las universidades estaba incluida, por lo general, en departamentos más arraigados, como sucedía en Harvard, donde formaba parte de Ingeniería y Física aplicada. El orgullo de aquel departamento era la dinámica de fluidos, un campo desarrollado a partir de siglos de distinguidas matemáticas inventadas para describir el vuelo de los pájaros y el flujo de la sangre. La ciencia de la computación podía ser una bonita herramienta para estudiar esos fenómenos, pero bajo ningún concepto se consideraba un área equiparable. Por lo general, un estudiante interesado en las computadoras se especializaba en matemáticas o ingeniería. Pasarían otros diez años antes de que Harvard ofreciera un título universitario en Ciencias de la computación.

Por esos motivos y por mi propio orgullo, le dije a Cheatham que no iba a asistir a clases de computación, salvo quizá a cursos avanzados, pero que aun así quería usar su laboratorio de computadoras. Aquella primera reunión estableció la pauta de nuestra relación durante el resto del tiempo que pasé en Harvard. Yo, el chico hipercinético que prácticamente saltaba de su silla cuando hablaba, y él, el ocupado director de laboratorio con cosas más importantes que hacer y que daba caladas a su cigarrillo Parliament hasta que yo terminase.

Le conté anécdotas de nuestro Lakeside Programming Group y todo lo que había hecho desde que empecé a aprender a programar a la edad de trece años. Le conté que había pasado parte de mi último año de instituto trabajando para TRW en la red que suministraba electricidad a millones de clientes. Le hablé de Traf-O-Data y de los clientes que seguramente íbamos a atraer mientras explotábamos el poder de ese microprocesador, lo cual, le dije, lo cambiaría todo. Las descomunales máquinas a las que estábamos acostumbrados serían del tamaño de un librito de cerillas. ¡Y su coste también disminuiría!

Estaba acostumbrado a sorprender a los adultos con mi visión de lo que todavía era un mundo desconocido. Incluso a los programadores veteranos de C-al-Cubo y TRW les hacía gracia este entusiasmo mío por la materia y mi deseo de aprender más. Sin embargo, el profesor Cheatham no parecía interesado. Me sentí intimidado. Al fin y al cabo, él era el director del laboratorio.

Más tarde supe que las labores administrativas —firmar las tarjetas de los estudiantes y gestionar el día a día del laboratorio— eran la parte que menos le gustaba de su trabajo. Cheatham era, en el fondo, un programador. Tras su silla giratoria había una terminal conectada a la computadora Harv-10. Era ahí donde trabajaba en el diseño de nuevos lenguajes cuando no estaba en una reunión con los altos mandos del Departamento de Defensa y buscando más financiación para el laboratorio.

Tras treinta minutos de mi entusiasta perorata, apagó el cigarro y me firmó el formulario. Más tarde supe que Cheatham tenía fama de dar a sus alumnos autonomía y dejarlos experimentar. Estaba abierto a nuevas ideas. Lo que entendí como falta de interés era probablemente una mezcla de esa apertura y un deseo de sacar a ese chico tan pesado de su despacho para poder volver a girar su silla hacia el software que estaba desarrollando. Cualquiera que fuera el motivo, al terminar ese día yo tenía una llave del laboratorio y mi propia cuenta, la número 4114, además de una sensación algo lastimada de mi propia excepcionalidad.

Como alumno nuevo, conseguí un galardón académico que me permitió elegir el tipo de compañeros de habitación con los que quería vivir. Me gustaba la idea de juntarme con distintos tipos de personas. En Washington, me había parecido divertido escuchar las anécdotas de los otros ujieres, todos ellos con una amplia variedad de procedencias. Supuse que Harvard me ofrecería esa misma oportunidad, así que pedí compartir habitación con un alumno extranjero y una persona de color.

Al entrar en la habitación A-11 de Wigglesworth Hall, cuyo nombre abreviado es Wigg A, conocí a Sam Znaimer, de Montreal, lo que supongo que prácticamente lo convertía en estudiante extranjero, y a Jim Jenkins, un estudiante de Ingeniería negro de Tennessee. Inmediatamente aprendí una lección de mi educación privilegiada. Sam había llegado una o dos semanas antes que el resto de nosotros para empezar en su trabajo estudiantil como bedel, limpiando duchas y baños antes de que las hordas excitadas se mudaran a las residencias. Tenía que trabajar para poder estudiar. Con el tiempo me habló de su pasado como hijo de dos supervivientes del Holocausto que se conocieron siendo refugiados en una comunidad judía aislada. Su padre llevaba él solo una zapatería de niños y su madre era camarera. Estaba un poco chiflado como yo y me cayó bien de inmediato. Jim se presentó como hijo de familia de militares que había vivido en varios sitios de niño, pero que se enorgullecía de ser sureño y de su gusto por determinados cómics y patatas fritas del sur de los que yo nunca había oído hablar. Él también trabajaba, desapareciendo los fines de semana para ir a su trabajo en una base aérea.

Los tres fuimos a matricularnos en nuestras clases. Para cumplir con los requisitos de humanidades, elegí los clásicos griegos —Ulises, Antígona y todo eso—, en parte porque en Lakeside había asistido a una versión de esa clase y, en parte, porque el profesor de Harvard que la impartía era una leyenda. Pensé que sería divertido y fácil, y que me dejaría tiempo para los cursos más difíciles. Revisando el catálogo de cursos durante el verano, había encontrado una clase de Ingeniería que ofrecía asignaturas no presenciales sobre diseño e investigación: cualquier proyecto de cualquier campo que te interesara, incluidos, según aparecía en la lista, los circuitos electrónicos, la ingeniería de energía térmica y, sobre todo, las aplicaciones de computación. Supuse que la clase era tan abierta que podría estudiar cualquier tema que quisiera explorar. Me apunté.

En la parte de matemáticas, vi que los números de los cursos empezaban con el 1a —Geometría analítica e Introducción al cálculo— y de ahí iban subiendo. Casi al final de la lista de cursos, justo antes de las opciones de clases no presenciales, encontré el número más alto que se ofrecía a los estudiantes nuevos: Matemáticas 55A y 55B, un conjunto de dos cursos sobre Cálculo avanzado. Me gustó la advertencia que se destacaba en la descripción: «Los estudiantes con un interés poco profundo en las matemáticas no deberían elegir estos cursos ni ser seleccionados basándose en un impreciso deseo de estudiar matemáticas "teóricas"». Los estudiantes tenían que aprobar un examen eliminatorio para entrar en la clase.

Estaba seguro de que la intención de esa advertencia era dividir a los posibles estudiantes en dos alas de las matemáticas. Una, las matemáticas puras, era la prestigiosa, la de una labor intelectual más elevada, donde el único equipo necesario eran tu cerebro, papel y lápiz, tiza y una pizarra. Los estudiantes de matemáticas puras son las mentes brillantes que están a la vanguardia; describen sus logros como «descubrimientos». Cualquier cosa que perteneciese a la parte «aplicada» de las matemáticas se consideraba como la periferia del mundo académico, donde los estudiantes simplemente utilizaban las herramientas que los pioneros habían inventado décadas o incluso siglos antes para desempeñar una labor que era útil, sí, pero no «pura».

En Lakeside, había terminado los cursos de matemáticas más difíciles que allí se impartían. Había conseguido un perfecto 800 en la sección de matemáticas del examen SAT y la nota más alta en la prueba de nivel de Cálculo avanzado. La clase de Matemáticas 55 parecía la puerta de entrada al mundo de las matemáticas puras. Solo una pequeñísima parte de la gente podía abrirla. Me apunté, hice la prueba de acceso esa misma semana y aprobé.

A las once de la mañana del primer lunes de clases, entré en el aula de Matemáticas 55 de Server Hall y me encontré con unos ochenta alumnos, más de lo que me había esperado. Casi la mitad eran chicos.

De pie en la pizarra había un profesor joven con el pelo rojo y encrespado y una barba igual de roja y tan poblada que emborronaba las palabras que escribía en la pizarra: «Espacios vectoriales de dimensión finita», el título del primer capítulo en las notas de clase fotocopiadas que entregaba cada semana. La tiza chirriaba mientras escribía la lista de algunos de los temas que trataríamos en las siguientes clases: axiomas, campos, tuplas, números complejos e imaginarios, espacios vectoriales, isomorfismos y unos cuantos más, pasando por las ecuaciones diferenciales. Yo solo tenía unos vagos conocimientos sobre algunos de esos temas —¿qué narices era un espacio de Banach?—. Pero reconocía los suficientes como para saber que los estudiantes de matemáticas que no habían entrado en Matemáticas 55 iban a pasar seis semestres o más estudiando lo que nosotros en dos. Esto iba a ser intenso. A un lado de la pizarra, el profesor pelirrojo había escrito su nombre: John Mather.

Mis compañeros de clase empezaron a hablar enseguida sobre Mather. Había llegado a catedrático en un tiempo récord, a los veintiocho años. Con seis años, mientras los de su edad aprendían a leer, Mather ya estaba aprendiendo logaritmos. Se sentaba en la mesa del comedor de su familia, con las piernas colgándole de la silla, y hablaba de matemáticas con su padre, profesor de ingeniería eléctrica en Princeton. A los once, Mather estaba aprendiendo cálculo de los libros de texto de ingeniería de su padre. En el instituto, pasaba la mayor parte de su tiempo libre rodeado de libros sobre topología, álgebra abstracta y, sí, espacios vectoriales de dimensión finita. Fue el primer estudiante de secundaria al que permitieron asistir a las clases de matemáticas de la Universidad de Princeton. Como estudiante de Harvard, quedó entre los diez primeros en el concurso nacional Putnam, unas olimpiadas matemáticas anuales para estudiantes universitarios. Un año después, lo volvió a hacer. Tenía solo veinticuatro años cuando terminó su doctorado en Princeton, con una disertación que expuso un gran descubrimiento, ahora conocido como el teorema de preparación de Malgrange-Mather, y había publicado una gran cantidad de artículos científicos que resolvían un fastidioso problema de la teoría de la singularidad de una forma tan minuciosa que un compañero suyo escribiría después que «resolvía por completo la cuestión y en cierto sentido acababa con el tema, porque no quedaba nada más que decir».

La carrera de Mather contaría con más avances e infinidad de premios. Pero por lo que yo conocía de él incluso entonces, como nuestro profesor de treinta y un años, estaba claro que el talento sobrenatural y un temprano inicio fueron indispensables para convertirse en un matemático de primer orden.

Para el segundo lunes de Matemáticas 55, quedábamos alrededor de la mitad y, al final del primer mes, el número se había reducido a veinticinco. Para sobrevivir, nos dimos cuenta de que tendríamos que unirnos. Quizá como manada podríamos evitar ser sacrificados.

Así es como conocí a Andy y a Jim, que se convertirían en dos de mis mejores amigos de Harvard. Los dos formaban parte de los supervivientes de Matemáticas 55. En sexto curso, Andy Braiterman aprendió por sí solo álgebra en tres semanas, mientras estaba convaleciente en la cama con neumonía; en el instituto adelantó cursos y terminó cálculo —dos años antes que yo—. Era uno de los más jóvenes de nuestra clase, pues había entrado en Harvard con solo dieciséis años. Jim Sethna era hijo de una madre química y un padre que había estudiado en el MIT y era director del departamento de ingeniería aeroespacial de la Universidad de Minnesota.

Andy y Jim vivían en una suite compartida con baño propio en el tercer piso de Wigg A, justo encima de mi habitación. Un grupo de los que íbamos a Matemáticas 55 empezamos a reunirnos en el salón del que disponía su suite para repasar los ejercicios de problemas de la semana. El propio Mather había creado los problemas (no había ningún libro de texto para un curso así). Las notas fotocopiadas que Mather nos entregaba cada semana eran sorprendentemente de muy poca ayuda.

«¡No hay ningún número!», gritó alguien. Mather no desglosaba los problemas en pasos ni explicaba cómo se podrían usar esos conceptos en el mundo real. Sus notas se limitaban a indicar lo que se suponía que habíamos aprendido… o algo así. Dependía de nosotros ir en busca de libros para resolver los problemas que descomprimirían estos conceptos.

Nunca había visto nada parecido. Y, aunque había sobrevivido a la matanza, no estaba claro en qué lugar me dejaba eso dentro de la manada.

El corazón del Laboratorio Aiken era la Harv-10, la computadora que les habían donado. Ocupaba una gran parte de la sala, cinco o seis cajas enormes a lo largo de una pared que estaban conectadas a una docena o así de terminales. La mayoría de los usuarios del centro estaban allí por la PDP-10. Era la herramienta con la que los estudiantes universitarios que dependían de Cheatham desarrollaban compiladores y ensambladores y creaban un lenguaje de programación experimental llamado ECL.

Algunos estudiantes de posdoctorado de Química que trabajaban con el profesor E. J. Corey estaban utilizando un software de inteligencia artificial conocido como LHASA que habían desarrollado para conseguir sintetizar nuevas moléculas para medicina, plásticos y otras aplicaciones industriales. (Los avances de Corey en ese campo le hicieron finalmente conseguir el Premio Nobel y una Medalla Nacional de Ciencias). Yo estaba alucinado con los gráficos computacionales. El programa podía dibujar de verdad la forma de las moléculas tal y como estaban constituidas, átomo a átomo.

En mi primer día en el laboratorio me di cuenta de que en el rincón opuesto había otra computadora sin usar. Se parecía al centro de mando de un lanzamiento espacial. La mayoría de las computadoras de entonces no tenían pantalla propia, pero esta tenía cuatro monitores redondos CRT dispuestos en un escritorio con forma de L. En el escritorio había una tableta RAND y un lápiz óptico, una de las primeras herramientas para convertir la escritura y los dibujos a mano en imágenes en la pantalla de una computadora. Se trataba de una antepasada de dieciocho mil dólares de las tabletas gráficas que décadas después se convertirían en herramientas omnipresentes entre los diseñadores digitales.

La pieza central de aquel escritorio era una PDP-1 de DEC. Yo conocía la PDP-1; era el primer modelo de computadora que DEC había sacado a la venta. Pero nunca había usado ninguna. Fue una de las primeras computadoras «interactivas», lo cual quería decir que un usuario podía trabajar directamente con la máquina, una opción que no era posible con las computadoras centrales, que estaban encerradas en otra habitación o se encontraban a kilómetros de distancia. DEC la vendía por ciento veinte mil dólares, solo una parte de los dos millones que podía costar en aquella época una computadora central. DEC fabricó la PDP-1 durante una sola década y vendió poco más de cincuenta. Si la PDP-10 de esa época era el equivalente a un *muscle car* de los años sesenta —conocido por su fuerza bruta—, la PDP-1 era un Chevy del 57: viejo y no tan rápido, pero con mucho estilo.

Cuando llegó a los laboratorios a principios de la década de 1960, la PDP-1 tuvo un éxito inmediato entre los aficionados a las computadoras que estaban deseando tener la libertad de juguetear directamente con una de ellas. Una PDP-1 que DEC regaló al MIT fue legendaria porque ayudó a engendrar una generación de influyentes hackers que aprendieron con la creación de programas que resultaban superficiales pero atractivos para su época, reproduciendo armonías como un órgano de feria y mostrando un infinito flujo de formas de copos de nieve. Yo conocía la PDP-1 sobre todo gracias al videojuego *Spacewar!* Steve Russell, una de las leyendas de la computación que conocimos en C-al-Cubo, nos había contado a Paul y a mí que había usado la PDP-1 del MIT para dar vida a aquel revolucionario videojuego.

Aunque la PDP-1 de Aiken estaba ya anticuada, sus monitores y dispositivos de entrada seguían siendo una herramienta estupenda para hacer demostraciones e interactuar con gráficos computacionales. En una de mis primeras visitas al laboratorio, Eric Roberts, un estudiante de matemáticas aplicadas, me había explicado su historia reciente. ¿Ves aquellos cables sueltos que cuelgan por detrás del estante de la computadora? Es ahí donde Ivan Sutherland conectó su dispositivo de realidad virtual para colocarlo en la cabeza, el bisabuelo de los cascos más refinados que aparecerían décadas después. Para entonces, Sutherland ya era famoso por haber creado Sketchpad, el programa que sería un precursor de la interfaz gráfica de usuario que terminaría siendo común en todos los ordenadores. Quince años después, Sutherland ganaría un Premio Turing (el equivalente en la ciencia informática al Premio Nobel) por el Sketchpad y sería reconocido como uno de los padres de la infografía.

Eric apuntó hacia una palanca de mando que había en la mesa delante de la PDP-1. Ese dispositivo, junto con varios interruptores y botones, dijo, eran los controladores de un innovador simulador de vuelo creado en 1967 por Danny Cohen, uno de los alumnos de Sutherland. Fue la primera prueba conocida de que podía ejecutarse una simulación sofisticada en una computadora limitada de uso general.

Me explicó que, unos años después, Cohen, que ya era profesor de Harvard, trabajó con dos estudiantes universitarios para mejorar el simulador de vuelo. Su idea resultó muy innovadora para aquella época: aprovechar la capacidad de tres computadoras distintas conectadas por ARPANET. La PDP-1 hizo una gran labor mostrando gráficos y tenía todas esas estupendas pantallas y la palanca de mando. Pero era lenta y no podía generar una experiencia de vuelo realista. Eric me contó que un estudiante que se llamaba Ed Taft ideó un software para que esa vieja computadora descargara su pesado procesamiento en la más potente PDP-10 de Harvard y en otra computadora que estaba en el MIT, a kilómetros de distancia. El experimento fue revolucionario y demostró que los gráficos en 3D y los programas podían funcionar entre distintas computadoras a través de ARPANET: la protointernet.

Cohen había cambiado hacía poco Harvard por la Universidad del Sur de California, y los dos estudiantes universitarios, Taft y Bob Metcalfe, habían empezado a trabajar en Xerox PARC, la innovadora división de investigación del fabricante de fotocopiadoras. (Con el tiempo, Cohen y sus compañeros se harían famosos por su gran contribución a los programas y las redes: Taft entró en Adobe, donde ayudó al nacimiento de PostScript y PDF; Metcalfe coinventó la tecnología de uso de redes Ethernet y puso en marcha la empresa 3Com).

Conocer estos experimentos me dio una idea para mi clase no presencial. Me gustó la idea de conectar la PDP-1, con capacidad para realizar gráficos, con la máquina más potente que estaba al otro lado de la sala. En lugar de la visión desde la cabina de mando de un avión, imaginé un campo de béisbol en 3D, con imágenes de la computadora que ofrecían un ángulo de cámara diferente del partido en tiempo real. Un jugador podría usar la palanca de mandos y los otros controles de la PDP-1 para lanzar, golpear y atrapar la pelota mientras la computadora enviaba los datos a través de ARPANET para que la PDP-10 hiciese los cálculos físicos complejos de la velocidad y trayectoria de la bola y de un corredor que va recorriendo las bases. Sería un programa complicado de desarrollar, pues requería mucho trabajo para simular la complejidad de un partido real. ¿Cómo se enseña a una computadora para que dé vida a un jugador levantando una bola baja o estirándose para recoger una bola alta? ¿Qué hace el campocorto cuando hay una carrera hacia el jardín izquierdo con corredores en primera y tercera?

Escribí una propuesta para un «sistema gráfico interactivo en tres dimensiones con tres cámaras» (es decir, un videojuego de béisbol) y se la llevé a Tom Cheatham. Le pregunté si podría ser mi mentor universitario para el proyecto. Pareció emocionado con la idea y aceptó.

Una simulación de béisbol suponía un plan deliberadamente ambicioso. Le había vendido a Cheatham mis aptitudes en la programación. Una parte de mí deseaba demostrarle que podía estar a la altura de mi propio alarde. La infografía y las redes eran dos de las áreas de la computación más atractivas de esa época. Las dos estaban todavía en sus inicios. Eso dejaba muchísimo espacio para la innovación y muchas oportunidades para que una persona dejara alguna huella. A lo mejor podía yo seguir los pasos de esos otros pioneros de la infografía. Como poco, imaginaba que podría crear un juego atractivo con el que podríamos entretenernos mis amigos y yo.

Se suponía que el Laboratorio Aiken tenía un supervisor de la facultad —un director asociado a las órdenes de Cheatham—, pero ese puesto llevaba un tiempo vacante. En su lugar, al igual que muchos laboratorios de computadoras de las universidades de esa época, Aiken estaba dirigido por la comunidad formada por sus usuarios, una especie de cooperativa autónoma compuesta por unas dos docenas de estudiantes universitarios, investigadores y otros aficionados a la computación. Esas eran las personas que conocían las particularidades de las computadoras del laboratorio y cómo arreglarlas cuando se estropeaban. Una persona podía saber cómo restaurar archivos, mientras que otra volvía a poner en marcha el sistema cuando se caía. Todos se mostraban más que dispuestos a ayudar si alguno tenía una pregunta. Si había un líder *de facto* en ese grupo, era Eric Roberts. Eric era un adicto a la programación que me resultaba de lo más familiar. Las vacaciones por Acción de Gracias significaban para Eric poder llegar a Aiken el miércoles por la noche, programar hasta quedarse dormido delante de la terminal, saltarse el pavo del día siguiente y no moverse de allí hasta el domingo por la noche, subsistiendo a base de caramelos de la máquina y un par de hamburguesas grasientas de la cafetería. Cuando no estaba trabajando en sus propios proyectos, Eric estaba redactando manuales de usuario, arreglando la unidad de cinta magnética DEC o haciendo de médico de guardia de la PDP-1. Cuando esa vieja máquina se estropeaba, Eric aparecía con el osciloscopio y volvía a darle vida trasplantándole piezas de alguna máquina donante que hubiese por ahí.

Me acostumbré muy rápidamente a la cultura democrática y relajada de aquel lugar. No había más reglas que la sensata comprensión de que tenías que mantenerte alejado de cualquiera que estuviese muy concentrado en su investigación y no molestar a

quien estuviese con su proyecto para la tesis. Aparte de eso, tenías libre acceso las veinticuatro horas del día. Esa fue la razón
por la que el otoño de mi primer año adquirí rápidamente fama
de dejar a mis amigos por Aiken, donde permanecía mucho tiempo por la noche intentando colocar a mis jugadores de béisbol
virtuales en el campo de juego.

La suite de Jim y Andy en la tercera planta se convirtió en un
club, y mientras el resto de la residencia estaba de fiesta con cu-
bos de basura llenos de ponche de jarabe de fruta Za-Rex y vod-
ka, nosotros desenmarañábamos problemas matemáticos, nos
juntábamos a pasar el rato y nos lanzábamos a debates o preguntas que ponían a prueba nuestras habilidades de pensamiento o
nuestros conocimientos de cultura general: ¿qué es más grande,
Bulgaria o Checoslovaquia? ¿Cuántas gasolineras hay en Estados
Unidos? Un beneficio añadido de aquella suite era el hecho de
que el compañero de Jim y Andy tenía uno de los pocos equipos
de música que había por allí. Compré dos LP: uno fue *Are You
Experienced*, de Hendrix, porque Paul me había metido la idea de
que era muy bueno y que tenerlo me convertía en alguien enrollado; el otro, el que más escuchaba, era el de grandes éxitos de
Donovan. El calmado cantante escocés y su canción «Mellow
Yellow» me relajaban. Era una buena música para sentarse a pensar. (Mi obsesión con Donovan era tal que, más de veinte años después, Andy me regaló un CD como gracioso presente de boda).

Había entonces cierta pureza en la amistad que ahora sé apreciar
más que en aquel tiempo. Las cosas triviales a las que se dedican
los amigos de esa edad, que apenas llaman la atención en su momento, te enseñan cómo es cada uno en pequeñas dosis y te van
uniendo a los demás con el paso del tiempo. Sam Znaimer, Jim Jenkins, Jim Sethna, Andy Braiterman y yo íbamos juntos a comer a
la cafetería, a pasar las horas en el sótano del Wigg A jugando al
pinball o a la sala de la Freshman Union para ver las noticias.

Fue el año en el que el caso Roe contra Wade garantizó el
derecho al aborto, y el año en que Nixon declaró: «No soy un

delincuente». Había empezado la lenta retirada de Vietnam por parte de Estados Unidos y se suspendió el reclutamiento militar. Estos titulares eran el telón de fondo de la vida en 1973, pero mis amigos y yo estábamos sobre todo concentrados en un conjunto de preocupaciones más limitado. Hablábamos de matemáticas, física, historia, comida y, en ocasiones, chicas, aunque ninguno de nosotros interactuaba mucho con ellas, aparte de las pocas compañeras de clase de Matemáticas 55.

En aquella época se celebraban en Harvard fiestas en las que coincidían alumnos de ambos sexos para tomar unas copas y bailar, a menudo en algunas universidades femeninas cercanas como Pine Manor. Para esas ocasiones tan excepcionales, me compré una cara chaqueta de piel marrón que me ponía con unos pantalones de campana de terciopelo azul, lo que, en mi imaginación, me colocaba en la cumbre de la moda de la década de 1970. Mi cuadrilla de Wigg A y yo nunca teníamos suerte con las mujeres en esas fiestas, aunque los chicos de nuestro círculo más amplio regresaban asegurando que ellos sí la tenían. Casi al unísono, los demás balbuceábamos: «¿Cómo lo haces?».

Los deberes de problemas de Matemáticas 55 se entregaban cada lunes por la mañana. Cada domingo por la noche, un grupo de nosotros se reunía en la suite de Andy y Jim. Juntos tratábamos de examinar los problemas que Mather nos planteaba, darles forma y ofrecer respuestas concretas y correctas. Nunca resultaban fáciles. Por lo general, un problema daba algunas definiciones y axiomas, enunciaba un teorema derivado de esos datos (sin decir cómo) y, a continuación, preguntaba: demuestra que este teorema es cierto. Cada demostración tenía diversos pasos, y, si tu primer paso iba en la dirección equivocada, jamás podrías llegar a una solución. Así que cada problema te obligaba a pensar bien cuál era el mejor enfoque. Una vez que lo hallabas, el resto solía venir rodado. Pero para llegar ahí... Hacíamos una especie de combinación cerebral de cinco personas para resolver lo que Mather nos pedía. Después, trabajábamos por separado, cada uno tratando de ser el primero en encontrar un enfoque que funcionara. Al final, alguien gritaba: «¡Ya sé cómo hacerlo!», y explicaba su idea si el resto estaba bloqueado.

A medida que avanzaba la noche, los miembros del grupo se iban retirando a sus habitaciones para dormir. Normalmente, Jim, Andy y yo nos quedábamos hasta después de la medianoche. Era entonces cuando íbamos a Pinocchio's, una pizzería de Harvard Square. Si teníamos suerte, llegábamos justo cuando estaban cerrando y conseguíamos más baratos los restos de pizza, con el queso ya solidificándose. Seguíamos hasta las dos, las tres o, a veces, las cuatro de la mañana, y después dormíamos unas horas antes de salir corriendo hacia clase a las once para entregar nuestras respuestas.

En aquellos primeros meses de la universidad, yo era como un niño en una tienda de caramelos, deslumbrado ante el aparente acceso ilimitado a expertos y a estimulación intelectual. En mi clase de Humanidades de primer año, El auge de la Grecia Clásica, el profesor, John Finley, entretejió cinematográficamente a Homero, Heródoto y Aristófanes con la vida y la literatura modernas. Me encantaba la libertad que me proporcionaba mi clase no presencial para así superar los límites de mi capacidad de programación y me sentía motivado por la camaradería que encontraba en Matemáticas 55, mientras nos esforzábamos por solucionar las notas de Mather y nos exigíamos unos a otros para ser mejores.

Y, sin embargo, bien avanzado el primer semestre, me sentí perdido. Había llegado a Harvard procedente de un instituto pequeño, donde no alcanzaban a noventa las personas que estaban conmigo en el último curso. En Lakeside, una vez que encontré mi lugar, había sido fácil destacar y ser reconocido. También ayudaba que se tratara de una comunidad muy unida de profesores, gerentes y padres que me apoyaban. Sabían que yo era un caso aislado, un chico brillante y complicado que necesitaba algún que otro empujón (¡Apúntate a clase de teatro, Bill!) o una puerta abierta (claro, tómate un trimestre libre para ir a trabajar). En Harvard estaba solo, nadando en una piscina mucho más grande. Todos habían sido los mejores de su clase en el instituto, todos sabían cómo destacar y todos se estaban esforzando por ser los mejores.

Esto lo sentí de una manera intensa cuando entré en mi clase de Química orgánica y me vi rodeado por cientos de estudiantes, la mayor parte de ellos del curso preparatorio de Medicina y decididos a destacar en esa clase, un obstáculo importante en su largo camino hasta convertirse en médicos. Me había apuntado a esa clase por la sencilla razón de que en el instituto me encantaba la química con el doctor Morris. La química orgánica parecía el siguiente paso lógico, aunque no tuviera planeado ir a la facultad de Medicina. Escuchar atentamente al profesor al frente de esa enorme sala, con mis compañeros de clase sentados con el gigantesco libro de texto apoyado en sus piernas, mientras unían moléculas hechas con kits de pelotas y palos de colores, resultaba intimidatorio.

Unas semanas después de que empezara el semestre, dejé de ir a esa clase. Me convencí de que, como nuestro curso al completo se basaba en el examen final, lo único que tenía que hacer era aprenderlo todo al final del semestre. Y, como las clases de Química orgánica se grababan en vídeo y estaban a disposición en el centro de ciencias, podía limitarme a verlas en lugar de asistir en directo. Harvard tenía una cosa maravillosa que se llamaba periodo de estudio, que proporcionaba casi veinte días para poder dedicarse solo a preparar los exámenes finales. Aposté a que, si me centraba como era debido durante esos días, podría estudiar el libro y ver los vídeos; de ese modo, un empollón como yo lo sacaría adelante. Si había algo que sabía hacer era concentrarme como un loco y aprender por mi cuenta.

Me zambullí en un ritmo diario que a mí me funcionaba, pese a que a mis amigos les pareciera demasiado extremo. Entre estudiar y programar, podía pasar despierto treinta y seis horas seguidas. Cuando me invadía el agotamiento, volvía a mi habitación Wigg A-11 y caía rendido durante doce horas o más, a menudo completamente vestido, a veces con los zapatos puestos y siempre con mi manta de color amarillo eléctrico sobre la cabeza para que no pasara la luz del día. Cuando despertaba, engullía algo rápido con Jim Jenkins o Sam, quizá me pasaba por la suite para ver a Andy y Jim y, después, me dirigía a clase, a la biblioteca o de nuevo a Aiken. Estuve repitiendo esa rutina, con alguna variante, durante varios meses.

Al comienzo de las clases, había solicitado un cambio de sábanas semanal. Era un lujo para los chicos que pudieran permitírselo. Se suponía que una vez a la semana tenías que cambiar las sábanas sucias por otro juego limpio. Me dieron mi primer juego de sábanas, pero estuve tan ocupado que no las entregué aquella primera semana. Entonces, pasaron dos semanas, luego tres y cuatro… Como a la sexta semana, estaba enfadado conmigo mismo. Las sábanas estaban asquerosas, con manchas de tinta y barro de las botas.

El hombre de la lavandería comprobó mi nombre en una lista y vio que había pasado al menos un mes y medio: «¡Tío, has superado el récord!», dijo con una carcajada mientras le daba mis sábanas mugrientas. Cuando me iba, pensé: «Oye, eso sí que es una hazaña. ¡Al menos, soy el mejor en algo en Harvard!».

Hacia el final del semestre, entré en la sala de vídeo y me quedé pasmado al verla llena con mis compañeros de Química orgánica volviendo a ver las clases a las que obedientemente habían asistido durante todo el semestre, con sus libros abiertos y los kits de moléculas en la mano. Costaba seguir los vídeos. A veces, el audio se cortaba; en otras ocasiones, la pantalla se quedaba en blanco y las palabras del profesor perdían todo el sentido sin la imagen. En determinados momentos, mientras veíamos los vídeos, mis compañeros pegaban a la vez los átomos blancos de hidrógeno con los negros de carbono y hablaban de si aquella cosa era isométricamente simétrica o simétricamente isométrica. «Mierda —pensé—. La he cagado».

Saqué un aprobado, la nota más baja que me pusieron en la universidad. No me apunté a la segunda mitad de Química orgánica en primavera.

Como estudiante de primer año, me asignaron un orientador académico que me ayudara a abrirme paso en la elección de una especialidad. No había hecho mucho por reunirme con él durante el otoño. Al comienzo del semestre de primavera, recibí una llamada de su despacho para concertar una cita para hablar.

Le habían dicho que yo había insistido en pasar directamente a clases de posgrado relacionadas con ciencias de la computación. Había conseguido asistir como oyente a una de esas asignaturas en mi primer semestre —AMATH 251a, Arquitectura de sistemas operativos— y quería que me dieran permiso para continuar en esa clase durante la primavera para conseguir los créditos. Mis otras asignaturas, mientras tanto, no mostraban un claro camino hacia una especialidad. Había vuelto a matricularme para la segunda mitad de Matemáticas 55 y me había apuntado a una clase de Psicología fisiológica, centrada en «el comportamiento de organismos vistos como máquinas biológicas».

Mi orientador de primer curso, un profesor del departamento de Química, y yo entablamos una gran relación; era tremendamente alentador y me guio mientras revisaba posibles especialidades. No recuerdo exactamente qué le dije, pero sí que me zambullí en ese flujo de pensamiento hipercinético tan típico en mí en aquella época, entusiasmándome con cómo las computadoras del futuro serían enormemente diferentes de esas cosas viejas y polvorientas que conocíamos entonces y explicando que me había apuntado a una clase de Psicología porque, algún día, las computadoras conseguirían tener la misma capacidad que el cerebro humano. Tras digerir aquella perorata, mi orientador dijo: «¡Eres muy precoz!».

Hasta ese momento, nunca había oído que nadie me llama-

ra con esa palabra, excepto mi madre, y su forma de usarla no
era ningún cumplido. «Eres un mocoso precoz», decía cuando le
contestaba, la ponía a prueba o algo parecido. Como solo había
oído aquella palabra en ese contexto, lo tomé como un insulto,
una fuerte bofetada verbal. Salí de aquella reunión abatido, sorprendido de que el orientador me viera desde ese prisma tan
negativo.

Me tenía calado: estaba siendo otra vez un maleducado alumno de quinto.

—¿Os lo podéis creer? Este tipo me ha llamado «precoz» —les
dije a mis amigos al volver a la residencia, buscando la confirmación de que mi orientador había rebasado algún límite. Ninguno
dijo nada—. ¡Precoz! Qué grosero.

—Pero, Bill, sí que eres precoz —dijo Andy.

Entonces me sentí doblemente abatido. Incluso mis amigos
pensaban que era un mocoso. Andy me dijo que no conocía el
significado de la palabra. Ve a buscarlo, me dijo alguien. Lo hice.
«Desarrollo excepcionalmente temprano […] Que muestra cua-
lidades maduras a una edad inusualmente temprana».

Era el niño que se sentía más cómodo hablando con adultos
que con chicos de mi edad, familiarizado con lo que yo consideraba conocimiento de adultos. Era el papel que yo desempeñaba:
Trey Gates, el lector rápido, el as de las matemáticas, el niño
avispado capaz de conversar sobre acciones y patentes, la aparición de la minicomputadora o la invención del nailon. Envuelto
en eso estaba mi confianza en que era intelectualmente intré-
pido, con curiosidad por todo y dispuesto a aprender lo que me
pudieran enseñar.

¿Cuál era la edad límite para la precocidad? En algún momento te convertías en adulto y eras considerado como tal. De-
jabas de ser simplemente un niño curioso.

Durante la mayor parte de mi vida estudiantil había considerado las matemáticas como la parte más pura del intelecto. En esa
piscina más amplia de Harvard, por muy evidente que ahora

parezca, me di cuenta de que, a pesar de mi talento innato, había gente mejor que yo. Y dos de ellos eran mis mejores amigos.

En nuestras sesiones de estudio de Matemáticas 55, pese a que nos ayudábamos los unos a los otros, también ejercíamos una sutil rivalidad. Lo mismo ocurría también en nuestro más amplio círculo de empollones de matemáticas. Todos sabían lo que hacían los demás. Por ejemplo, que Lloyd, de Wigg B, sacó la mejor nota en un examen de Matemáticas 21a, o que Peter —¿o fue otro?— había encontrado un error en las notas de Mather. Todos sabíamos quién de nosotros era ese día más rápido, más agudo, la persona que antes «lo había pillado» y que después podía conducirnos a los demás a la respuesta. Cada día te esforzabas por ser el mejor. Al final del primer semestre, me di cuenta de que mi lugar en la jerarquía no era el que yo me había esperado. Los dos primeros puestos en Matemáticas 55 eran de Andy y Jim.

Desde el punto de vista de cualquier otro, me estaba yendo bien. Había sacado un notable el primer semestre, lo cual era un logro para aquella asignatura. Según mi perspectiva, sin embargo, era menos un indicador de lo que sabía que de lo que no. Ese espacio entre el notable y el sobresaliente era la diferencia entre ser el mejor de la clase y ser un farsante. Según mi severa forma de verlo, en esa clase cada uno era el mejor que conocía en matemáticas —hasta ese momento—. Todos nosotros sacamos un 800 en nuestra prueba de matemáticas del examen SAT. Todos entramos en la universidad pensando que seríamos los mejores. Y cuando no lo fuimos… En fin, habíamos sido víctimas de un autoengaño. Para mí éramos impostores.

Mi incapacidad para que me fuera mejor en esa clase me obligó a replantearme qué pensaba de mí mismo. Me sentía profundamente identificado con ser el más listo, el mejor. Ese estatus era un escudo tras el que ocultaba mis inseguridades. Hasta entonces, me había visto en pocas situaciones en las que sintiera que alguien era claramente mejor que yo en algún empeño intelectual que me importara, y, en esos casos, me empapé de lo que

pudieran enseñarme. Esta vez era distinto. Estaba viendo que, pese a que yo tenía un excelente cerebro para las matemáticas, carecía del don de la percepción que diferencia a los mejores matemáticos. Tenía talento, pero no la capacidad para hacer descubrimientos fundamentales. Tuve una visión de mí mismo de diez años después: dando clases en una universidad, pero no lo bastante bueno como para desempeñar una labor innovadora. No iba a ser John Mather ni a trabajar en un campo en el que las matemáticas rozan los secretos más profundos del universo.

No estaba solo. Ese invierno, en su habitación, Andy y Jim me confesaron que estaban perdidos, también con una crisis interior. Los dos veían en Mather un modelo de en lo que se podrían convertir si se quedaban estancados en las matemáticas puras. Era un hombre brillante, pero parecía vivir en su propio mundo, lejos de nada que fuera concreto. Aunque entonces no lo sabíamos, en menos de un año Andy terminaría agotado de las matemáticas puras y necesitaría tomarse un semestre de descanso antes de graduarse en la especialidad de Matemáticas aplicadas (más tarde se licenciaría en Derecho y se convertiría en un experto en materia tributaria de Wall Street). Jim se licenciaría en Física (y terminaría siendo un profesor de Física de gran éxito en Cornell). Otro de nuestros compañeros de Matemáticas 55, Peter Galison, tuvo una epifanía similar. Para él, las matemáticas puras eran como el arte más refinado. Podía apreciar el genio del *David* de Miguel Ángel, pero jamás llegar a crear algo tan perfecto. Ser un especialista en matemáticas puras implicaba que tenías que creer que podías convertirte en Miguel Ángel. (Peter lograría convertirse en un influyente profesor de Historia de la ciencia, nada menos que en Harvard).

¿Qué iba a hacer yo? Había por parte de mis padres unas expectativas implícitas. Aquel febrero escribí una carta a Ric en la que le decía: «La semana pasada estuve en Nueva York con mis padres viendo obras de teatro, yendo a restaurantes de lujo, etcétera. Se inclinan más por que empiece Empresariales o Derecho, aunque no lo digan». No sé qué pasó en Nueva York, pero debí de darme cuenta de que preferían esas opciones. «No he tomado ninguna decisión».

De hecho, inconscientemente ya estaba eludiendo la respuesta. A muchos de mis amigos de Harvard les parecía extraña mi fijación con las matemáticas. Recuerdo muy bien que uno de ellos, Lloyd Trefethen, que al final terminó siendo matemático, me empujaba hacia la conclusión más evidente: «Se te da muy bien lo de las computadoras. ¿Por qué no haces eso?». Otros me habían sugerido que tomara ese camino, pero Lloyd no dejaba de insistir en esa idea.

Paul y yo hablábamos a todas horas por teléfono, y nuestras conversaciones me encaminaban por la misma dirección. Él estaba en su penúltimo año de la Universidad Estatal de Washington y estaba languideciendo. Sus clases no eran nada estimulantes. Decía que se sentía atrapado en los estudios cuando preferiría mil veces estar trabajando, construyendo algo interesante. En mi cabeza, oía las voces alentadoras de los ingenieros de TRW; tal vez fuera capaz de conseguir un trabajo en DEC. Aquel invierno decidimos redactar nuestros primeros currículums a máquina, no como los que habíamos escrito a mano años antes en ISI. En el mío, enumeré todas las computadoras con las que había trabajado y los programas importantes que había desarrollado. Escribí que estaba montando una empresa sobre análisis de tráfico «en colaboración con Paul G. Allen». No me estaba tomando tan en serio la búsqueda de trabajo, pero quizá encontrara algo interesante si lo intentaba. Conocí a un cazatalentos que estaba especializado en la industria de la computación y le envié unos cuantos currículums. No se lo conté a mis padres.

Mientras iba asimilando la idea de la computación como mi vocación, también me fui convenciendo de que Paul y yo debíamos trabajar juntos. Nuestras conversaciones mantenían viva nuestra sensación compartida de que los chips de Intel y otros microprocesadores cambiarían la industria de las computadoras, incluso aunque pareciera que nadie más con quien hablábamos estuviera de acuerdo ni le importara. Paul tenía algunas ideas de empresas que podíamos montar. Yo creía que sería más fácil hablar de ellas si viviéramos más cerca.

«¿Por qué no pides una baja y te mudas aquí para que podamos compartir ideas sobre qué hacer?», le dije un día de esa primavera. En varias ocasiones con anterioridad le había planteado esa idea: podíamos trabajar en Boston como programadores o administradores de sistemas, unos trabajos que nos darían acceso a computadoras, ingresos y tiempo para trabajar en un proyecto paralelo. Pero dejar la universidad y lanzarse al mercado laboral era una apuesta arriesgada. Paul no tenía forma de mantenerse sin un trabajo. Necesitaba una apuesta segura.

Mientras tanto, mi proyecto del béisbol resultó mucho más complicado de lo que me había imaginado. Durante cinco meses me había metido de lleno en mi programa y todavía no había conseguido poner en juego un partido. Podía hacer funcionar algunas partes fundamentales y Tom Cheatham tuvo la amabilidad de ponerme un sobresaliente en el proyecto. (Estoy seguro de que Eric Roberts intercedió por mí). Aun así, me agobiaba haber exagerado mis capacidades ante Cheatham y no haber cumplido por completo.

En el semestre de primavera, me dieron permiso para asistir a la segunda mitad de las clases de Sistemas operativos para conseguir créditos. Las impartían dos profesores que trabajaban tanto como docentes en Harvard como de ingenieros en el departamento de computación del gran conglomerado empresarial Honeywell. El hecho de que estuvieran en la industria les daba ante mis ojos más credibilidad. El más joven, Jeffrey Buzen, ya se había granjeado una reputación en el área de la optimización. Ese era también el tema central de nuestro curso.

El segundo día de clase, el profesor Buzen nos introdujo en

un concepto llamado teoría de colas. Para ilustrarlo, comparó dos algoritmos y explicó por qué uno era más eficiente que el otro. Mientras escuchaba su explicación, pensé: «Guau, este tipo está completamente equivocado». Por supuesto, él era uno de los principales expertos en la materia, pero yo creía saber más que él.

«Se equivoca», solté, desestimando su explicación por lo que yo consideraba un error evidente. Él pareció ponerse nervioso y trató de explicarse. Yo seguía sin verlo. Le contesté que su métrica de eficacia era estúpida y bla, bla, bla.

Él empezó a explicarse de nuevo. «No, está completamente equivocado», repetí. Me levanté de mi asiento y me fui. No puedo ni imaginarme qué pensaría el resto de la clase, todos ellos estudiantes de posgrado, sobre este novato que salía de la clase hecho una furia. Seguro que nada bueno.

Estuve dando vueltas fuera, repitiendo en mi cabeza el incidente. Unos quince minutos después, mi seguridad dio paso al miedo. De hecho, me di cuenta de que quien se equivocaba era yo, que estaba completa y totalmente equivocado. «¿Qué acabo de hacer? Qué tonto soy». Lo peor de todo es que era uno de los profesores más simpáticos que había conocido. Además, había tenido la amabilidad de darme acceso a su clase sin ser yo estudiante de posgrado.

Volví después de la clase para disculparme. Él no pudo mostrarse más amable con todo aquel asunto. Al final, forjamos una buena relación. El profesor Buzen hizo el esfuerzo de enseñarme los entresijos del sistema operativo de Honeywell en el que estaba trabajando y recibí mi merecido tomando nueva conciencia de que tenía que escucharle y aprender. Incluso hoy me estremezco al pensar en mi grosería. Seguro que mi madre me habría llamado la atención por ser un mocoso precoz.

En algún momento de aquella primavera, recibí una llamada por una de mis solicitudes de trabajo. Los ingenieros de DEC que había conocido en Bonneville el verano anterior me ayudaron a ponerme en contacto con la sede de DEC cerca de Boston, y me ofrecieron una entrevista.

Durante los cinco años que había estado utilizando computadoras DEC, la empresa se había convertido en una de las más grandes del estado de Massachusetts. En la primavera de 1974, DEC estaba comprando todos los edificios que rodeaban su sede central y construyendo otros nuevos por la zona. Las operaciones de DEC estaban ahora repartidas por el este de Massachusetts. Cuando la compañía fue creciendo, su fundador, Ken Olsen, juntó una flota de helicópteros para que los ingenieros de DEC pudieran moverse rápidamente entre las instalaciones de la empresa.

Y supongo que los solicitantes de empleo también. Me sorprendí cuando en la empresa me dijeron que tomara el metro hasta el aeropuerto de Logan, desde el que un helicóptero de DEC me llevaría a su sede central. El legendario viejo molino donde la empresa había construido un negocio de computadoras revolucionario era el mismo lugar donde antaño unos telares tejían mantas en la Guerra Civil. Yo no había montado antes en helicóptero. Aunque no me dieran el trabajo, solo por eso ya me gustaba.

Caminar por el Molino y conocer a esos ingenieros era para mí a esa edad lo más parecido a visitar La Meca. Era DEC la que demostraba con toda claridad que los rápidos cambios en la tecnología abrían las puertas a nuevas ideas, nuevas empresas y usos completamente nuevos de las computadoras. Y fue estudiando DEC —Kent con su suscripción a *Fortune* y Paul con sus revistas sobre computadoras— como tuvimos la seguridad de que con la idea adecuada nosotros también podríamos poner en marcha nuestra propia empresa. Aunque seguía aferrándome a mi visión de la vida como genio solitario, la idea de que Paul y yo debíamos colaborar y montar una empresa se fue haciendo más fuerte. Tenía confianza en que, si decidíamos poner en marcha algo nuestro, saldría bien.

En DEC me entrevisté con los fabricantes del sistema operativo TOPS-10. Era el mismo software del que yo había hablado sin parar en C-al-Cubo y el que Paul, Ric y yo ayudamos a adaptar en Bonneville. Me lo conocía al dedillo. Me quedé pasmado con cada persona que conocí en DEC y me gustaba la sensación de que me estuviesen valorando por unas capacidades que llevaba mucho tiempo perfeccionando. Me ofrecieron el puesto.

Fue de lo más halagador. La gente de DEC ya me parecía amable solo por tenerme en cuenta. Y, sin embargo, no lo acepté. Me sentí mal. Creo que en ese momento solo necesitaba un chute de confianza. Durante una tarde había vuelto a un mundo que conocía perfectamente, con personas que hablaban mi idioma y que decían que yo tenía algo que aportar. Esa primavera recibí alguna otra oferta, incluida una para ser programador en el centro de General Electric de Kentucky. Las rechacé todas.

Aquello había sido una especie de prueba. ¿Podría recibir ofertas? Yo no necesitaba el trabajo. Esas ofertas me proporcionaron una anécdota para contar a mis amigos. Como si fuesen una prueba de mi valía en este mundo, incluso sin contar con la formación de alto nivel que todos estábamos tratando de conseguir.

Nunca mencioné las entrevistas ni las ofertas de trabajo a mis padres. No lo habrían entendido. De hecho, es probable que les hubiera horrorizado la idea de que pudiera haberme desviado de mi camino en Harvard.

A finales de la primavera, sufrí unos fuertes dolores de estómago, lo suficientemente graves como para terminar en urgencias, donde me diagnosticaron colitis ulcerosa. Dos semanas en el hospital con una fiebre que se disparó hasta los cuarenta y un grados marcaron el final de mi primer año de universidad. Una parte de mí pone en duda ese diagnóstico. Nunca más he vuelto a tener ese problema. Además, no puedo evitar pensar si el estrés, la fatiga, una mala dieta y mi ansiedad general por lo que estaba haciendo con mi vida tuvieron algo que ver en lo que fuera que me pasó aquella primavera.

Al comienzo del verano, tuve noticias de Honeywell. Había solicitado un trabajo en la sede de Waltham, a pocos kilómetros de Harvard. En la entrevista, hice hincapié en la parte de «en colaboración con Paul G. Allen» de mi historial de trabajo, dejando claro que Paul y yo esperábamos trabajar juntos. Pedí que nos tuvieran en cuenta a los dos y, a continuación, entrevistaron a Paul por teléfono. Cuando nos hicieron las ofertas, supe que yo iba a volver a los estudios. Paul aceptó.

En agosto, Paul le pidió prestado a su padre el Plymouth y con su novia Rita atravesaron el país para empezar una nueva vida en Boston.

11

Comodín

Tengo un sueño recurrente que incluso ahora me puede levantar de la cama de un salto. El sueño va directo al grano: pánico. Estoy en Harvard, el semestre está avanzado y aún no sé dónde se reúne mi clase. No he averiguado cuál es el libro de texto que necesito. Estoy dando vueltas buscando el aula o la sala del examen final. Y siento miedo: me he quedado sin tiempo y nunca voy a poder organizarme como es debido. He pospuesto demasiado los estudios. Voy a suspender.

Puedo identificar la fuente de esa ansiedad en mi forma habitual de enfrentarme a las asignaturas durante mi segundo año. Aunque mi táctica en Química orgánica de dejarlo todo para el último momento no tuvo el resultado planeado y me provocó mucho estrés, el siguiente año escolar lo estructuré de un modo parecido para todas mis asignaturas. Me saltaría las clases con la esperanza de sacar adelante un semestre de aprendizaje en solo unas semanas empollando como un monomaniaco. Luego, durante el tiempo que se suponía que tenía que estar en esas clases, asistiría a otras que me interesaban. Estaba decidido a explorar todo lo que Harvard ofrecía. Imaginé que el doble de clases implicaba el doble de aprendizaje.

Decidí que las matemáticas aplicadas fueran mi especialidad. En nuestras conversaciones del año anterior, mi orientador de primer curso me había explicado que, dado que las matemáticas se aplicaban en todo lo que había en el mundo y prácticamente en todo lo que se incluía en el catálogo de cursos de Harvard, me proporcionaban libertad total para explorar. Las matemáticas aplicadas eran un comodín, una especialidad que me permitiría estudiar multitud de materias basándome únicamente en lo que a mí me pareciera interesante. Durante mi tiempo en Harvard, jugué repetidas veces este comodín para justificar clases en Lingüística, Derecho penal, Ciencias económicas e incluso Historia de Gran Bretaña. Eran la especialidad perfecta para una información omnívora.

No oculté de forma deliberada mi arriesgada forma de enfocar mi carrera académica. Me salté mis clases de Matemática combinatoria para asistir durante todo el semestre a una fascinante clase de Psicología. Cuando llegó el momento de los exámenes finales en las dos, que se celebraban casualmente en el mismo auditorio, los amigos que había hecho en Psicología me vieron sentado entre los frikis de Matemáticas y supusieron que estaba cometiendo un grave error. «¡Estás en la sección equivocada!».

Reconozco que estaba fingiendo: formaba parte de mi arraigada necesidad de mostrarme ante los demás como un chico listo y un poco diferente. Era el mismo instinto que me había llevado a comprarme dos juegos de libros en Lakeside para que no pareciera que me esforzaba mucho, aunque la realidad es que sí que lo hacía. Volvía a ocultar mis inseguridades bajo una actitud despreocupada.

A pesar de la confianza que tenía en mi capacidad para empollar, aquello hacía que el final del semestre resultara estresante. Antes de los finales, tenía que desaparecer en la biblioteca y quedarme allí hasta haber terminado. Disfrutaba la intensidad y lograba que funcionara, pero me condujo a una vida de sueños angustiosos en los que buscaba aquella aula.

Antes del segundo año, mi grupo más íntimo de amigos —Sam, Andy y los dos Jim— apuntaron juntos nuestros nombres en el sorteo de habitaciones con la esperanza de conseguir unas suites en Currier House, una residencia universitaria con dos atractivos: (1) era el hábitat natural para los forofos de las matemáticas, y (2) era mixta. El segundo era el que más me seducía, pero con el que iba a terminar pasando la mayor parte del tiempo era el primer grupo.

No conseguimos nuestra suite; terminé compartiendo habitación con Andy. Éramos compatibles por muchas razones, entre ellas, la de que los dos éramos unos auténticos guarros.

Me aficioné a jugar de manera habitual al póquer con un grupo de chicos de Currier House. Varias noches a la semana nos juntábamos en una estrecha habitación del sótano con una mesa de juntas en la que jugábamos a las cartas hasta bien entrada la noche. Algunos de esos chicos consideraban el póquer casi como una segunda especialidad. La mayoría de los habituales eran gente de matemáticas y ciencias que aplicaban sobre la marcha las probabilidades y la teoría de juegos. Y varios tenían medios para aumentar rápidamente las apuestas.

Aunque no había jugado mucho al póquer, al principio me consideraba por encima de la media del grupo. No duró mucho tiempo. Me recordó al curso de Matemáticas 55: poco a poco, los peores jugadores fueron desapareciendo, por lo que, aunque mi habilidad para jugar aumentaba, se redujo en comparación con el grupo. Pero continué jugando. Competir con esos jugadores tan superinteligentes me hacía ser cada vez mejor. La sensación era adictiva, aunque estaba perdiendo tanto dinero que llegó un momento en que le pedí a Paul que se llevara mi chequera. Volvía a tener ocho años de edad y estaba en la mesa del comedor con Gami, perdiendo pero mejorando en cada mano. Solo que esta vez era por dinero.

Las apuestas siguieron subiendo cada vez más y las partidas cambiaron de Currier House a unos mugrientos apartamentos de estudiantes fuera del campus. Mi mejor noche fue en una partida fuera del campus en la que jugamos al póquer de siete cartas. Gané una y otra vez mientras iba metiéndome los billetes en el bolsillo de los pantalones con cada ronda, porque me parecía demasiado ostentoso dejarlos sobre la mesa. Esperaba también que, si mis ganancias estaban bien guardadas, me resistiría a apostar más. Aquella noche me fui con unos mil ochocientos dólares, que era mucho dinero. A la noche siguiente, en la misma casa, con el mismo grupo, lo perdí casi todo.

No fue plato de buen gusto y esa sería una de las últimas partidas que jugué. Me di cuenta de que no era suficientemente bueno para poder ganar, pues solo quedaban allí los mejores jugadores.

Paul y su novia, Rita, habían llegado a Boston en agosto y habían alquilado un apartamento en las afueras, a unos cuarenta minutos en coche desde Harvard. En otoño, Paul se estaba adaptando a su vida de empleado de Honeywell, desarrollando pequeños fragmentos de extensos programas. Mis amigos de la universidad ya conocían a Paul como personaje legendario de mis anécdotas. Y Paul mantenía viva aquella leyenda. En aquella época no era habitual que un estudiante universitario se pidiera una baja para mudarse a la otra punta del país y trabajar de programador. Con su barba y su novia, su guitarra y sus amplios conocimientos, Paul encajaba en el papel del hermano mayor enrollado. Y, como siempre, siguió siendo mi incitador... y un poco corruptor.

Un fin de semana de octubre, fui con el coche y unos cuantos amigos a casa de Paul para celebrar el cumpleaños de Rita.

Paul tenía un poco de LSD que tomamos todos mientras veíamos *Kung Fu*. La paciente Rita se mantuvo sobria para cuidar de nosotros por si algo iba mal. Por la noche, salimos al bosque que había alrededor de la casa y nos detuvimos un largo rato en cada árbol para ver los colores del otoño. Vi cómo un amigo pasaba el dedo por las gotas de rocío sobre el maletero del coche de Paul y escribía una ⊠, el símbolo de los problemas de lógica que significa «existe». Escribió otra al lado de la primera: ⊠⊠. Esas dos es invertidas y juntas, para él, para todos, tenían un significado profundo. «Bill, mira esto. La existencia existe», dijo mientras contemplábamos fijamente el maletero del coche cubierto de rocío. Fue uno de esos episodios de la vida que parecen absolutamente cósmicos en el momento y tremendamente estúpidos una vez que el ácido deja de tener efecto.

Más avanzada la noche, un curioso juego de lógica cruzó mi mente. En una computadora puedes borrar una línea e incluso eliminar todos tus datos almacenados. Dado que el cerebro no es más que una computadora sofisticada, pensé: «Oye, a lo mejor puedo ordenar a mi cerebro que ponga a cero todos mis recuerdos». Pero entonces me preocupó que probar esa idea podía ponerla en marcha irrevocablemente. «¡Mejor ni pienses en ello!». Mientras me duchaba al día siguiente, hice inventario de mis recuerdos más preciados y me alivió descubrir que todo seguía intacto. Aquella sería una de las últimas veces que tomé LSD.

Cuando no estaba trabajando, Paul vivía absorto en sus revistas, con su apartamento lleno de viejos números de *Popular Electronics*, *Datamation*, *Radio-Electronics* y folletos de todo tipo de computadoras y sus componentes. Podía pasarse fácilmente una hora rebuscando en el Out of Town News, el quiosco de prensa y revistas de referencia del centro de Harvard Square. De su montón cada vez mayor de papeles y publicaciones surgían muchas ideas para la cantidad de proyectos que Paul me ofreció ese otoño.

La mayoría estaban centrados en el microprocesador. Durante un tiempo, Paul estuvo convencido de la idea de montar una empresa de computación siguiendo el modelo de DEC, que había buscado nuevas tecnologías para bajar el precio de las computadoras y expandir enormemente su uso. ¿Podíamos hacer lo mismo con microprocesadores baratos, uniendo múltiples chips para fabricar una computadora superpotente y muy barata? ¿Y si montábamos un servicio de uso compartido para usuarios? La gente podría registrarse en nuestra computadora para acceder a noticias y otro tipo de información de utilidad, como por ejemplo…, no sé, ¿recetas?

Hacíamos una criba de estas ideas mientras comíamos pizza o estábamos en Aku Aku, un restaurante polinesio al estilo del Trader Vic's, donde hablábamos durante horas mientras yo daba sorbos a mi cóctel shirley temple (con diecinueve años ya tenía edad para poder beber, pero prefería el cóctel infantil al alcohol). Debido a la afición de Paul por el hardware, sus ideas se centraban a menudo en crear una especie de computadora innovadora. Una de las grandes ideas que se le ocurrieron fue una técnica para conectar chips más baratos y de menos capacidad a un potente procesador llamado *bit-slice*. Su pregunta: ¿podemos usar esta técnica de *bit-slice* para vender más barato que IBM igual que hizo DEC una década antes? En aquella época, una computadora central IBM System/360 de tecnología punta podía costar varios cientos de miles de dólares o incluso mucho más. Pasé un tiempo estudiando por mi cuenta los pormenores de aquella IBM y la idea del *bit-slice* de Paul. La siguiente noche que salimos le dije que creía que podía funcionar. Probablemente podríamos fabricar una computadora por veinte mil dólares que sería equivalente a la 360.

Aun así, él sabía que yo estaba cada vez menos emocionado con la idea de fabricar hardware. El negocio de la fabricación de computadoras me parecía demasiado arriesgado. Tendríamos que comprar los componentes, contratar a personas que montaran las máquinas y buscar mucho espacio para ponerlo en marcha. ¿Y cómo íbamos a competir de una forma realista con grandes compañías como IBM o fabricantes de electrónica japoneses en rápido ascenso?

Mi opinión estaba influida por los desafíos en el hardware de Traf-O-Data. Durante dieciocho meses, nuestro socio de Seattle, Paul Gilbert, había estado esforzándose por poner en funcionamiento nuestra computadora. Aquella máquina requería la delicada coordinación de pulsos electrónicos que tenían que llegar a cada uno de los chips de memoria de la máquina exactamente en el mismo momento. Un retraso de un microsegundo y todo se bloqueaba. Un cable un poco más largo de lo que debía o una cantidad mínima de radiación que produjera podría dar al traste con los pulsos. Y así pasó, una y otra vez. Estos interminables problemas técnicos alimentaron mi preocupación de que estuviésemos tratando de conseguir una vida de tediosa resolución de problemas que parecía azarosa y no del todo bajo nuestro control.

Gilbert era un autoproclamado perfeccionista, un ingeniero obsesionado con las matemáticas que se empecinaba en ocuparse de un problema hasta resolverlo. «No me gusta darme por vencido. Lo arreglaré por mucho que cueste», decía. (Su novia lo dejó ese año porque pasaba demasiado tiempo con Traf-O-Data).

Yo desarrollé el software de test de memoria y, después, entraron los dos Paul. Estuvieron mirando pacientemente el osciloscopio mientras hacían el diagnóstico: «Un fallo en los datos de la línea del chip siete». De un modo parecido a aquellos módulos de química orgánica, había un cierto desorden en los problemas del hardware que me frustraba. Estoy seguro de que mis nervios añadían más estrés. Siempre estaba insistiendo para ver si había algo que pudiéramos cambiar o añadir a fin de que todo fuera más rápido.

Finalmente, Gilbert consiguió poner en funcionamiento el hardware durante la primavera de mi primer año de universidad. Aquel verano, organicé una reunión en casa de mis padres con clientes potenciales del condado de King, en Seattle. Esa mañana lo tenía todo perfectamente preparado, pero, cuando llegó el momento de mi demostración, el lector de cinta de la unidad se estropeó. Supliqué a mi madre que les dijera que de verdad había funcionado a la perfección la noche anterior. Nuestros invitados tuvieron la educación de acabarse el café antes de marcharse. Después de aquello, invertimos más dinero en los que considerábamos los Rolls-Royce de los lectores de cintas. Todo este esfuerzo y gasto de dinero por una simple computadora cuya única función era traducir los agujeros de un papel en gráficos.

Una y otra vez, dirigía mis conversaciones durante la cena con Paul de vuelta al software. No era lo mismo. Sin cables ni fábricas. El desarrollo de un software implicaba solamente capacidad intelectual y tiempo. Y es lo que sabíamos hacer, lo que nos hacía únicos. Era en eso en lo que llevábamos ventaja. Incluso podríamos ser los pioneros.

Primero necesitábamos una computadora. Varias empresas habían sacado a la venta pequeñas computadoras en torno a la innovación de Intel. En Francia, en una computadora del tamaño de una maleta llamada Micral se había usado el 8008 de Intel —el mismo chip que nuestra máquina del tráfico— para aplicaciones de objetivo único como automatizar las cabinas de peaje. Otra, llamada Mark-8, era poco más que un proyecto de bricolaje. Pagabas unos cuantos dólares por las instrucciones de montaje y, después, tenías que comprar distintas partes en diferentes proveedores y esperar que tu computadora funcionara una vez que las habías soldado todas. Yo sabía que el chip de Intel más reciente, anunciado ese mismo año, era lo suficientemente avanzado como para impulsar una computadora funcional de uso general. Era el 8080. En calidad de nuestro centinela en todo lo relacionado con el hardware, Paul se encargaría de seguir el rastro de lo que ocurriera con ese chip.

«Avísame cuando alguien saque una computadora con el 8080», le dije.

Mientras tanto, accedí a ver si podíamos conseguir ayuda de Harvard. En el catálogo de cursos, busqué clases centradas en arquitectura de computadoras y encontré la de Introducción a computadoras digitales. No conocía al profesor, pero imaginé que podría tener contactos dentro de la industria. Concerté una cita y le presenté mi idea. Le dije que estaba muy interesado en los avances de los microprocesadores y que quería experimentar desarrollando un software para ellos. Le pregunté si podía ayudarme a ponerme en contacto con Intel y otras empresas para ver si nos podrían donar chips para la investigación. Él me preguntó si lo que yo quería hacer era para una clase en concreto. Le dije que no, que solo era un campo que me interesaba mucho. Me contestó que probablemente no podría ayudarme.

Unos días después volví a intentarlo. Regresé a su despacho para dejarle una propuesta detallada de mi plan para el hardware y una carta de muestra que yo esperaba poder enviar con su firma a los fabricantes de hardware para pedir sus donaciones. Más tarde, me enteré de que nunca había prestado atención al plan. Le dijo a mi director de tutoría que no tenía «ni tiempo ni intención de ayudarme, pues no estaba relacionado con ningún curso».

La mayoría de las personas con las que hablé entonces de este chip mágico me respondieron con escepticismo. Hoy, si trato de ponerme en su lugar, puedo entenderlo. Las microcomputadoras eran apenas primas lejanas de las computadoras centrales y minicomputadoras que ocupaban las mentes de los académicos de la ciencia computacional, así como de gran parte de la industria de las computadoras. Las microcomputadoras eran juguetes. El Departamento de Defensa no iba a pagar a Harvard por investigar con juguetes. Ninguna microcomputadora iba a guiar un misil ni a pilotar un submarino en 1974. En aquella época fui menos benévolo en mi valoración: esas personas carecían de imaginación para lo que el futuro podría traer.

A finales de noviembre, la novia de Paul, Rita, se había vuelto a Seattle. Para entonces, Paul se había mudado a un alojamiento subvencionado de Cambridge, a poca distancia de mí en tren. Aquel complejo se llamaba Rindge Towers, pero Paul le puso el mote de Grindge, una palabra que parecía expresar el deprimente estado del apartamento, con sus pesadas puertas de acero y unas cucarachas hiperactivas. También se correspondía un poco con el estado de ánimo de Paul en aquella época. El amor de su vida se había ido a la otra punta del país. Se sentía solo. Estaba cansado de su trabajo. Varias noches a la semana y la mayoría de los fines de semana se venía a Currier House o iba yo al Grindge para estar juntos y hablar de nuestros planes.

Así estaban las cosas una tarde de nieve de primeros de diciembre de 1974, mientras leía sentado en mi habitación de la residencia. Las siguientes semanas estaban ya organizadas. Iba a someterme a una prueba del concurso nacional Putnam y a terminar las clases de ese año antes de volar a Seattle y pasar allí las vacaciones. Estaba seguro de que mi madre iba a llenarme la agenda de fiestas, cenas e intercambio de regalos con amigos y familiares, igual que había hecho en mi primer año. Ya me había preguntado qué quería por Navidad: *The Beatles 1967-1970*, *Welcome* de Santana y un libro de ciencia ficción que me había recomendado Paul. Después de las vacaciones, tenía pensado volver a la universidad para el comienzo del periodo de preparación de exámenes, el 6 de enero, y estudiar como un loco para los finales.

Entonces, Paul entró a toda velocidad en mi habitación. Había venido corriendo desde el quiosco Out of Town News y estaba jadeando. Tenía nieve en las botas.

—¿Te acuerdas de lo que me dijiste? —preguntó.

—¿De qué?

—Me dijiste: «Avísame cuando alguien saque una computadora fabricada con el 8080». Pues aquí la tienes. Mira —me dijo pasándome una revista. Era el número de enero de 1975 de *Popular Electronics*. En la portada: «¡PROYECTO REVOLUCIO-

NARIO! El primer equipo de minicomputadora del mundo que va a competir con los modelos comerciales».

Apoyé la espalda en mi silla y pasé las páginas hasta el artículo. El titular decía: «El proyecto de minicomputadora más potente jamás presentado. Puede fabricarse con menos de cuatrocientos dólares». Más abajo, en un recuadro se enumeraban algunas de las especificaciones más impactantes: un procesador Intel 8080 de 8 bits, hasta 64K de memoria y 78 instrucciones, casi el doble que el chip 8008 que habíamos usado en el sistema del Traf-O-Data.

Paul se quedó de pie, viendo en silencio cómo yo leía atentamente las seis páginas del artículo y sus diagramas de circuito. Noté cómo empezaba a balancearme.

Era una cosa pequeña, apenas más grande que la máquina de escribir que tenía delante de mí. Parecía un receptor estéreo con conmutadores de palanca y luces. No tenía teclado ni pantalla, ni siquiera un conector para un teletipo. El artículo decía que era ampliable, lo que quería decir que todas esas cosas se le podían enchufar: «¡Ya está aquí la era de la computadora en todos los hogares! —un tema recurrente entre los escritores de ciencia ficción—. Lo ha hecho posible el Altair 8800 de POPULAR ELEC-TRONICS/MITS, todo un ordenador que puede hacer frente a las sofisticadas minicomputadoras que hay ahora en el mercado. Y no cuesta varios miles de dólares».

Los autores señalaban que el precio de menos de cuatrocientos dólares era, aproximadamente, lo que costaba un televisor en color.

Durante tres años, Paul y yo habíamos hablado de que las nuevas computadoras que aprovecharan el desarrollo exponencial de los chips podrían cambiarlo todo. Miré a Paul. «Está pasando sin nosotros», dijo.

¿La era de la computadora en todos los hogares? ¿De verdad lo era?

Por los trescientos noventa y siete dólares que costaba el Altair 8800 tenías la versión desmontada, un equipo que llegaba en cientos de piezas. Cuando terminabas de soldar y atornillarlo todo tenías que esperar que funcionase. En su esencia, las computadoras dependen de la ejecución de cálculos utilizando un sistema binario: unos y ceros. Eso sigue siendo así en los procesadores extraordinariamente potentes que hay en el interior de los aparatos actuales, desde los teléfonos inteligentes hasta las supercomputadoras. Pero muchas capas de sofisticado software te protegen de la naturaleza esencialmente binaria de la computación. No hace falta pensar en unos y ceros para desarrollar un software, y mucho menos para ponerlo en funcionamiento.

El aspecto binario del Altair era completamente visible. Sin conectarlo a un teletipo ni a ninguna otra forma de surtirlo de programas, había que introducírselo todo utilizando dieciséis (de los veinticinco en total) conmutadores de palanca que había en la parte delantera de la computadora. Cada uno de los dieciséis conmutadores tenía dos posiciones: hacia arriba representaba un 1 y hacia abajo era un 0. Como procesador de 8 bits, el chip 8080 ensartaba ocho de estos bits en un único byte de información.

Para introducir un solo byte en el Altair, tenías que pulsar al menos nueve conmutadores. Para introducir incluso el más sencillo de los programas —por ejemplo, para sumar 2 + 2— hacían falta docenas de pulsaciones. Cualquier programa que ejecutara una tarea útil con cierta complejidad implicaba, como mínimo, cientos de pulsaciones. La computadora utilizaba también el código binario para comunicar los resultados de su labor con filas de lucecitas LED rojas.

Incluso después de montarlo, el Altair 8800 tenía poco de computadora para todos los hogares.

Y, sin embargo, estaba seguro de que muchas personas, aparte de Paul y de mí, querrían uno. Por aproximadamente el precio del procesador Intel 8080 por sí solo, MITS sacaba a la venta un ordenador entero. Para la ávida comunidad de aficionados a las computadoras esto sería el santo grial. Y lo que era más importante: Paul y yo éramos conscientes de que daría lugar a serias aplicaciones de ingeniería y empresariales, porque, incluso con los componentes adicionales, resultaba muy barato.

El artículo de *Popular Electronics* apenas hacía mención del software. Para que la gente desarrollara con facilidad programas de software en un Altair sin tener que pulsar todos esos conmutadores, necesitaría una terminal de teletipo y querría un lenguaje de programación como BASIC o FORTRAN, hecho a medida para el chip 8080. Pero los autores no decían nada sobre si contaba con algún lenguaje.

Nuestra apuesta era que no lo tenía.

Pero había un gran obstáculo. Nosotros no teníamos un Altair 8800, ni tan siquiera un Intel 8080, el microprocesador que era el cerebro de la nueva máquina. ¿Cómo íbamos a poner a prueba nuestro código?

Paul ya lo había pensado y, durante las vacaciones de Navidad, me llamó para darme una noticia estupenda. El año anterior había dado con una manera que nos permitió escribir programas para nuestra máquina de Traf-O-Data usando una PDP-10 para simular el chip 8008 de Intel, que en la práctica convertía una computadora central de quinientos mil dólares en un microprocesador de trescientos sesenta dólares. Ahora, escudriñando un manual para la PDP-10, había ideado una manera de hacer lo mismo con el mucho más potente chip 8080 de Intel. Ese simulador nos permitiría utilizar la PDP-10 de Harvard como si fuera un Altair.

Con ese descubrimiento, ideamos un plan. Nos haríamos con el manual de referencia de Intel para el 8080 y veríamos sus instrucciones. Yo diseñaría y desarrollaría el BASIC en un lenguaje ensamblador utilizando esas instrucciones del 8080. Como lenguaje concebido desde el principio para hacer que la programación resultara accesible para principiantes, tendría un mayor atractivo para el mercado de los aficionados al Altair que un lenguaje más avanzado como el FORTRAN. Confiaba en poder ponerlo en marcha rápidamente: quizá no el BASIC definitivo, pero sí una versión que hiciera lo suficiente para ser viable y útil. Y aunque no había terminado el BASIC que había iniciado en Lakeside (para la PDP-8), aquel proyecto me proporcionaba una ventaja para este. Mientras tanto, Paul desarrollaría un programa simulador que hiciera que la PDP-10 se comportara como un 8080 y ejecutara mi código. También alteraría herramientas de software que pudiéramos ejecutar en la PDP para supervisar el código 8080 mientras estaba en funcionamiento y resolver el fallo cuando se produjera.

Nunca habíamos oído hablar del creador del Altair, un fabricante de electrónica de miniaturas espaciales y calculadoras que se llamaba MITS Inc. En el artículo de *Popular Electronics* aparecía una dirección en Albuquerque, Nuevo México, y un número de teléfono. A principios de enero, Paul escribió una breve carta a MITS para informarles de que teníamos una versión de BASIC para el chip de Intel 8080. En la nota decía que cobraríamos cincuenta dólares por copia, y sugería que MITS podría revenderla a aficionados por un precio que rondara entre los setenta y cinco y los cien dólares. Escribió la nota en un papel con membrete de nuestra empresa Traf-O-Data y la firmó como Paul G. Allen, presidente.

Como pasaron varias semanas sin recibir respuesta, decidimos llamar.

Nos preocupaba que alguien pudiera saber que no éramos más que un universitario y un programador de bajo nivel de Honeywell, y que no nos tomaran en serio. Esa fue la razón por la que Paul fue tan preciso en su carta —que teníamos lista una versión de BASIC— y por la que yo quería que fuera Paul el que hablara. Era mayor y tenía una voz más grave, y por esas razones era probablemente la mejor cabeza visible de la empresa que creáramos. Además, él había firmado la carta de enero. Pero Paul creía que debía llamar yo. Era más rápido tomando decisiones y tenía más experiencia a la hora de hablar de negocios.

Llegamos a un acuerdo. Desde mi habitación de la residencia, a primera hora de una noche de febrero, marqué el número de teléfono que aparecía en el artículo de *Popular Electronics*.

Cuando la mujer que respondió al teléfono me pasó con Ed Roberts, el presidente de MITS, pensé: «¿Qué tamaño tiene esta empresa si puedo hablar por teléfono con el presidente?».

Me identifiqué como Paul Allen, que llamaba desde Traf-O-Data en Boston. Le expliqué que casi habíamos terminado de desarrollar una versión de BASIC para el Altair y que nos gustaría enseñársela.

Roberts me dijo que ya había recibido otras llamadas de personas que aseguraban tener el mismo software. Dijo que la primera que pudiera producir una versión que funcionara se llevaría el contrato. Añadió que el Altair no estaba aún listo, que tardarían otro mes, más o menos, hasta que pudiera ejecutar cualquier versión de BASIC que tuviéramos. A los pocos meses nos enteramos de que, a pesar de lo que se anunciaba en aquel primer artículo de la revista, el Altair no era en ese momento más que un prototipo burdo, una máquina que ni siquiera estaba terminada aún.

Así fue el inicio de la revolución del ordenador personal. Todos habíamos estado fingiendo desde el principio.

Como la mayoría de las versiones de BASIC, la que desarrollamos nosotros para el Altair era un tipo de lenguaje de programación especial al que llamamos intérprete. Igual que los intérpretes que se colocan al lado de los presidentes de Estados Unidos y China para ir traduciendo cada idea de una en una, el intérprete BASIC convierte de una en una cada línea de código en instrucciones que la computadora pueda entender con facilidad. Una de las ventajas de un intérprete es que puede funcionar utilizando menos memoria que otros tipos de programas. En aquella época, la memoria de la computadora era algo valioso porque resultaba muy cara. Aunque los propietarios de un Altair podían llenar la caja de tarjetas de memoria adicionales para añadirlas a la RAM hasta un total de 64K, las tarjetas eran muy caras: trescientos treinta y ocho dólares por cada tarjeta de expansión de 4K.

Por tanto, yo era consciente de que el mayor reto iba a ser encontrar la forma de introducir BASIC en la menor cantidad posible de memoria. De lo contrario, no quedaría nada para los programas BASIC que los usuarios desarrollarían y los datos que esos programas iban a utilizar.

Lo primero que hice fue recordar aquella excursión de tres años y medio antes, avanzando trabajosamente por los montes Olympic mientras en mi mente iba desarrollando el código computacional. El hecho de que fuera capaz de hacerlo tan pequeño y eficiente era para mí la prueba de que podríamos introducir todo un lenguaje de programación BASIC en menos de 4K de memoria, dejando algo de sobra. Lo que creé en aquella excursión —el evaluador de fórmulas— era clave. Ahora solo tenía que descargarlo de mi cabeza. Empecé escribiéndolo en un cuaderno de páginas amarillas. Era pequeño y compacto. «Si consigo desarrollar así el resto del programa, lograremos sacarlo adelante».

Nuestra mayor preocupación era el tiempo. Suponíamos que solo contábamos con unas semanas para terminar el programa y enviarlo a MITS antes de que cualquier otra persona lo hiciera. Era demasiado trabajo para dos personas, una de ellas con un trabajo a jornada completa y la otra con montones de clases. Nos preocupaba especialmente una parte del programa que se llamaba cálculo de coma flotante, usado para manejar cifras muy grandes —«a la X potencia»—, y muy pequeñas —fracciones decimales—, así como cantidades como pi (3,14159). No era muy difícil escribir ese código, pero requería muchísimo trabajo tedioso. Podíamos omitir esa parte para llegar a nuestra fecha de entrega autoimpuesta, pero nuestro BASIC quedaría gravemente limitado. No se puede desarrollar un juego decente de aterrizaje en la Luna sin cálculo de coma flotante.

Una noche de primeros de febrero, Paul y yo estábamos debatiendo sobre nuestro problema de la coma flotante mientras cenábamos en el comedor de Currier House. Desde el otro lado de la mesa, nos interrumpió un estudiante: «Yo lo he hecho». Al parecer, nos había estado escuchando durante toda la conversación. Estaba en el primer año de especialización de Matemáticas y se llamaba Monte Davidoff. Le hice unas pocas preguntas para comprobar si realmente sabía de lo que estaba hablando. Lo hacía, y daba la impresión de estar muy seguro de sí mismo. Le pregunté si podía ir más tarde a mi habitación para continuar la conversación. Terminamos hablando varias horas esa noche. Monte me contó que le había atrapado el gusanillo de la computación siendo alumno de secundaria en Wisconsin. Ya había adquirido mucha experiencia con múltiples lenguajes de programación y diferentes computadoras, e incluso le habían pagado por escribir programas para un gran fabricante de baterías de automóvil. También tenía buenas ideas sobre los algoritmos de coma flotante que necesitábamos, así que le hablé de nuestro proyecto para escribir un intérprete BASIC. Se mostró dispuesto a trabajar en ello.

Desde la segunda semana de febrero, yo alternaba entre estar encorvado en mi silla roja escribiendo a mano código en cuadernos de hojas amarillas con renglones y plantarme en Aiken para tratar de conseguir que aquello funcionara. Dormía durante el día, saltándome las clases, y, luego, me veía con Monte en mi habitación a última hora de la tarde y nos íbamos a Aiken. Paul venía directo del trabajo al laboratorio. Monte y Paul usaban mi número de cuenta, el 4114, y cada uno nos sentábamos en una terminal para pasar toda la noche introduciendo código.

Yo trabajaba en la parte principal del programa mientras Monte empezaba el código para realizar funciones matemáticas como la multiplicación, la división y la exponenciación. Paul hacía ajustes en el simulador del 8080 que había desarrollado (el código que nos permitía utilizar las herramientas de la PDP-10 como si estuviésemos usando un ordenador basado en el 8080). A medida que mejoraba el simulador, también lo hacía la velocidad a la que podíamos programar. Yo introducía mi código escrito a mano en la PDP-10 y la unidad central emulaba exactamente lo que haría el Altair. Cuando mi programa del Altair se quedaba colgado, podía usar las potentes herramientas de depuración de la PDP-10 para averiguar rápidamente dónde me había equivocado. Estábamos seguros de que nadie más había trucado la PDP-10 de esta manera. Y estábamos seguros de que eso nos daba ventaja sobre cualquier otro que pudiera estar intentando desarrollar un software para el Altair.

En el orden de jerarquía del Laboratorio Aiken, los estudiantes de doctorado del profesor Cheatham y los que estaban realizando investigaciones serias tenían prioridad a la hora de usar las terminales. Yo no quería molestar a nadie, así que la mayor parte de nuestro trabajo la hacíamos de noche, cuando la PDP-10 estaba libre, no había nadie en el laboratorio y podíamos pasar largos ratos en la computadora. Aparte de los descansos para ir a la cafetería y ver un par de películas, la mayor parte de las horas que pasaba despierto me iba a Aiken. La temperatura de la sala se mantenía en poco más de diez grados, perfecta para refrigerar la PDP-10 pero fría si permanecías varias horas sentado sin moverte. Con mi chaqueta de invierno, introducía código hasta que me cansaba y me quedaba dormido delante de la terminal o me acurrucaba en el suelo, al lado del punto por donde la computadora desprendía calor.

Con el simulador de Paul y sus herramientas de desarrollo, avanzamos con rapidez. Yo podía escribir el código, arrancar la PDP-10 y detener el programa justo donde encontrara el problema. Después, tratar de arreglarlo y seguir avanzando. Había pasado una gran parte de mi vida en ese extraño y casi mágico bucle de retroalimentación de escribir, ejecutar y arreglar, un lugar donde el tiempo parece detenerse. Me sentaba después de cenar delante de la terminal y, a continuación, levantaba la vista y me sorprendía al ver que eran las dos de la mañana.

En medio de todo esto, me di cuenta de que no teníamos suficiente información para escribir el código que necesitábamos para conectar un teletipo al Altair, que sería un equipo necesario para cualquiera que quisiera programarlo en BASIC. Llamé de nuevo a MITS y hablé con el ingeniero que había diseñado el Altair. Supongo que mi pregunta de cómo el ordenador introduce y genera caracteres fue lo suficientemente precisa como para dejarlo impresionado. Dijo algo así como: «La verdad es que sois los primeros que preguntáis eso». Aparte de la información que me proporcionó, aquella conversación me hizo pensar que debíamos ir por delante de cualquiera que estuviera escribiendo un intérprete BASIC para la computadora de MITS.

En marzo, después de unas seis semanas de esta frenética escritura de código, nuestro BASIC estaba terminado y en funcionamiento y, según creíamos, era lo suficientemente bueno como para enseñárselo a MITS. Teníamos una larga lista de herramientas para añadir y de partes que había que mejorar, pero todo eso podía esperar.

Paul llamó a MITS, habló con Ed Roberts (que no cuestionó que su voz sonara más grave que en la primera llamada) y concertó una reunión. Compré un billete de avión para Paul.

La noche anterior a su viaje, se me ocurrió que el más diminuto error en nuestra lectura del manual del 8080 lo echaría todo a perder. Solo habíamos ejecutado el programa en la PDP-10 a través del simulador de Paul. Nuestro programa no se había ejecutado nunca en un Altair, solo en una computadora que simulaba serlo. Si había algo mal en el simulador de Paul, nuestra demostración sería un fracaso. Mientras Paul dormía, me quedé despierto toda la noche comprobando cada instrucción del manual de Intel con el simulador, buscando errores. Cuando hube

terminado, guardé el programa para imprimirlo en cinta perforada y se la pasé rápidamente a Paul. Vi cómo guardaba el rollo
en su bolso de mano.

Resultó que sí que nos habíamos olvidado de algo. En el avión,
Paul se dio cuenta de que no habíamos escrito un pequeño código —llamado cargador de arranque— para ordenar al Altair que
cargara nuestro programa en la memoria y lo lanzara. Paul sacó
un cuaderno y escribió a toda velocidad las líneas que faltaban de
código.

Al día siguiente, en MITS habían preparado una máquina
con 6K de memoria y un lector de cinta perforada. Paul introdujo su código de arranque, lo cual llevó un buen rato: cada byte
tenía que ser introducido por ocho conmutadores de datos. A continuación encendió el lector. Nuestro programa BASIC tardó
unos siete minutos en entrar en la computadora. Por fin, llegó al
final de la cinta, empezó a ejecutar el programa y... no pasó nada.
No funcionaba.

Lo probaron de nuevo. Y, entonces, apareció en el terminal:

¿TAMAÑO DE MEMORIA?

Paul tecleó algunos comandos de BASIC para mostrar nuestra obra maestra.

PRINT 2+2
4
OK

Y así fue como cobró vida el primer software desarrollado
para un ordenador personal.

12

Actúa honradamente

«¡No sé quién estaba más sorprendido, si ellos o yo!», dijo Paul, sorbiendo su ponche de frutas durante una cena de celebración en Aku Aku. Cuando nuestro software instalado en su computadora sumó 2 + 2, explicó, el presidente de MITS se quedó patidifuso. «¡Dios mío, ha puesto 4!».

A Paul le asombraba que nuestro pequeño programa hubiera funcionado impecablemente en su debut. Al mismo tiempo, Ed y el ingeniero jefe de MITS, Bill Yates, estaban anonadados al ver que su máquina servía realmente para algo.

Tras la sencilla prueba de adición, Paul había querido lucirse más y ver por sí mismo lo que podía hacer nuestro programa. Yates le pasó un ejemplar de *101 BASIC Computer Games*, a partir del cual Paul tecleó una versión de *Módulo lunar*, el sencillo juego basado en texto que habíamos aprendido a programar en Lakeside. Simulaba los controles de los retrocohetes de un módulo de alunizaje Apolo. El objetivo era ralentizar tu descenso en caída libre de tal modo que te posaras suavemente sobre la superficie lunar antes de agotar el combustible. Aquel día, se ejecutó en el Altair por primera vez.

Ed Roberts estaba eufórico y le pidió a Paul que lo acompañara a su despacho para hablar de negocios.

A través de Ed, Paul descubrió un montón de cosas sobre MITS, una compañía de la que no habíamos oído hablar antes del artículo sobre el Altair. Era una empresa pequeña, de menos de veinte personas. Ed la había creado a finales de los años sesenta, inicialmente como fabricante de transmisores para aviones de aeromodelismo, para pasar luego a los kits de calculadora electrónica. La creciente potencia y el precio decreciente de los chips permitió que MITS y otras muchas empresas entraran en el mercado con kits de calculadoras programables. Ed apostó fuerte, endeudándose para financiar su negocio de calculadoras, pero acabó perdiendo dinero a causa de la feroz competencia y de una frágil situación económica en Estados Unidos. Esa era la situación de MITS en la primavera de 1974, cuando Intel anunció el lanzamiento del 8080. Con su empresa al borde de la bancarrota, Ed vio su salvación en ese chip. Siguiendo la corazonada de que había mercado para el kit de un ordenador funcional barato, pidió más dinero prestado para arrancar el proyecto del Altair.

La historia era toda una lección en cuestión de apuestas. Ed se enteró de que *Popular Electronics* estaba buscando un ordenador que destacar en su número de enero. Contactó con la revista sin contar con un prototipo ni con un plan definido siquiera, pero aseguró a los editores que tendría un ordenador barato listo para la fecha de publicación. Ellos accedieron. Una cosa sí tenía: un acuerdo con Intel según el cual, si MITS compraba un cierto número de chips, le ofrecerían un importante descuento, que resultó ser de unos setenta y cinco dólares por chip, frente a los trescientos setenta y cinco del precio de venta. Así fue como MITS pudo ofrecer el Altair por el mismo precio aproximado que le habría costado a alguien comprar solamente su cerebro de computación.

MITS construyó un prototipo y lo envió a *Popular Electronics* en Nueva York. Pero no llegó a su destino (nunca apareció). El Altair presentado en el número de enero era una caja vacía, una maqueta que MITS había improvisado para la sesión de fotos. Si no recuerdo mal, el panel frontal era de cartón.

Ahora, tres meses después, cientos de personas estaban enviando cheques de cuatrocientos dólares para comprar un Altair. La empresa no daba abasto con el alud de pedidos. Paul explicó que la oficina de MITS se había convertido en una cadena de montaje de trabajadores que llenaban cajas con los componentes del Altair y las embalaban para su envío. Estaba claro que las ventas rebasarían los centenares de unidades que Roberts había previsto. Y estaba claro que su apuesta había valido la pena: su empresa volvería a ser viable.

En su oficina, Ed le dijo a Paul que quería la licencia de nuestro intérprete BASIC de inmediato. Nuestro software podía convertir el Altair en un ordenador útil. Ed estaba convencido de que eso contribuiría a impulsar aún más la demanda. «Ha dicho que podemos acordar las condiciones más adelante», me explicó Paul.

Durante la cena, estudiamos lo que debíamos poner en el contrato y cuánto teníamos que cobrar.

Algo que necesitábamos era un nombre para nuestra sociedad. Hasta ese momento, Paul y yo nos habíamos venido llamando Traf-O-Data y usábamos el membrete de la empresa siempre que enviábamos una carta de negocios. Pero queríamos separar el trabajo sobre el tráfico de los nuevos negocios que hiciéramos con los microordenadores. «Allen & Gates Consulting» tenía sentido, pero yo pensaba que la gente nos tomaría por abogados. Además, sonaba pequeño y artesanal, y nosotros queríamos un nombre con más empaque, como el de nuestro modelo, Digital Equipment Corp. Ese nombre tenía todo el peso de un mastodonte. Con un nombre semejante, la gente quizá nos tomara en serio, cosa que aún parecía un ambicioso objetivo para dos jóvenes que estaban aprendiendo sobre la marcha. Fue Paul quien tuvo la siguiente idea: puesto que estábamos escribiendo software para microordenadores, ¿por qué no combinar ambas palabras? Estuve de acuerdo. Ya teníamos nuestro nombre: Micro-Soft.

En torno a esa época, vi a Eric Roberts (nada que ver con Ed Roberts) en el Laboratorio Aiken. Le hablé del viaje de Paul a MITS y le dije que quizá tendríamos la oportunidad de vender el software que acabábamos de escribir. Con su suave tono de voz, me dio un consejo amistoso: deja de usar la PDP-10 de Harvard. Dado que estaba financiada por la Agencia de Proyectos de Investigación Avanzados de Defensa (DARPA), del Departamento de Defensa, con fines de investigación, me explicó, la computadora de Harvard no debía utilizarse para crear productos comerciales. Para entonces yo ya había oído que esa computadora había llegado en camiones del ejército bajo el manto de la noche y había deducido que era el gobierno quien la sufragaba. Pero no estaba al tanto de ninguna norma sobre su uso. Le respondí que dejaría de utilizarla y que sacaríamos nuestro programa del laboratorio. Eric añadió en un tono que no auguraba nada bueno que había un nuevo administrador del laboratorio y que estaba enterado de mi uso intensivo de la computadora. No está nada contento, me dijo.

A principios de aquel año, la facultad había ocupado el puesto durante mucho tiempo vacante de director adjunto, un cargo pensado para dirigir el funcionamiento diario del Laboratorio Aiken y justificar cómo estaban empleándose los fondos de DARPA. Tom Cheatham seguían siendo el director —la nueva persona le rendía cuentas a él—, pero estaba claro para todo el mundo del laboratorio que iba a haber un control más estricto y más normas. (Más tarde, Cheatham hablaría de «contables quisquillosos» para referirse a ese nuevo nivel de supervisión).

Unos días después de que Eric me aconsejara que dejara de utilizar la Harv-10, me desplacé con el coche de Paul a First Data, una empresa de tiempo compartido de las afueras de Boston, abrí una cuenta e instalé nuestro programa en su PDP-10. Desde ese momento, dejé de usar el Laboratorio Aiken para todo lo relacionado con nuestro proyecto. Cuando volví a ver a Eric, le pregunté si debía hablar con el nuevo director adjunto y explicarle la situación. Eric me dijo que no me preocupase; él mismo le diría que había dejado de utilizar la computadora.

En el tira y afloja con MITS sobre las mejoras en nuestro BASIC, Ed ofreció a Paul un trabajo. Aquello era perfecto para nosotros. Pensamos que sería buena idea que uno de nosotros trabajara directamente con MITS para asesorarles en BASIC y desarrollar nuevas versiones de este. En abril, Paul había dejado Honeywell y estaba haciendo las maletas para viajar a Nuevo México. En cuestión de días se convirtió en el único especialista en software de MITS, con el resonante título de «director de desarrollo de software».

Mientras seguían fluyendo los pedidos del Altair, MITS empezó a publicar un boletín para hacer sugerencias y transmitir información al reducido pero creciente universo de usuarios. Cuando salió el primer número de *Computer Notes*, en la segunda semana de abril, Paul me llamó y me leyó el artículo principal: «EL BASIC PARA EL ALTAIR, YA OPERATIVO». ¿Ya operativo? Técnicamente era cierto, pero no había forma de que nuestro software estuviera listo para ser distribuido a gran escala. El artículo incluía un sencillo programa de nueve líneas que calculaba el interés, las mensualidades y el total adeudado de un préstamo a dieciocho meses de seiscientos cincuenta dólares, a un interés anual del 6,5 por ciento. «Hay dos claves en la nueva revolución de los ordenadores —proseguía el artículo—. Una es que los ordenadores deben ser baratos y la otra es que deben ser comprensibles. Con el Altair 8800 y el BASIC para el Altair se han cumplido ambos criterios».

Nadie que leyera aquello podría saber que lo único que teníamos era una versión rudimentaria 4K de nuestro software, todavía necesitado de meses de pruebas. Además, no habíamos firmado aún un contrato. Solo recientemente habíamos encontrado a un abogado y empezado a esbozar nuestro acuerdo. Hasta la publicación de ese artículo, solamente unos pocos conocían la existencia de nuestro BASIC. Ahora, miles de personas estaban enteradas.

«Quiero verle en mi oficina mañana a las diez. Estoy en el despacho 20», me dijo el director adjunto cuando respondí al teléfono en mi habitación de la residencia. Nos encontrábamos en mitad del periodo de estudio —era el 14 de mayo, para ser exactos— y yo estaba concentrado en preparar los exámenes finales. Inmediatamente supe que me convocaban en Aiken para hablar de mi uso de la computadora.

A la mañana siguiente, el director adjunto me interrogó sin el menor preámbulo. ¿Por qué estaba pasando tantas horas en el centro? ¿En qué estaba trabajando? ¿A quién estaba trayendo al centro?

Le dije que había escrito una versión de BASIC para un microordenador, colaborando con Paul y Monte. Le hablé del viaje de Paul a MITS y del contrato que estábamos negociando. Para cualquiera que acudiera al centro regularmente, nada de lo que conté era una novedad. Siempre había hablado abiertamente de lo que estaba haciendo con toda la gente del laboratorio.

Él parecía conocer ya las respuestas a muchas de sus preguntas. El centro había introducido recientemente un programa de contabilidad para rastrear cuánto tiempo usaba la computadora cada persona. Me puso delante un papel mostrándome los resultados del usuario 4114, es decir, de mi propia cuenta. Había consumido setecientas once horas en el mes de febrero y otras seiscientas setenta y cuatro en marzo. Dado que no hay tantas horas en un mes, aquello le parecía un montón. Estaba completamente pasmado porque, al hacer el cálculo, había visto que setecientas once horas implicaban que Bill Gates y sus «socios», como llamaba a Monte y a Paul, habían utilizado el centro durante un promedio de ocho horas y media diarias durante los veintiocho días de febrero. ¿Cómo era posible? No sabía si él comprendía que era una práctica común abandonar la terminal durante horas mientras la computadora procesaba una tarea por su cuenta. Nosotros a veces utilizábamos dos o tres terminales simultáneamente, así que estaba seguro de que esa cantidad de horas eran el doble o el triple del tiempo que habíamos pasado efectivamente en el centro.

Tal vez eso no importaba. Más allá del tiempo de computadora, lo que estaba en cuestión era que yo hubiera traído al laboratorio a personas no autorizadas —Paul y Monte— y que hubiera trabajado con ellas en un proyecto comercial. Me explicó que al gobierno le preocuparía que se realizara un trabajo comercial bajo el contrato DARPA.

Mientras me miraba desde el otro lado de su escritorio, estoy seguro de que veía a un universitario indisciplinado, a quien por imprudencia se le había dado acceso a su centro, que metía a hurtadillas a sus dos cómplices en la restringida sala de la computadora de Harvard para trabajar a altas horas de la noche en un misterioso producto con el fin de no ser detectados. Según esa hipótesis, si los generales del Departamento de Defensa llegaban a descubrir este complot, no tendrían más remedio que cortar su generosa financiación del puntero Laboratorio de Computación Aiken de Harvard.

A mí ese desenlace me parecía descabellado. Supongo que lo dejé entrever. Mi falta de arrepentimiento en ese momento pareció molestar al director adjunto. En las notas que recientemente he encontrado de mis expedientes de Harvard, escribió: «Él [yo] no comprendía las ramificaciones de sus actividades y parecía totalmente impasible cuando se las expliqué».

En otras notas de mi expediente, comentaba que yo era un «listillo».

Quizá sí lo era. Mi capacidad para filtrar mis reacciones no estaba muy desarrollada en aquel entonces. El laboratorio que él ahora supervisaba no tenía previamente normas ni una vigilancia estricta. Muchos de los usuarios estaban trabajando en sus propios proyectos, incluyendo a uno que usaba la computadora para escribir trabajos y tesis de otros estudiantes a cambio de dinero. Nuestro uso de la computadora no interfería con el de nadie más; la máquina habría estado parada si no la hubiéramos usado. Además, no habíamos sido contratados por MITS para crear el software. Lo habíamos creado sin ningún encargo, una apuesta a que, si éramos capaces de escribirlo, la empresa podría comprarlo.

«Quiero recordarle que está hablando ante un testigo», dijo el director adjunto en un momento dado, señalando a su auxiliar administrativa, que estaba en el escritorio contiguo. «¿Testigo? ¿Me encuentro en un aprieto legal?», pensé para mis adentros. Le dije que reembolsaría al centro el tiempo que había utilizado la computadora y añadí que pondría la versión de BASIC escrita en Harvard en dominio público, de manera que cualquiera pudiera acceder a él.

Me pidió que le entregara mi llave del centro Aiken y luego, delante de mí, desactivó mi cuenta. Me dijo que iba a informar inmediatamente al Consejo de Administración.

¿El Consejo de Administración? Eso significaba que el rector, junto con un comité de administradores y miembros de la facultad, examinarían mi caso. Dos días después me enteré de lo que estaba en juego. Mi tutor principal (un alumno de último año) me explicó que, en el peor de los casos, el consejo podía expulsarme de Harvard y que, si consideraban mis actos especialmente graves, eliminarían mi expediente, lo cual significaba prácticamente borrar el hecho de que yo había estudiado en aquella universidad. Glups.

No llamaba a menudo a mis padres entonces: una vez cada tres semanas o algo así. Tampoco les había contado gran cosa sobre lo que estaba haciendo con Paul y con BASIC.

Ahora, en una sola llamada, se enteraron de todo.

Como siempre, mi padre fue directo a las cuestiones clave: ¿las normas del laboratorio estaban por escrito y te fueron comunicadas?, ¿cómo distingue la universidad tu uso de la computadora del de los profesores que utilizan los recursos de esta para sus trabajos comerciales?, ¿tendrás el derecho de presenciar el testimonio de otras personas? En un momento dado, llamó a la facultad y formuló preguntas similares. Mi padre no era propenso en absoluto a interpretar el papel de policía malo, pero dado su temperamento —mesurado, lógico, escueto, nada inclinado a la charla trivial— podía resultar igualmente intimidante. Estoy seguro de que quien hablara con él se quedó con la impresión de que estaba siguiendo el caso atentamente. Fuese explícito o no, estoy seguro de que su mensaje fue: «Sea cual sea su veredicto, más les vale que el proceso sea justo».

Después de tantos años, ya no recuerdo los detalles de la intervención de mis padres en el embrollo Aiken. Me consta que mi padre tomó un vuelo a Boston para verme y evaluar la gravedad de la situación. También que le preocupaba que Harvard pretendiera avasallarme sin ninguna consideración. Y también que la perspectiva de que pudieran expulsarme de Harvard angustiaba profundamente a mi madre. Estaba muy preocupada por mí.

Estoy seguro de que le preocupaba también la reputación de la familia en la comunidad. En aquella época, mi madre había alcanzado un éxito por el que se había esforzado durante muchos años: era la primera mujer en ser directora de un gran banco de Washington y la primera mujer presidenta de la United Way del condado de King (también ejerció después como presidenta a nivel nacional de esta organización benéfica). Aquel año había sido nombrada además miembro de la Junta de Regentes de la Universidad de Washington. Todo esto mientras formaba parte de los consejos del Hospital Infantil y de la Seattle Foundation. Kristi, por su parte, estaba empezando en un trabajo de contabilidad y se encaminaba hacia un tipo de carrera profesional prácticamente vedada, una generación antes, a las mujeres como mi madre. El día que consiguió su puesto en Deloitte nos llenó de orgullo a todos. Libby, entonces con diez años, era un prodigio en tres deportes (¡al fin tenía mi madre un hijo con sus dotes atléticas!). Y ya, además, tener un hijo en Harvard con una brillante trayectoria académica completaba la imagen de la familia exitosa a la que había aspirado durante veinte años, o quizá más.

Que ese hijo dejara la universidad resultaría traumático. Que lo expulsaran, todavía peor.

Sentía el peso de todo esto cuando me senté ante mi máquina de escribir y, en el curso de una larga noche, redacté una carta al Consejo de Administración.

El documento —todavía conservo una copia— era una defensa de mis actos, una disculpa, una crítica a Aiken, un relato del desarrollo de nuestro proyecto y un retrato de una industria al borde de una revolución. Escribí que la aparición del microprocesador en 1974 implicaba que de repente podían fabricarse computadoras «más pequeñas que una caja de cerillas». Añadí que «Paul Allen está convencido de que los microordenadores son la nueva ola del futuro» y hablé de nuestro interés en formar parte de ella.

Me hacía sentir fatal que Monte se viera arrastrado por aquel lío. El consejo estaba considerando la posibilidad de imponerle también a él medidas disciplinarias. Monte era un alumno de primero, estaba empezando su carrera universitaria. El proyecto, de hecho, ya había afectado negativamente a sus notas. En mi carta, subrayé que yo estaba al frente del proyecto, que había llevado a Monte al laboratorio y que el error era mío. Estaba absolutamente convencido de que él debía ser del todo exonerado.

Cuando terminé, leí por teléfono a mis padres las diez páginas. Mi padre me sugirió que fuese más conciliador. Siguiendo su consejo, concluí así la carta: «Me disculpo por mis errores. Pienso que cometí un grave error de juicio en lo relativo a la venta de BASIC. Creo que puedo seguir siendo un activo para la comunidad de Harvard y les pido que no pongan en mi expediente una mancha que dificultará mis objetivos en el futuro».

El 19 de mayo estaba otra vez ante mi máquina de escribir, escribiéndole a Paul. «Anoche estuve pensando un montón en Micro-Soft y se me ocurrió poner por escrito algunas ideas y enviártelas». Anoté una serie de puntos para nuestra negociación con MITS y esbocé los detalles técnicos de nuevos productos. Esa carta viene a ser una ventana abierta de tres páginas en la mente de un nuevo empresario mientras analiza todos los detalles: cómo íbamos a repartir los beneficios, gestionar nuestros costes y evitar una falta de efectivo, dada la necesidad de pagar a nuestro abogado, alquilar un apartamento y cubrir los gastos de manutención de nosotros dos y de un empleado (un amigo de Lakeside). Para el caso de que alguno de los dos «disminuya su presencia de un modo sustancial (volviendo a la universidad)», calculé cómo nos repartiríamos los ingresos de futuros contratos. «No creo que vaya a ser un problema [...] de todos modos, para entonces tendremos cientos de miles de dólares», predije.

Una semana más tarde, cuando estaba estudiando en mi habitación de la residencia para los exámenes finales, me llamó mi tutor. El Consejo de Administración acababa de reunirse para estudiar mi caso. Había votado «amonestarme» por uso inapropiado y no autorizado del laboratorio. ¿Eso qué significa? Él me lo explicó: había salido mejor librado de lo que él mismo había creído. No había castigo.

De los tres puntos en cuestión —tiempo con la computadora, crear un producto comercial y llevar a personas no autorizadas al laboratorio—, habían llegado a la conclusión de que solo había violado la tercera. Debería haber pedido autorización antes de llevar a Paul y Monte a Aiken. Por suerte, también, habían decidido «tachar» la acusación contra Monte, lo que en la jerga de Harvard significaba que quedaba totalmente exonerado.

Tuve la suerte de que el consejo comprendiera que el laboratorio había sido dirigido de un modo muy laxo y que no tenía prácticamente ninguna norma. Todos los interrogados para analizar el caso confirmaron este punto, aunque estoy seguro de que mi gurú en Aiken, Eric Roberts, ayudó mucho en este sentido. En su declaración ante el consejo, aunque se oponía al resultado comercial de nuestro trabajo, escribió: «Creo que los actos de Bill deben considerarse a la luz de la actitud informal tradicional del Centro, y que el Centro debe cargar con una parte de la responsabilidad por no haber establecido una serie de normas para el uso de la máquina». Eric continuaría su carrera creando el primer departamento de ciencia de la computación en el Wellesley College y, más tarde, enseñando a miles de estudiantes en Stanford y otras universidades.

No sé bien por qué no tengo un recuerdo más claro de la inquietud de mis padres durante el caso Aiken. Yo era muy independiente y tenía entonces menos sintonía con el estado emocional de los demás de la que tengo ahora. Sí recuerdo que sentía que, puesto que yo había causado el problema, dependía de mí resolverlo. Un testimonio que conservo de ese periodo es una carta navideña de Gami. Como era previsible, ella adoptó un punto de vista firme y recto del lío que había provocado. No me cabe duda de que sus pensamientos reflejaban los de mis padres:

> Estoy segura de que sabes que posees un maravilloso talento, y todos nos sentimos orgullosos de tu creatividad y tu diligencia al llevar a cabo cada idea. Asegúrate de mantener el criterio ético más elevado. Esfuérzate al máximo para examinar cada faceta de tu tarea desde todos los ángulos. Quizá estoy preocupada porque siento que son muy grandes las tentaciones de ceder un poquito

por aquí y un poquito por allá, olvidando que en ese caso todos nuestros objetivos se ven en peligro. Tu experiencia en Harvard, aunque en cierto modo has sido exonerado, sigue siendo una advertencia para actuar honradamente en cada uno de tus pasos. El hecho de haber visto vidas destruidas porque alguien pensaba que el fin justifica los medios debería mantenernos en guardia. Quiero que estés alerta. Que tu trabajo sea tan correcto que de ningún modo pueda llegar a considerarse deshonesto. Eres un joven extraordinario, estoy a tu lado y te quiero. Nos vemos pronto,

GAMI

En mis expedientes de Harvard, cincuenta años después, encuentro notas de una entrevista con Tom Cheatham llevada a cabo a raíz de la revisión de mi caso por parte del Consejo de Administración. Él era la persona que me había abierto el laboratorio y que se convirtió en mi asesor académico en mi segundo año. Volvería a tenerlo como profesor antes de un año. Pero no estaba enterado de su postura ante mi caso.

Me había reunido con Cheatham al principio de nuestro proyecto BASIC y le había explicado que iba a trabajar en las herramientas e intentar escribir un intérprete. Él estaba entusiasmado, aunque muy ocupado, así que no entramos en detalles. Fue un encuentro inusual entre nosotros. A aquellas alturas, me parecía que estaba cansado de que yo llenara nuestras reuniones hablando excitadamente de todas las tecnologías en las que estaba pensando y de los proyectos que creía que el laboratorio debía asumir. Llegamos al acuerdo tácito de que, si necesitaba que me firmase algo, se lo dejara a su ayudante y, una vez firmado, lo pasara a recoger. Cuando comprendí que quizá habría algún problema con mi trabajo en BASIC en el laboratorio, pedí una cita para verle. Él no se presentó. Así era nuestra relación en ese momento. A mí siempre me ponía nervioso hablar con él, y seguramente ambos nos sentimos mejor no reuniéndonos. Era una dinámica a la que no estaba acostumbrado: la mayoría de los profesores en Harvard me resultaron muy accesibles y entablé con ellos relaciones basadas en largas conversaciones sobre matemáticas y programación; algunos incluso contribuyeron directamente en mis ideas siempre en evolución sobre el futuro de la industria de la computación.

En la época del asunto de Aiken, di por sentado que Cheatham no estaba de mi parte. Pero las notas de Harvard revelan que de hecho me defendió. Cheatham le dijo al consejo que sería una «parodia de la justicia» que me obligaran a dejar Harvard y que él «estaría encantado de tener a BG programando en el Centro el año que viene». Parecía conocer mi estado de ánimo general. El origen de todo el asunto, dijo, según las notas, era que «BG empezó el proyecto por aburrimiento: es un alumno de segundo año al que ya le aburren los cursos de posgrado», y que me había interesado por los microordenadores para tener algo con lo que jugar. Todo eso era cierto, sin duda. De modo retrospectivo, está claro que me apoyó, y me siento agradecido. Solo desearía que hubiéramos forjado una mejor relación entonces. Tom Cheatham trabajó en Harvard hasta finales de los noventa y siguió investigando modos de ayudar a que la programación evolucionara desde sus raíces artesanales hasta una disciplina más vinculada a la ingeniería. Cuando leí mis expedientes de Harvard muchos años después, descubrí que había muerto en 2001.

La tensión sobre mi uso del Laboratorio Aiken se basaba en lo que la computación había sido siempre: un recurso escaso y protegido. Muchas cosas habían cambiado desde que Howard Aiken construyó su enorme calculadora mecánica Mark I en los años cuarenta, cuando podías contar con los dedos de una mano el número de computadoras en todo el mundo. En la época en que DEC vendió su primera PDP-10, en 1966, había miles de computadoras en todo el mundo. Hacia 1975, cuando llegó el Altair, había aún más. Pero las computadoras todavía eran caras y acceder a una requería una conexión especial o una acreditación para una sala, o, si tenías suerte, unos profesores bien preparados en tu escuela secundaria.

Aunque nadie podía captarlo plenamente en esa época, esa escasez estaba a punto de dar paso a la abundancia, y las computadoras se volverían rápidamente asequibles para millones de personas. El programa BASIC que nosotros escribimos y que causó aquel revuelo desempeñaría un papel central, al igual que el trabajo de otros miles de personas. De repente, la idea de que un adolescente podía crear algo valioso en una computadora dejaría de ser descabellada para convertirse en un lugar común. Y el coste de la computación caería tan deprisa que pronto llegaría a ser casi gratuita.

13

Micro-Soft

Cuando llegué a Albuquerque en el verano de 1975, la antigua sandwichería que MITS consideraba su sede central se había transformado en una improvisada fábrica de ordenadores con largas mesas ensambladas con tablas de contrachapado. En un día cualquiera, veías a una docena aproximada de personas metiendo componentes electrónicos en cajas que eran enviadas lo más aprisa posible, aunque no lo suficiente para atender a los muchos clientes que querían su nuevo kit de ordenador de cuatrocientos dólares. Los auténticos fanáticos conducían cientos e incluso miles de kilómetros hasta MITS para recoger su Altair. Al llegar al trabajo por la mañana, no era insólito encontrar caravanas aparcadas en la esquina de Linn Avenue y California Street, esperando su Altair como si fuera una pizza para llevar. Aquella oficina, situada en un avejentado centro comercial y rodeada por un local de cobro de cheques, una lavandería y un salón de masaje, era el epicentro de lo que llegaría a llamarse la revolución del ordenador personal.

El padre de todo ello, Ed Roberts, tuvo la idea correcta, pero infravaloró enormemente su popularidad. Había estimado que unos ochocientos clientes al año pagarían gustosos por la novedad de tener su propio ordenador. En cambio, en esos primeros meses, los pedidos llegaron por miles. A los compradores del Altair no parecía importarles que, una vez montado, no se pudiera hacer mucho más con él que pulsar interruptores y hacer que parpadearan unas luces. En su mayoría eran ingenieros, médicos, dueños de pequeños negocios, estudiantes y aficionados que tenían dinero para derrochar en aparatos electrónicos y tiempo libre para trastear con ellos.

En Menlo Park, California, un grupo de treinta y dos aficionados se habían reunido en marzo en un garaje para intercambiar información sobre el Altair. Antes de la reunión, uno de ellos había conducido de California a Albuquerque solo para ver si la compañía que había detrás de ese ordenador vendido por correo era real. El tipo había conocido a Ed Roberts y descubierto que MITS había aceptado muchos más pedidos de los que estaba en condiciones de servir. En la siguiente reunión, los miembros del grupo pudieron echarle el primer vistazo a un Altair. Sin software, teclado o pantalla, el nuevo dueño del ordenador, un carpintero llamado Steve Dompier, introdujo un programa sencillo. Cuando accionó el último interruptor, el Altair reprodujo una versión en *staccato* de la canción de los Beatles «Fool on the Hill» a través —cosa sorprendente— de una radio AM. (Luego siguió con «Daisy, Daisy», que, como sabían probablemente todos los presentes, era la primera canción jamás reproducida en una computadora —en 1957— y la melodía que cantaba la computadora HAL 9000 mientras «moría» lentamente en *2001: Una odisea del espacio*).

Con el tiempo, el grupo se llamaría a sí mismo Homebrew Computer Club. En unos meses, sus miembros llegaron a contarse por centenares. Por todo el país surgieron otros clubs similares. Igual que yo, todos aquellos fans iniciales del ordenador personal habían crecido con la idea de que las computadoras costaban cientos de miles de dólares. Ahora, por menos de mil dólares, cualquiera podía tener una, aunque no pudiera hacer gran cosa con ella.

Para alimentar aquel pequeño pero entusiasta mercado, Ed Roberts cargó en su autocaravana Dodge azul unos ordenadores Altair y contrató a un universitario para que hiciera un tour relámpago por varias ciudades. La Blue Goose, como llegó a conocerse la autocaravana, se reunía con los aficionados en el Holiday Inn local, y los empleados de MITS mostraban cómo funcionaba el Altair con nuestro BASIC, antes de pasar a la siguiente ciudad.

En junio volé a San Francisco para unirme unos días al grupo de empleados de MITS que viajaban en la Blue Goose y hacer una visita al Homebrew Club y a otros aficionados. Era la primera vez que estaba en Silicon Valley, un nombre que se había adoptado hacía solo unos años a causa del predominio en la zona de firmas de semiconductores como Fairchild e Intel. El viaje fue instructivo para mí. Muchos de los aficionados a los que conocí veían el Altair y todo el concepto del ordenador personal a través de una lente contracultural. Los ordenadores baratos y gratuitos encajaban en el espíritu hippy de los años sesenta y principios de los setenta. Representaban un triunfo de las masas contra las corporaciones monolíticas y las fuerzas del sistema que controlaban el acceso a la computación. Aunque algunos de los ingenieros trabajaban en proveedores del ejército como Lockheed o en grandes compañías de electrónica como Hewlett-Packard, su pasión por la tecnología estaba en gran parte arraigada en la ideología del cambio social y de la libre circulación de ideas. Entre los grupos con los que me reuní estaba la People's Computer Company, que tenía tanto de compañía como la banda que había inspirado su nombre (la Big Brother and the Holding Company de Janis Joplin). Más bien era un club que ofrecía acceso barato a computadoras y clases gratuitas de computación, sobre todo a escolares. El número inaugural del boletín del grupo describía su misión:

Los Ordenadores Son Mayormente
Usados Contra la Gente, No para la Gente
Usados para Controlar a la Gente,
No Para Liberarla
Hora de Cambiar Todo Eso...

Entre las paradas de nuestro viaje, la que sería recordada por mucha gente fue la demostración que hicimos en el Rickey's Hyatt House, un hotel de Palo Alto. Entonces habían pasado solo unos meses desde que Paul, Monte y yo habíamos escrito nuestra versión de BASIC en la computadora de Harvard. Ese programa, BASIC 4K, era rudimentario, un tosco prototipo de trabajo que pretendíamos pulir aquel verano. Pero era el único lenguaje de programación que MITS ofrecía para el Altair, de manera que en esas primeras demostraciones venía a ser la estrella del espectáculo. Gracias a él, los fans del Altair podían realmente hacer algo con aquella caja de cuatrocientos dólares.

Veinticinco años más tarde, un periodista describió aquella velada en el Hyatt como «el día en que alguien robó el software de Bill Gates». La sala de conferencias de hotel estaba atestada por unas doscientas personas, incluidos muchos miembros del Homebrew Club. Mientras un empleado de MITS hacía una demostración con el Altair, alguien metió la mano en una caja de cartón y cogió una cinta perforada de repuesto del BASIC 4K. Apenas recuerdo aquella noche, y menos aún si alguien advirtió que faltaba esa copia del código: eso saldría a la luz unos meses después. Finalmente, la cinta llegó a manos de un miembro de Homebrew, que hizo setenta copias del software, las repartió en una reunión del club y animó a todos a hacer más. En cuestión de semanas, docenas o quizá centenares de copias del BASIC 4K estaban circulando por ahí: apenas unas semanas antes de que hubiéramos terminado la versión que pensábamos vender.

De acuerdo con la filosofía hippy sobre el naciente mundo del ordenador personal, estaba muy extendida la idea de que el software debía ser gratuito. El software era algo que podías copiar de un amigo, compartir abiertamente o incluso robar. En muchos aspectos, era igual que en el mundo de la música de aquel entonces. Pese a todos los fans de Bruce Springsteen que compraban *Born to Run* aquel verano, muchos otros se lo pedían prestado a un amigo y lo grababan gratis en una casete.

El hardware era otra historia. Era algo tangible. Estaba sobre tu escritorio. Oías el zumbido del ventilador de refrigeración que tenía dentro. Si ponías la mano sobre la carcasa, notabas el calor de la fuente de alimentación. Si quitabas la tapa, veías todos los diminutos componentes pulcramente soldados al microprocesador central, un dispositivo mágico tan sensible que se fabricaba en una factoría libre de polvo. En cambio, el software era virtual, bits de información invisible almacenados en una cinta magnética o codificados con unas marcas indescifrables en un rollo de papel. Se requería un esfuerzo de imaginación para darse cuenta de que alguien había pasado miles de horas diseñándolo, escribiéndolo, depurándolo y haciendo todo lo posible para que pudiera funcionar. Y como siempre había sido gratuito, ¿por qué no debían regalártelo?

Pero Paul y yo queríamos construir un negocio. La convicción a la que llegamos después de muchas noches charlando hasta las tantas era que, a medida que los ordenadores personales se volvieran más baratos y llegaran a las empresas y hogares, se produciría en paralelo una ilimitada demanda de software de alta calidad. Incluso mientras trabajábamos en aquella primera versión de BASIC para MITS, Paul y yo hablábamos sobre qué otros tipos de software necesitaría la gente para sus ordenadores personales. Podíamos crear herramientas de programación como editores de código y versiones de otros lenguajes populares como FORTRAN y COBOL. Después de estudiar el sistema operativo que funcionaba en el miniordenador PDP-8 de DEC, que, como el Altair, tenía muy poca memoria, estaba seguro de que podíamos crear también un sistema operativo completo para un ordenador personal. Un día, si las cosas iban como esperábamos, Micro-Soft sería lo que llamábamos una «factoría de software». Proporcionaríamos una amplia gama de productos que serían considerados los mejores del sector. Y, si las cosas iban realmente bien, pensaba que quizá podríamos tener un gran equipo de programadores avezados trabajando para nosotros.

En esa época, si alguien preguntaba cuál era nuestro objetivo, le describía aquella visión de la factoría de software, o simplemente decía que queríamos conseguir que nuestro software estuviera en todos los ordenadores personales del mundo. Mis interlocutores reaccionaban a veces poniendo los ojos en blanco o adoptando alguna otra expresión divertida.

Una multitud de fabricantes de chips había seguido rápidamente los pasos de Intel. Motorola, Fairchild, General Instrument, Signetics, Intersil, RCA, Rockwell, Western Digital, National Semiconductor, MOS Technology, Texas Instruments y otros estaban fabricando microprocesadores de 8 bits, similares al Intel 8080. Cualquiera de esos chips podía llegar a ser el cerebro de un ordenador personal. Cada vez que aparecía un nuevo chip, Paul buscaba un artículo con sus especificaciones técnicas y luego discutíamos si valdría la pena invertir tiempo en escribir el software adecuado.

Allí donde mirásemos, las semillas de una industria estaban germinando. En abril, un miembro del Homebrew Club y un amigo suyo crearon Processor Technology en Berkeley, California, inicialmente para vender tarjetas de memoria complementarias para el Altair; en menos de un año, pondrían a la venta su propio ordenador, el Sol-20. Un profesor de Stanford llamado Roger Melen estaba visitando la oficina en Nueva York de *Popular Electronics*, a finales de 1974, cuando por casualidad vio el falso Altair antes de que lo anunciaran. Se quedó tan impresionado que cambió su vuelo de vuelta a casa e hizo una parada en

Albuquerque para ver a Ed Roberts. Pronto Melen y un amigo de Stanford desarrollaron extensiones para el Altair, incluidos una cámara digital y un joystick, y con el tiempo lanzarían un microordenador, el Z-1. (Su empresa se llamaba Cromemco, una derivación del nombre de una residencia en Stanford, Crothers Memorial).

Inspirado por el Altair y su cerebro Intel 8080, un ingeniero de Hewlett-Packard llamado Steve Wozniak compró un 6502 de MOS Technology, el microprocesador más barato que pudo encontrar, y construyó rápidamente un prototipo de su propio ordenador. Como muchos de los miembros de Homebrew, Wozniak se sentía motivado por la emoción de la ingeniería y el orgullo de construir algo que podría compartir con el club. Eso hasta que su amigo Steve Jobs vio el prototipo. Jobs había vuelto recientemente de una estancia de siete meses en la India, a donde había ido, según diría más tarde, a encontrarse a sí mismo. En menos de un año, se deshizo de sus túnicas de color azafrán, se dejó el pelo largo y convenció a Wozniak de que su ordenador de aficionado era un negocio. Poco después bautizaron su compañía como Apple y empezaron a vender su primer ordenador, el Apple I.

Mis padres habían esperado que pasara el verano en Seattle asistiendo a una o dos clases en la Universidad de Washington, tal como había hecho el verano anterior. Sin embargo, estaba en Nuevo México. Y enseguida les dije que iba a tomarme una excedencia de un semestre en Harvard y quedarme en Albuquerque. Se inquietaron, pero, hasta donde recuerdo, no me presionaron. Tal vez, después de la amonestación del Consejo de Administración, pensaron que no me vendría mal un paréntesis; en invierno, debieron de suponer, aquella incursión en el mundo del software llegaría a su fin o bien se convertiría en un trabajo adicional que mantendría cuando volviera a la facultad para acabar mi carrera.

Mi padre utilizaba la palabra «organizado» para referirse a una persona que tenía las cosas controladas. Si eras organizado, tenías un plan, eras concienzudo, te habías marcado un objetivo y debías estudiar los pasos para alcanzarlo. Quería demostrarles a él y a mi madre que era organizado, que sabía lo que estaba haciendo con el proyecto Micro-Soft, aun cuando fuera consciente de que podía fracasar.

Desde hacía tiempo, llevaba la cuenta del número de veces que había tenido que pedirle ayuda a mi padre. La primera había sido en el conflicto que Kent y yo habíamos tenido con ISI a causa de nuestro programa de nóminas, y la segunda en la disputa con el Consejo de Administración de Harvard. Al empezar a desarrollar Micro-Soft, confiaba en no tener que volver a recurrir a él, especialmente porque les había dicho a mis padres que era capaz de gestionar al mismo tiempo la empresa y la universidad.

Las empresas de software no existían en aquel entonces, o, por lo menos, no existía el tipo de empresa de software que Paul y yo queríamos crear. Y nuestro producto era algo que nuestros clientes potenciales creían que debía ser gratuito. Pero teníamos nuestro propio cliente y fe en que podríamos crecer a partir de ahí.

Nuestro primer hogar en Albuquerque era una habitación compartida en el Sundowner Motor Hotel, a un par de manzanas de MITS; luego Paul y yo alquilamos un apartamento de dos dormitorios, el número 114, en un complejo llamado Portals, desde el que había un breve trayecto en coche hasta la oficina. Portals era barato y tenía una piscina, aunque no creo que ninguno de nosotros tuviera nunca tiempo para zambullirse en ella. Paul y yo nos quedamos cada uno con un dormitorio; cuando Monte Davidoff se presentó para ayudarnos a escribir código durante el verano, él mismo montó una cama sobre la alfombra con los cojines del sofá. Chris Larson, el amigo de Lakeside que estaba ayudándonos a gestionar Traf-O-Data, vino a pasar el mes de agosto. Él y Monte compartían la sala de estar/dormitorio, un arreglo que parecía funcionar porque Monte prefería codificar a solas durante toda la noche y se desmoronaba sobre los cojines del sofá justo cuando Chris se levantaba por la mañana para ponerse a trabajar.

Nuestra sede central, en la medida en que podía llamarse así, formaba parte de MITS y estaba en una zona del costado del edificio. Teníamos unas pocas terminales que conectábamos con una PDP-10 situada en el otro extremo de la ciudad, en el Albuquerque School District. Paul había llegado a un acuerdo para alquilar horas de computadora, pero el trato implicaba que normalmente debíamos trabajar de noche, cuando la máquina no estaba sobrecargada por el uso de las escuelas del distrito. No teníamos impresora, así que al final de cada jornada alguno de nosotros conducía unos kilómetros hasta el distrito escolar y recogía las resmas de papel de computación perforado que contenían nuestro código secreto.

Como director de software de MITS, Paul pasaba gran parte del día probando nuestro software en el Altair y atendiendo llamadas de clientes desorientados que trataban de manejar su nueva adquisición. Para Micro-Soft, Paul ayudaba a establecer nuestra dirección tecnológica y mantenía nuestras herramientas de desarrollo. El trabajo que había hecho para crear el simulador para la PDP-10 y las herramientas relacionadas generaría dividendos durante años. No solo nos permitieron crear nuestro primer BASIC sin un Altair (o Intel 8080), sino que con el tiempo Paul fue adaptando las herramientas para que pudiéramos escribir versiones del lenguaje y otro software para diferentes procesadores. Su trabajo contribuyó a ponernos a la cabeza en BASIC y nos proporcionó un gran margen de ventaja durante mucho tiempo.

Mientras tanto, yo me zambullía en BASIC. Además de arreglar fallos de la versión 4K, teníamos planeadas otras dos versiones: una 8K y una 12K, que llamamos Extended BASIC. Si hubiéramos sido novelistas, el BASIC 4K habría sido nuestro esquema, un mero boceto de la historia. La versión 8K contenía episodios más emocionantes y personajes más definidos; la versión Extended era un borrador completo de la novela, lo que en el dominio de la computación significaba que contenía cosas como instrucciones ELSE y variables de doble precisión de 64 bits, características necesarias para poder escribir mejores programas.

Firmamos nuestro contrato con MITS a finales de julio, plegándonos ante la insistencia de Ed a la condición de que cedíamos a MITS los derechos globales exclusivos de todas nuestras versiones de BASIC para el chip 8080. El acuerdo nos reportaba un pago de tres mil dólares por adelantado y un *royalty* por cada copia del BASIC 8080 vendida con un Altair de entre diez y sesenta dólares, dependiendo de si era la versión 4K, 8K o la Extended. Los *royalties* de esas ventas tenían un límite de ciento ochenta mil dólares. El acuerdo daba también a MITS el derecho exclusivo de ceder bajo licencia el software; cualquier compañía que quisiera usar el BASIC 8080 en sus productos debería obtener el código fuente —la receta de BASIC— a través de MITS, no de Micro-Soft. MITS accedía a repartir con nosotros cualquier ingreso procedente de esas sublicencias. Si muchas compañías usaban el Intel 8080 en sus productos, ello podría traducirse en un negocio considerable. Pero, en julio de 1975, esa era una gran incógnita.

Tras el éxito del Altair, Ed planeó ofrecer una versión más barata llamada Altair 680, con el procesador de Motorola 6800. Necesitaría, pues, una versión de BASIC que funcionara con el chip de Motorola. Dijimos que lo escribiríamos nosotros. Al mismo tiempo, los disquetes se estaban convirtiendo en un reemplazo viable para el almacenamiento en cinta de papel, y Ed quería vender discos para el Altair. Lo cual significaba otra versión más de BASIC. Aceptamos escribirla también.

Con tanto trabajo, llamé a Ric a la casa de sus padres en Seattle para ver si estaría dispuesto a aplazar su último semestre en Stanford. Le dije que necesitábamos escribir un BASIC para el chip 6800 de Motorola. ¿Qué tal la idea de pasar el otoño en Albuquerque y ganar un poco de dinero? A finales de septiembre, Ric vino a vivir al apartamento 114 de Portals con Paul y conmigo, y se apoderó del sofá, ya que Chris Larson había vuelto a Lakeside y Monte a su segundo año en Harvard.

De los tres, Ric era el que tenía las cosas menos claras. Parecía estar cavilando constantemente no solo sobre decisiones como si debía entrar en la facultad de Derecho o en la de Empresariales, sino sobre cuestiones más profundas acerca de su identidad. Dos años antes, cuando pasamos el verano todos juntos codificando en TRW, Paul, Ric y yo habíamos compartido un apartamento en la zona sur de Washington. En distintos momentos durante ese verano, Ric nos había llevado aparte por separado y nos había confesado que era gay. Se sintió aliviado cuando le dijimos que eso no cambiaba nada: éramos amigos. Bromeamos diciendo que más o menos ya lo sabíamos: al fin y al cabo, era el único de nosotros que tenía la revista *Playgirl* en el apartamento.

Probablemente no capté entonces del todo el valor que necesitó Ric para salir del armario. A principios de los años setenta, la homosexualidad estaba todavía ampliamente estigmatizada, y el movimiento por los derechos de los gais se hallaba en sus inicios y no había mucho apoyo disponible. Y tampoco es que nosotros nos dedicáramos a hablar abiertamente de nuestra vida emocional. Éramos amigos íntimos, compañeros en nuestras modestas empresas. Hacíamos tonterías y pasábamos el tiempo hablando de tecnología, comiendo fuera y yendo al cine. Pero no revelábamos a menudo, por no decir nunca, nuestros sentimientos y vulnerabilidades más profundos. En algunos aspectos, aún éramos los mismos adolescentes que se habían conocido en el cuarto de la computadora de Lakeside.

La dinámica en nuestro equipo tampoco había cambiado.

Paul seguía empapándose de todas las últimas noticias y datos sobre tecnología, procesándolas en ideas que pudieran ayudar en el desarrollo de Micro-Soft. El punto fuerte de Ric era volcarse sobre un trabajo y abordar metódicamente cada paso hasta terminarlo, exactamente lo que hace falta para escribir código. Yo me encargaba de planear nuestra estrategia y visión, siempre preocupado de que no nos estuviésemos moviendo lo bastante deprisa o trabajando lo bastante duro. Así había sido desde que trabajamos en el encargo de las nóminas en el instituto. En Lakeside este arreglo le dio a Paul el espacio que necesitaba para hacer el trabajo que le gustaba —y en el que sobresalía— y me dejaba lo demás a mí. Ahora, a medida que levantábamos Micro-Soft, adoptamos esos papeles con naturalidad. Paul se centró en las innovaciones tecnológicas, como su simulador y sus herramientas, y yo escribía nuevo software y manejaba la mayor parte de la gestión. Más recientemente había supervisado las negociaciones del contrato con Ed Roberts. Mientras yo estaba en Boston, Paul había intentado lograr que Ed firmara el contrato, pero no había sido capaz de conseguirlo; ese tipo de negociaciones cara a cara eran probablemente la parte que Paul prefería menos de nuestra nueva empresa.

Habíamos aterrizado en MITS, desde una distancia de tres mil kilómetros, con un par de conferencias telefónicas y un vuelo a Albuquerque de doscientos cuarenta dólares. Pero para conseguir al siguiente cliente, y al que vendría después, teníamos que vendernos a nosotros y nuestros productos escribiendo cartas, asistiendo a ferias comerciales, visitando empresas. Teníamos un montón de cosas que decidir. ¿Cuánto debemos cobrar? ¿Cómo nos promocionamos? ¿Cómo contratamos a los empleados? ¿Cómo resolvemos todos los temas de nóminas e impuestos? Para Paul, esas eran cuestiones prosaicas. Si todo iba como esperábamos, no harían más que crecer en número y complejidad.

Unos días después de firmar nuestro acuerdo con MITS, escribí una nota a Paul con lo que yo pensaba: «A Micro-soft le puede ir bien porque es capaz de diseñar y desarrollar buen software y porque puede contratar a personas como Monte [...], enseñarlas, elegir un proyecto para ellas, proporcionarles recursos y dirigirlas. Las decisiones económicas, legales y de gestión que implica son muy complicadas, como seguro que ya sabes. Pienso que mi contribución respecto a estas tareas me da derecho a más del 50% de Microsoft».

Deberíamos repartir la propiedad de la compañía en sesentacuarenta, continué con firmeza. A mí me parecía lo más justo. «Soy muy optimista respecto a nuestro trabajo juntos. Si las cosas van bien, tengo la intención de tomarme un año libre en la universidad», escribí al final. Paul accedió al reparto.

Cuando empecé este viaje de tratar de convertir nuestras ideas sobre el software en un negocio viable, encontré un modelo en Ken Olsen, de DEC. Él aprendía sobre la marcha y, con el tiempo, se convirtió en una autoridad de su sector. Como ingeniero, supuse que tenía que ser fuerte en matemáticas, y, puesto que estas exigían un pensamiento lógico y una aguda capacidad para resolver problemas, llegué a la conclusión de que él y, por extensión, yo, podríamos elegir las destrezas y los conocimientos que necesitáramos. Álgebra lineal, topología y el resto de Matemáticas 55 ponían a prueba mis límites. En comparación, las nóminas, las finanzas e incluso la contratación, el marketing y lo que fuera que hiciera falta para dirigir una empresa estarían a mi alcance. Era un punto de vista simplista del que años después terminaría desengañado, pero, oye, tenía diecinueve años y era así como lo veía.

La vida durante aquel otoño fue en gran parte como un torbellino: escribir código durante días y días y dormir solo cuando tenía que hacerlo, a menudo allí donde estuviera. Daba unas cabezadas ante la terminal o simplemente me acurrucaba en el suelo.

Paul terminaba su jornada en MITS, venía a nuestra parte del edificio para dedicar unas horas a Micro-Soft, se iba a casa a dormir un rato y llegaba de nuevo a las dos de la madrugada y me encontraba aún ante la terminal. Cuando los empleados de MITS se presentaban en el trabajo por la mañana, Paul y yo nos íbamos a Denny's a desayunar y luego yo volvía al apartamento 114 de Portals para dormir durante el resto del día. Para entonces, habíamos instalado también una terminal en nuestra sala de estar que podíamos conectar vía telefónica con la computadora del distrito escolar. La mayoría de los días, Ric se levantaba del sofá y se plantaba sin más ante la terminal para teclear código BASIC 6800. En el suelo había páginas esparcidas de nuestro código BASIC 8080 que usaba como guía.

Nunca cocinábamos en casa y, aparte de un tarro de pies de cerdo en escabeche que Chris trajo en broma, nuestra nevera estaba en gran parte vacía. Hacíamos todas las comidas fuera, con frecuencia en la Furr's Cafeteria, una pequeña sucursal de una cadena de restaurantes donde probé por primera vez el pollo empanado y donde luego, por pura costumbre, lo seguí comiendo casi siempre que íbamos allí. Recuerdo montones de comida mexicana: devorábamos cuencos de chile con queso y nos retábamos unos a otros a comer una salsa de chile verde que picaba endemoniadamente.

Cuando Paul se había ido de Boston en primavera, me había legado su Plymouth, que para entonces estaba en las últimas. Cuando volé dos meses después hacia el oeste, dejé el coche donde estaba aparcado, sabiendo que finalmente se lo llevaría una grúa al desguace. Aquel primer verano en Albuquerque, Paul dedicó una parte de su sueldo mensual en MITS a financiar su primer coche nuevo, un Chevrolet Monza 1975 azul celeste. Solía decir que esperaba tener algún día el dinero suficiente para comprarse un Rolls-Royce. Por el momento, tendría que conformarse con una berlina de dos puertas. Aquel Monza azul era el coche extraoficial de nuestra empresa; lo usábamos para acercarnos a recoger las impresiones en el distrito escolar, ir a comer más pollo empanado y recorrer las avenidas llanas e interminables que se extendían hacia el oeste y las serpenteantes carreteras que atravesaban la sierra de Sandía hacia el este. El coche era ligero y tenía un motor V8 y tracción trasera, de manera que derrapaba fácilmente si no andabas con cuidado. Poco después de que Paul lo comprara, Chris y yo estábamos dando una vuelta cuando tomé una curva demasiado deprisa y estampé el morro contra una valla de alambre de espino. Fue seguramente la única vez que vi a Paul a punto de llorar. Pagué el repintado, pero me sentí fatal igualmente. Paul amaba aquel coche, que desde entonces fue apodado la «Trampa Mortal». Al cabo de un año, me detuvieron por exceso de velocidad con la Trampa Mortal. Al policía no le hicieron gracia mis bromas y me metió toda la noche en el calabozo. Llamé a Paul, que me sacó de allí a la mañana siguiente con las monedas sueltas y los billetes que había esparcidos sobre mi cómoda.

Un viernes, Paul y yo nos fuimos con algunos empleados de MITS a un tugurio de Central Avenue. Como la edad mínima para beber era veinte años, no podía entrar en el local, pero los camareros hicieron la vista gorda cuando los compañeros de MITS sacaron sus pintas de cerveza a las mesas de pícnic que había delante. Toda la cultura de la *happy hour* después del trabajo era algo nuevo para mí. Hasta ese día, tenía la creencia tremendamente ingenua de que las empresas eran gestionadas de forma eficiente y de que todos los empleados estaban motivados, amaban su trabajo y empujaban junto con la gerencia en la misma dirección. La idea de que una empresa era una organización humana con todas los flaquezas y los defectos consiguientes no se me había ocurrido nunca. Ese primer viernes, al que seguirían otros, me desengañó de esa visión simplista. A medida que corría la cerveza iban surgiendo las quejas. MITS se hallaba en el centro de una nueva industria floreciente y, sin embargo, era un barullo de iniciativas confusas, estrategias mal concebidas y constantes cambios de planes, y a veces, en último término, de clientes enojados. Incluso algunos de los más veteranos echaban la culpa a su jefe, Ed Roberts. Y eran francos sobre los motivos: a todos les daba demasiado miedo plantear sus inquietudes.

Ed era corpulento —alto y fuerte— y tenía una voz atronadora que resonaba por toda la oficina cuando quería que se hiciera algo. La gente atribuía su estilo de ordeno y mando a la fuerza aérea de Estados Unidos, donde había trabajado con láseres en un laboratorio de armamento. Cuando hablaba, esperaba que escucharas. Intimidaba a sus empleados, y él lo sabía. Estoy seguro de que aquella fuerza de voluntad era lo que lo había convertido en un emprendedor en serie, el tipo de persona capaz de doblegar el mundo que le rodea a su antojo. Paul se mostraba deferente con Ed, cosa que creo que él esperaba. Yo no. Me relacioné con él más como con un igual, como siempre había hecho con los adultos desde mucho antes de que yo lo fuera. Al principio parecía que le hacía gracia. Era un narrador nato y dominaba todo tipo de temas. Yo le escuchaba y luego le replicaba con mi opinión. Parecía divertirse con mi actitud: mi energía e intensidad, mi necesidad de debatirlo todo al instante. Tuvimos grandes conversaciones y aprendí de él. Al mismo tiempo, sin embargo, nos veía a Paul y a mí como dos críos a los que les estaba haciendo un favor. De ahí, el mote que Ed me puso: «el niño». Tenía unos treinta y cinco años, cinco hijos, había creado un ordenador puntero y era el presidente de una compañía en plena efervescencia y con un gran futuro. Recuerdo que pensé: «Somos una pequeñez para Ed y MITS». Cuando dejó aparcado nuestro contrato unos meses, volé a Seattle para aguardar allí hasta que lo firmase. Para él, esto constituyó una insubordinación.

Una vez que firmamos el contrato, estuve dispuesto a todo. Paul y yo viajábamos en la autocaravana Blue Goose y empezamos a escribir artículos sobre software en *Computer Notes*, el boletín de MITS, dando consejos sobre programación y organizando un concurso mensual con premios para los dueños de un Altair que escribieran el mejor software. En una compañía que poco sabía sobre software, Paul y yo éramos unos seres atípicos rebosantes de ideas y energía. La costumbre de Paul de programar a altas horas de la noche, mientras escuchaba solos ensordecedores de Hendrix, y mi excitada intensidad siempre encendida no hacían más que subrayar la impresión de que éramos diferentes. Paul solía contar que Ed Roberts daba instrucciones a sus empleados de MITS para que no llevaran a los clientes a la zona de software; lo atribuía al hecho de que íbamos sin afeitar y sin duchar. Una vez, Ed entró en nuestra oficina y casi se tropezó conmigo, que estaba durmiendo en el suelo.

Cuando no estaba durmiendo, codificando o escribiendo alguna carta para conseguir un nuevo negocio, mi mente estaba centrada en el siguiente paso: gente que contratar, acuerdos que cerrar, nuevos clientes. Cuando me ponía en marcha, todo lo que tenía en la cabeza se derramaba sobre cualquiera que estuviera escuchando. En las cenas con Paul y la gente de MITS, podía hablar durante una hora seguida, balanceándome en mi silla y dando sorbos a mi cóctel shirley temple; exponía mis ideas sobre cómo lograríamos que nuestro software estuviera en cada ordenador personal, o explicaba por qué el Motorola 6800 era mejor que el MosTech 6502, o por qué un pequeño negocio compraría más bien un Sphere 1 y no un Altair. Mi mente necesitaba poner en orden todo lo que escuchaba, cada una de las informaciones que estaba asimilando. Yo hablaba y hablaba y luego me daba cuenta de que todos los demás habían terminado de comer. Salía del restaurante sin haber tocado mi plato. «Quizá vaya a Denny's dentro de unas horas. O quizá no. Creo que puedes pasarte un día entero sin comer, ¿no?».

El grupo de la *happy hour* me incitaba a presionar a Ed para que hiciera los cambios que creían que necesitaba la empresa. «Oye, Bill, ¿por qué no le dices a Ed que estamos haciendo demasiadas cosas y que deberíamos centrarnos? Oye, Bill, tendrías que decirle a Ed que deberíamos desechar su idea de fabricar un nuevo Altair». Yo ya había crecido un poco desde la época del cuarto de la computadora de Lakeside, cuando Paul descubrió lo fácil que era incitarme a actuar. Pero tampoco mucho.

MITS había reservado un stand en la Feria del Estado de Nuevo México de septiembre. Resultaba raro estar en aquel stand con un ordenador de veinte kilos, esperando a que alguien dejara su algodón de azúcar para tomar su primera lección de lenguaje BASIC. Aunque nos sentíamos optimistas. Pocas personas se paraban, pero con frecuencia, justo cuando empezábamos una demostración, el ordenador se colgaba.

El Altair se despachaba con muy poca memoria —solo 256 bytes de RAM—, lo cual era como conducir un coche con un depósito de gasolina del tamaño de una lata de refresco. Esa limitación generó la aparición de muchas empresas dedicadas a vender placas de memoria que los clientes podían comprar por separado e insertar en su Altair.

Ed Roberts odiaba a esos vendedores de placas. Eran «parásitos», decía, que estaban comiéndose un negocio que era suyo por derecho propio. Una parte del problema era que MITS ganaba muy poco dinero con el Altair en sí, lo cual empujaba a Ed a sacar periféricos y otros componentes extra que pudieran venderse con un buen beneficio. Las placas de memoria eran el primer intento en ese sentido. Pero las placas de MITS eran defectuosas, en parte porque la compañía compraba chips de memoria defectuosos. Por eso nuestro modelo en la feria estatal se colgaba, y por eso había de repente hordas de compradores del Altair presentando quejas. Aquellas placas eran un tema importante de conversación para el grupo de la *happy hour*. Estaba claro que MITS debía dejar de venderlas. Deberías decírselo a Ed, sugerían.

Escribí un software que diagnosticó que el problema se debía en parte al diseño de las placas y en parte a ciertos chips de memoria que dejaban escapar su carga eléctrica demasiado deprisa. Le mostré los resultados a Ed y le dije que tenía que dejar de vender las placas de memoria hasta que pudiéramos resolver el problema. Él dijo que no podía. «¡Tú no entiendes que los bancos nos tienen agarrados del cuello!», me gritó. No me eché atrás y le solté: «¡Deja de vender esas placas! Resolveremos el problema. Tú deja de venderlas hasta que lo consigamos».

Pero él continuó despachándolas y las placas de memoria volvían como un bumerán tan rápidamente que el servicio de atención al cliente de MITS no daba abasto con las quejas y las exigencias de recambio. En *Computer Notes*, Ed se disculpó por los fallos de las placas. MITS, decía, estaba tratando de adiestrar al personal de atención al cliente más deprisa. «Tengan paciencia, por favor. ¡¡¡Lo estamos intentando!!!», escribió.

Llegué a ver a Ed como un consumado emprendedor y un hombre polifacético interesado en temas muy diversos, que estaba dispuesto a dejar de lado los detalles en su persecución de una idea grandiosa. El tipo de persona a la que se le ocurre la Brillante Idea no suele ser la mejor para convertirla en un negocio.

En la época en la que lo traté, Ed descubrió muchas nuevas pasiones y las siguió con entusiasmo. Con el dinero que entraba en MITS por las ventas del Altair, compró un Cessna 310 en septiembre de 1975. Es así como terminé sentado detrás de él en aquel avión bimotor dos meses después. Volamos desde Albuquerque hasta Kansas City, Missouri, para asistir a una reunión de compañías relacionadas con la fabricación de ordenadores personales que estaban tratando de acordar un sistema estándar con el que los ordenadores almacenaran datos en cintas de casete.

La conferencia estuvo bien. Tuve oportunidad de practicar mis dotes de vendedor reuniéndome con otras compañías y hablándoles de Micro-Soft y BASIC. Y acordamos un sistema estándar, aunque al final quedaría en el olvido cuando los disquetes sustituyeron a las cintas de casete.

Sin embargo, una cosa que sí sigue presente en mi memoria de aquella conferencia es el viaje de vuelta a Albuquerque. Despegamos el sábado por la tarde, después de que terminara la conferencia. Cuando alcanzamos los dos mil metros de altura, Ed dijo de repente que el motor izquierdo perdía aceite; tuvo que apagarlo y volar con un solo motor. Desde atrás, yo veía que la cara se le llenaba de sudor mientras trataba de evitar que el avión se tambaleara hacia la izquierda —aquel día aprendí lo que era la palabra «bandazo»— y volaba de vuelta hacia el aeropuerto para un aterrizaje de emergencia. No me suelo asustar. Me gusta conducir deprisa. Me encanta ser zarandeado en una montaña rusa. Pero ver a Ed sudando y tratando de mantener el avión en posición me asustó. Recuerdo que pensé: «¿Ed es un buen piloto o no? Debería haberlo preguntado antes». Cuando aterrizamos —sanos y salvos, debo añadir—, juro que vi la oleada de alivio que recorrió a Ed de pies a cabeza.

Nos quedamos otra noche en Kansas City, donde un mecánico inspeccionó el avión y le dijo a Ed que no había encontrado ninguna avería. A la mañana siguiente, despegamos y, una vez más, a los dos mil metros, el motor izquierdo volvía a perder aceite, obligando a Ed a hacer su segundo aterrizaje de emergencia en dos días. A pesar de mi gusto por el riesgo, aquello fue demasiado. Dejé a Ed y su avión y tomé un vuelo comercial hacia Albuquerque.

Por la noche salía con frecuencia de nuestro apartamento y daba largos paseos por las calles llanas de los alrededores de la Base Aérea de Kirtland. La zona estaba tranquila a aquellas horas. Era el sitio perfecto para pasear y pensar, a veces sobre problemas de codificación, pero normalmente sobre algún aspecto de nuestros planes para Micro-Soft. Mientras paseaba en diciembre de 1975, antes de volar a Seattle para pasar las Navidades, reflexioné sobre los ocho meses transcurridos desde que habíamos fundado Micro-Soft. Habíamos hecho muchos progresos. Era asombroso pensar que miles de personas estuvieran utilizando el software que nosotros habíamos creado. Aun así, me preocupaba que dependiéramos de los *royalties* de MITS, y que demasiadas personas estuvieran optando por la vieja versión copiada de BASIC y no pagándonos por las versiones más recientes. Por cada centenar de ordenadores Altair vendidos por MITS, quizá solo diez incluían nuestro software, debido a la desenfrenada difusión de la versión pirateada. Para dar una idea de nuestra situación entonces, Micro-Soft declararía en sus impuestos unos ingresos de solo 16.005 dólares, lo que incluía los tres mil dólares que MITS nos había dado por adelantado. En cuanto a futuros negocios, habíamos hecho montones de contactos y generado posibilidades prometedoras, pero no teníamos ningún acuerdo todavía.

En cosa de un mes, tenía que volver a Harvard. Según lo planeado, me había tomado una excedencia durante el semestre de otoño para poner en marcha Micro-Soft y, a partir de principios de febrero del nuevo año, trataría de compaginar el trabajo en la empresa con la carga de un curso entero. Paul estaba haciendo equilibrios entre las exigencias de su trabajo a tiempo completo en MITS y su cometido en Micro-Soft. Ric, por su parte, también iba a volver a la universidad para cursar su último trimestre. Se mostraba ambivalente sobre si quedarse con nosotros, e incluso sobre lo que debía hacer a continuación. Con lo cual no había nadie que se dedicara a pensar en la empresa a tiempo completo.

Y, sin embargo, en ese momento no pensaba que fuéramos a perder nuestra oportunidad. Era increíblemente optimista, quizá demasiado. Tenía confianza en la evolución del negocio de los ordenadores personales. Sentía que estábamos cerca de cerrar algunos tratos, y todavía no teníamos ningún competidor importante. La People's Computer Company, en Silicon Valley, acababa de sacar una versión gratuita del lenguaje de programación llamada Tiny BASIC, pero era muy deficiente comparada con la nuestra.

Durante aquel paseo, me convencí a mí mismo de que podía

dirigir una compañía y ser un estudiante a tiempo completo. Todo el tiempo que había dedicado a mi programa de béisbol, lo dedicaría ahora a Micro-Soft. También pensaba que todo lo que estaba aprendiendo en Harvard seguía siendo fundamental para la persona en la que me estaba convirtiendo. En particular, había comenzado a entablar una relación con varios profesores de ciencia computacional y creía que podría aprender mucho más de ellos y adquirir unos conocimientos que ayudaran a Micro-Soft. Además, me encantaba la universidad: el ritmo frenético de aprendizaje, las conversaciones hasta altas horas de la noche con gente que sabía cosas que yo ignoraba. Pese a mi difícil periodo de adaptación durante el primer año, había logrado encontrar un buen ritmo durante el segundo. Al echar ahora la vista atrás, sabiendo cómo se desarrollaría la historia de Micro-Soft, me parece obvio que debería haber dejado la universidad en ese momento. Pero no estaba entonces preparado para hacerlo. Y, por supuesto, tampoco lo estaban mis padres. Volví a casa para celebrar la Navidad y seguir todas las tradiciones Gates habituales, incluida la artesanal felicitación de mi madre, una que revelaba sus inquietudes sobre mí con una rima banal: «Trey se tomó un tiempo este otoño en la vieja Albuquerque, en su propio negocio de software invierte; esperamos que no sea un fiasco. (El beneficio es parco)».

Ya había vuelto a Albuquerque, tras las vacaciones, cuando recibí una llamada de mis padres, que me contaron que mi padre era el candidato mejor situado para una magistratura federal. El juez superior del juzgado de distrito de nuestra zona había fallecido repentinamente mientras jugaba al tenis y la administración Ford tenía a mi padre en el primer lugar de la lista para reemplazarlo. Era una noticia increíble. Pero mi padre me confesó que, después de pensarlo un poco, había rechazado la propuesta. Su bufete había atravesado un periodo difícil, y el momento le parecía inoportuno. Su marcha habría sido un duro golpe para el despacho.

En el mundo de mi padre, una magistratura era la máxima culminación profesional, el puesto más prestigioso que podías alcanzar. Pero él creía que debía quedarse, que se lo debía a sus colegas. Además, como esposa de un juez, mi madre tal vez habría tenido que reducir sus actividades justamente cuando su carrera estaba en pleno auge.

Recibí la llamada menos de una semana antes de la fecha de mi vuelo a Boston. Me alojé en el Four Seasons Motor Inn para terminar de escribir el código para la versión en disco de BASIC. Había estado demasiado ocupado y ahora tenía que terminarlo en el último momento. Trabajando dieciséis horas diarias, escribí el borrador del código en un cuaderno de hojas amarillas y me alimenté durante cuatro días de comida para llevar. Entre las sesiones de codificación, redacté una carta para mi padre.

En aquel entonces, raramente escribía cartas a mis padres. No había nada que no pudiéramos comentar en nuestras charlas telefónicas de los domingos por la noche. Ahora, sin embargo, escribir una carta me pareció la mejor manera de comunicarle lo que pensaba sobre su decisión. Después de que colgáramos, había reflexionado un montón sobre lo que había decidido. Él consideraba que una magistratura era la vocación más elevada de su profesión, y durante mucho tiempo había abrigado la esperanza de que un día tendría la oportunidad de ejercerla. Ahora la tenía al alcance de la mano y, no obstante —por una lealtad más profunda hacia su bufete y hacia mi madre—, la dejaba pasar. Le confesé mi sorpresa: «Está muy bien decidir que ya eres feliz con lo que haces, incluso cuando se presenta por sí sola una oportunidad largamente ansiada. Desde que supe que estabas pensando en una magistratura, he creído que serías un gran magistrado. Habría sido una lástima que hubieras tenido que renunciar a tantas de las cosas que ahora disfrutas, pero no se puede tener lo mejor de ambos mundos», escribí. Terminé expresando mi temor de que yo hubiera sido uno de los factores en juego: «Espero de verdad que la carga económica de mi formación no haya afectado a tu decisión, ya que estoy totalmente dispuesto y en condiciones de pagármela yo mismo. Con todo mi amor, Trey».

Leo ahora aquella carta y no puedo evitar sonreír ante su tono, como si yo fuera el padre que le transmite comprensión a su hijo por la decisión que ha tomado. En comparación con lo que suele ser una carta sentida, no puede decirse que la mía rebosara emoción. Nuestra relación no era así. No nos comunicábamos nuestros sentimientos más profundos con frecuencia. Pero la carta era importante. Nunca le había dado mi opinión a mi padre sobre sus decisiones profesionales. Nunca me había sentido lo bastante cualificado o maduro para opinar. Además, era un hombre tan dueño de sí mismo y tan organizado que nunca parecía necesitar una opinión ajena.

Entre líneas había un mensaje que sin duda mi padre recibió, a saber, que yo era lo bastante maduro para entender que le hubiera dado la espalda al prestigio en aras de algo más importante. Pero también quería comunicarle que ya era lo bastante sofisticado como para comprender los matices de su decisión. Y quería transmitirle que ahora había madurado lo suficiente como para cuidar de mí mismo. En otra parte de la carta le explicaba lo duramente que estaba trabajando, que me había encerrado para escribir el código de la versión en disco, que «es extremadamente complejo y requiere verdadera concentración, así que me he aislado totalmente para terminarlo».

Días más tarde, me respondió. No, decía, el coste de mi formación no había afectado a su decisión. «Me gustó mucho tu carta expresando tu interés por la decisión sobre la magistratura. Ha sido tal como dices: estoy tan seguro y feliz con lo que hago que un gran cambio sería una tontería —escribió—. A tu madre y a mí nos conmovió mucho tu inquietud por este tema y tu disposición a pagarte los estudios».

Y acababa así: «Espero que te estés organizando bien. Te quiero, papá».

En Boston, volví a Currier House, a las partidas de póquer y a los problemas de matemáticas aplicadas. Me resultó fácil adoptar otra vez el ritmo de la facultad. Casi de inmediato, sin embargo, sentí el tirón de Micro-Soft. Habíamos encontrado un cliente importante.

NCR era entonces uno de los mayores fabricantes de computadoras, uno de los «siete enanitos» que competían con IBM. Además de grandes computadoras centrales, NCR creó un producto llamado 7200, que era una combinación de teclado, pantalla de nueve pulgadas y grabadora de casete. Había en esa época un tipo de dispositivos llamados «terminales tontas», entre las que se incluía la terminal que usábamos en Lakeside (y la que estábamos usando para conectarnos con la computadora del distrito escolar de Albuquerque), que eran meros teclados con una pantalla o una impresora para acceder a los programas que operaban en una computadora grande. Con la aparición de los procesadores baratos, como el Intel 8080, las compañías como NCR estaban ampliando la cantidad de tareas que podían ejecutar sus terminales y creando así un nuevo tipo de terminales «inteligentes».

Esa primavera habíamos firmado el acuerdo para adaptar el BASIC 8080 al NCR 7200 por la cifra entonces asombrosa de ciento cincuenta mil dólares. Como MITS tenía en exclusiva los derechos para ceder nuestro software bajo licencia, deberíamos repartirnos esa cantidad con ellos a partes iguales.

Las negociaciones con NCR se produjeron justo cuando estaban empezando las clases, lo cual significaba que necesitábamos a alguien que hiciera aquel trabajo. Le escribí una carta a Ric en la que calculaba que aquello supondría para una persona dos meses y medio de trabajo, un trabajo que implicaría reescribir y hacer los añadidos necesarios en BASIC para adaptarlo a la terminal de NCR. Ese tiempo, le dije, lo medía en «meses–Gates», lo que era mi autorreferencial intento de dejar claro que estaba hablando de trabajar duro, a tiempo completo y sin distracciones. En su respuesta, Ric me dijo que, después de graduarse en primavera, seguramente empezaría un máster o entraría en la facultad de Derecho. Tendría que buscar a otra persona.

Aunque el ordenador de MITS seguía vendiéndose bien, solo una pequeña porción de clientes estaba pagando por BASIC. En otoño, Ed Roberts había dedicado su columna en el boletín de MITS, *Computer Notes*, a reprender levemente a sus clientes para que pagaran por el software. No me pareció que su mensaje fuera lo bastante enérgico. Una noche de ese invierno, en mi habitación de la residencia, había escrito lo que pensaba al respecto en una sola hoja y se lo envié a uno de los miembros del grupo de la *happy hour*, un redactor de MITS llamado Dave Bunnell, que se encargaba de editar *Computer Notes*. Dave había mandado copias de mi carta a un montón de revistas de computación y al boletín del Homebrew Computer Club, antes de publicarla él mismo en el número de febrero de 1976 de *Computer Notes*.

Carta abierta a los aficionados

Para mí, lo más grave ahora mismo en el mercado de aficionados es la falta de buenos libros y cursos de software, así como de software de calidad. Un ordenador sin un buen software y sin un dueño que sepa de programación es un desperdicio. ¿Se escribirá software de calidad para el mercado de aficionados?

Hace casi un año, Paul Allen y yo, con la expectativa de que el mercado de aficionados se expandiera, contratamos a Monte Davidoff y desarrollamos el BASIC para el Altair. Aunque el trabajo inicial nos llevó solo dos meses, los tres nos hemos pasado la mayor parte del año anterior documentando, mejorando y añadiendo funciones a BASIC. Ahora tenemos las versiones 4K, 8K, EXTENDED, ROM y DISK BASIC. El tiempo de conexión con una computadora que hemos empleado tiene un valor superior a los 40.000 dólares.

La respuesta que hemos recibido de los centenares de personas que dicen estar utilizando BASIC ha sido siempre positiva. Dos cosas sorprendentes saltan a la vista, sin embargo: 1) la mayoría de esos «usuarios» no han comprado BASIC (menos del 10 % de todos los propietarios de un Altair han comprado BASIC), y 2) la cantidad de *royalties* que hemos recibido por las ventas a aficionados hace que el tiempo dedicado al BASIC para el Altair equivalga a menos de dos dólares por hora.

¿Por qué es así? Como gran parte de los aficionados sin duda sabéis, la mayoría de vosotros robáis vuestro software. El hardware debe pagarse, pero el software es algo que se comparte. ¿A quién le importa si la gente que lo ha creado es remunerada?

¿Es eso justo? Lo que no hacéis al robar el software es desquitaros de MITS por algún problema que hayáis tenido. MITS no gana dinero vendiendo software. El *royalty* que se nos paga, el manual, la cinta y los gastos generales hacen que sea una operación en el umbral de la rentabilidad. Lo que sí que hacéis es impedir que se escriba software de calidad. ¿Quién puede hacer un trabajo profesional a cambio de nada? ¿Qué aficionado puede invertir tres personas-año en programar, depurar y documentar su producto y distribuirlo gratuitamente? El hecho es que nadie aparte de nosotros ha invertido mucho dinero en software para aficionados. Nosotros hemos escrito el BASIC 6800 y estamos escribiendo el APL 8080 y el APL 6800, pero hay muy pocos incentivos para poner este software a disposición de los aficionados. Hablando claro, lo que hacéis es robar.

¿Y qué decir de los tipos que revenden el BASIC para el Altair? ¿Acaso ellos no ganan dinero con el software de aficionado? Sí, pero aquellos sobre los que nos han informado quizá acaben perdiendo. Ellos son los que dan mala reputación a los aficionados y deberían ser expulsados de cualquier reunión de club a la que se presenten.

Agradecería recibir cartas de cualquiera que desee pagar, o

hacer una sugerencia o un comentario. Escribidme a: 1180 Alvarado SE, n.º 114, Albuquerque, Nuevo México, 87108. Nada me gustaría más que poder contratar a diez programadores e inundar el mercado de aficionados con software de calidad.

BILL GATES
Socio general, Micro-Soft

La carta resonó como un disparo por todo el mundo de los aficionados y los clubs de computación. Antes de esa carta, probablemente no habrían tenido mucho que decir, suponiendo que algún usuario del Altair hubiera oído hablar de Micro-Soft o de Bill Gates. Éramos prácticamente desconocidos. Ahora, de repente, Micro-Soft daba pábulo a un debate sobre el futuro del software. ¿Gratis? ¿O por una tarifa? Un puñado de lectores me apoyaron, haciéndose eco de mi observación de que, sin un incentivo económico, pocas personas escribirían el software que todo el mundo quería. Un especialista en computación del departamento de psicología de la Universidad Estatal del Este de Washington me escribió para felicitarme por «decidirse a hablar claro... He llegado a apreciar de verdad el buen software y a los hombres y mujeres que han dedicado incontables horas a su desarrollo y depuración. Sin programadores, una computadora no es más que un gran (o pequeño) pedazo de silicio o metal».

Otros me criticaron con dureza. «Respecto a los problemas planteados por Bill Gates en su airada carta —escribió el editor de una revista de computación—, cuando el software sea gratuito, o tan barato que resulte más fácil pagarlo que copiarlo, entonces no será "robado"».

Ed Roberts estaba indignado. Aunque estaba de acuerdo en que había que pagar por el software, a su modo de ver me había pasado de la raya insultando a sus clientes. Alrededor de una semana después de que se publicara la carta, volví a Albuquerque,

donde Ed me gritó: «¡Tú ni siquiera trabajas para la empresa!».
Me sentía fatal por haberle puesto en una posición difícil y lamentaba no haber sido más diplomático en mi carta. Como había circulado en papel con el membrete de MITS, daba la impresión —ante Ed y seguramente ante muchos otros— de que la propia MITS estaba llamando ladrones a sus clientes. Ed me dijo que tendría que ponerme a trabajar con un empleado de MITS para redactar otra carta en la que me disculparía. Y que esa sería la última vez que escribiera una carta abierta.

Días más tarde, el 27 de marzo de 1976, salí nerviosamente al escenario en la pomposamente llamada Convención Mundial de Altair, celebrada en un hotel del aeropuerto de Albuquerque. El encuentro había sido ideado por Dave Bunnell —el redactor de MITS— como un modo de difundir el entusiasmo en torno al Altair. Ed Roberts se quedó estupefacto al ver que se habían presentado más de setecientas personas. Mi reputación me precedía gracias a la carta abierta. Aquella iba a ser mi primera charla profesional. Había preparado cuidadosamente mi intervención —una visión actualizada de BASIC como el futuro del software— y me había puesto mi mejor corbata y mi única chaqueta de sport para plantear un debate sobre las razones por las cuales el software era la parte más importante de un ordenador. Ahora suena obvio, pero entonces hacía falta un poco de imaginación para concebir cómo iban a evolucionar aquellas máquinas. Mi principal recuerdo de la charla es que, cuando terminé, se formó a mi alrededor una aglomeración para hacerme preguntas. Nunca me había visto en una situación semejante, con un montón de desconocidos rodeándome y mirándome fijamente. Empecé a balancearme mientras hablaba, como si mi metrónomo mental se pusiera en marcha a medida que me iba sintiendo cómodo al explicar los detalles del software y de la empresa que estábamos tratando de construir. No recuerdo cuánto tiempo dediqué a abordar mi mayor preocupación —el hecho de que la gente no estuviera pagando por el software—, pero estoy seguro de que tuve que responder también a muchas preguntas sobre ello.

Antes de irme de Albuquerque, Ed me hizo redactar la segunda carta, que Dave Bunnell publicó en el número de abril de *Computer Notes* y envió a otras revistas. «UNA SEGUNDA Y ÚLTIMA CARTA» no era tanto la disculpa que Ed quería como una razonada defensa del software comercial. No, no todos los aficionados a los ordenadores son ladrones, escribí, para añadir diplomáticamente: «Por el contrario, encuentro que la mayoría son personas honradas e inteligentes que comparten mis inquietudes sobre el desarrollo futuro del software». Al mismo tiempo, el futuro del ordenador personal dependía del hecho de que se escribiera software de calidad, lo que implicaba que quienes lo escribían debían ser remunerados. «El software es lo que marca la diferencia entre dos posibilidades: que el ordenador sea una fascinante herramienta educativa durante años, o que sea un apasionante enigma durante unos meses y acabe criando polvo en un armario», escribí.

La esperanza de que con clientes dispuestos a pagar podríamos contratar programadores se hizo realidad aquella primavera, cuando el dinero del acuerdo con NCR y con algunos otros —unos veinte mil dólares al mes— permitió a Micro-Soft contratar a su primer empleado. En abril llamé a Marc McDonald, un compañero de Lakeside que tenía un año menos que yo. Había formado parte de la pandilla del cuarto de la computadora y estaba ahora en el segundo año de Ciencias de la computación de la Universidad de Washington. Las clases no eran demasiado interesantes, me dijo, así que dedicaba mucho tiempo a un trabajo de programación en una PDP-10 de la facultad de Ciencias de la Salud. Marc fue probablemente la contratación más fácil de la historia de nuestra empresa: le ofrecí ocho dólares y medio por hora, él aceptó y al cabo de unos días llegó en coche a Albuquerque y se apoderó del sofá del apartamento 114 de Portals. Unos días más tarde, recibí una carta de Ric; había cambiado de idea respecto a la posibilidad de hacer estudios de posgrado y quería volver a trabajar con nosotros. Me propuso convertirse en socio. «Me gustaría de verdad concentrar mis esfuerzos en lograr que Micro-Soft alcance todo su potencial», me escribió. Estaba dispuesto a trabajar en la empresa «durante mucho tiempo, pues preveo un considerable provecho, tanto económico como de otro tipo, en este proyecto».

Durante el siguiente fin de semana, Paul, Ric y yo acordamos los detalles por teléfono. Montaríamos una sociedad de tres miembros que contemplaría el hecho de que yo habría de seguir estudiando en la facultad y Paul trabajando en MITS durante al menos otros seis meses. Ric se dirigiría a Albuquerque a la semana siguiente para ocuparse de nuestras tarjetas de presentación y el material de papelería con el membrete de Micro-Soft, reservar un apartado de correos y luego bombardear a los posibles clientes con cartas ofreciéndoles nuestro software y asesoramiento. Quizá incluso lanzáramos un servicio de atención telefónica en caso de que empezaran a llegar pedidos en abundancia.

Si me quedaba en la universidad, trabajaría a tiempo parcial y me ocuparía de la gestión legal y financiera y de las tareas de programación que fueran necesarias. Ric dirigiría la empresa y ejercería de presidente mientras yo estuviera estudiando. Compaginándolo con su trabajo en MITS, Paul sería responsable de encontrar nuevas oportunidades tecnológicas para Micro-Soft y de mantener nuestra relación con los clientes actuales, incluyendo MITS, NCR y otro fabricante de terminales inteligentes que habíamos conseguido, Data Terminal Corporation.

Garabateé nuestro plan de negocios en siete páginas de papel de fotocopiadora. Mi principio básico era que no debíamos precipitarnos y ahogarnos en costes. Lo cual significaba que cada uno cobraría nueve dólares por hora. «La cifra de nueve dólares para los socios resulta suficiente para vivir holgadamente, y no se modificará según el éxito, el esfuerzo individual, la suerte de cada uno, etcétera. Solo se modificará si hace falta reducirla porque MSoft no puede permitírsela».

Nuestros dos objetivos principales, escribí, eran: (1) crecer en tamaño y reputación y (2) ganar dinero. Esa carta marcó la siguiente fase de un esfuerzo concertado para establecernos como empresa independiente. Los tres acordamos convertir Micro-Soft en nuestra principal prioridad durante al menos dos años.

14

Código fuente

«Los microordenadores se popularizan rápidamente».

Este era el titular de un número de *Business Week* que compré en el verano de 1976, alrededor de un año después de que firmásemos nuestro contrato con MITS. Me gustó el artículo porque no aparecía en la prensa especializada o en un boletín de aficionados a los ordenadores, las típicas publicaciones que seguían nuestro rincón de la industria de la computación. Los lectores de *Business Week* eran inversores y ejecutivos: gente que en su mayoría no poseía aún un ordenador, pero que podría decidir comprar uno si fuesen más fáciles de usar.

Con un rotulador azul, subrayé lo que consideré el párrafo clave: «La industria del ordenador personal ya está empezando a parecer una versión en miniatura del negocio de las computadoras centrales, incluso en el predominio de un solo competidor. La IBM de los ordenadores personales es MITS Inc., fundada siete años atrás por el ingeniero H. Edward Roberts en el garaje de su residencia de Albuquerque (Nuevo México)». El artículo señalaba que MITS había vendido ocho mil ordenadores Altair y había facturado tres millones y medio de dólares el año anterior. Había competidores, añadía, pero la ventaja inicial del Altair lo había convertido en el estándar del sector.

El artículo desató una oleada de llamadas de teléfono a MITS desde lugares tan lejanos como Sudáfrica; personas que querían contactar con la compañía de moda citada en el artículo, bien para convertirse en distribuidores abriendo tiendas de ordenadores, bien para trabajar como asesores e introducir el Altair entre clientes corporativos. Los empleados de MITS estaban entusiasmados con el artículo y confiaban en que promovería aplicaciones aún más sofisticadas de su máquina.

Mientras yo lo leía, sin embargo, pensé: «Aunque MITS sea la IBM del momento, esto no durará». Por un motivo: si IBM decidía en algún momento fabricar un ordenador personal, había muchas posibilidades de que desbancara a MITS como la IBM del momento. Sabía que a Ed Roberts también le inquietaba que las grandes compañías de electrónica se sumaran a la contienda. A su modo de ver, la más temible de esas compañías era Texas Instruments. A principios de la década de 1970, MITS había sido pionera en la comercialización de kits de calculadoras programables, que son las que usan los ingenieros y los científicos. Cuando ese mercado alcanzó un cierto tamaño, grandes compañías lideradas por Texas Instruments se lanzaron a la carga con otros modelos ensamblados de bajo precio y a punto estuvieron de acabar con MITS. Ed temía que se repitiera la historia con los ordenadores personales.

Todos teníamos claro que Ed estaba empezando a cansarse de dirigir MITS. Menos de dos años después de presentar el Altair, su vida profesional era un interminable quebradero de cabeza de llamadas de clientes y quejas de vendedores del Altair, además de las complicaciones cotidianas de una empresa que había pasado de un puñado de personas a más de doscientos empleados. En un día cualquiera, algún trabajador frustrado le atosigaba porque cierto colega cobraba unos centavos más por hora. Al menos en una ocasión llegó a despedir a una persona, pero se sintió tan mal por ello que enseguida volvió a contratarla. Ed tenía un punto débil que no siempre acababa de encajar con su apariencia de hombre duro.

Me preocupaba que siguiéramos dependiendo tanto de MITS. Los *royalties* del BASIC 8080 para el Altair seguían siendo nuestra mayor fuente de ingresos. Las licencias de nuestro código fuente para esa versión de BASIC estaban repuntando. Sobre esa época, conseguimos a General Electric, que nos dio cincuenta mil dólares por un uso ilimitado del código fuente del BASIC 8080. Tras el acuerdo con NCR, otros pequeños vendedores de terminales se pusieron en contacto con nosotros. Fui a visitar a uno de ellos, Applied Digital Data Systems, en Long Island. Volé al aeropuerto JFK de Nueva York con la intención de ir en un coche alquilado hasta la empresa, que estaba en Hauppauge, como a una hora de camino. Mis planes se torcieron por culpa de un agente de la empresa de alquiler de coches, que me informó de que no podía alquilarme un coche: era demasiado joven. Una persona de ADDS me recogió en el aeropuerto. Resultó un bochornoso comienzo para nuestra relación. Aun así, estaban interesados e iniciaron un prolongado tira y afloja mientras redactábamos nuestro acuerdo.

Por supuesto, como MITS tenía los derechos en todo el mundo del BASIC 8080, cada vez que encontráramos un cliente para el código fuente, el contrato tendría que ser a través de MITS. Si firmábamos un acuerdo teníamos que dividir después los ingresos con ellos. Poco a poco, aquel verano empezamos a intentar dejar de lado a MITS. Iniciamos la búsqueda de una oficina propia y empezamos a trabajar en productos que pudieran atraer nuevos clientes.

La labor de búsqueda de esos nuevos clientes recayó, sobre todo, en Ric, que había asumido el papel de director general.

Durante los meses posteriores a nuestro acuerdo de una colaboración a tres bandas, Ric había cambiado de opinión. Ser socio significaba que tendría que centrarse por completo en Micro-Soft; él quería tiempo para expandirse y disfrutar de una vida completa. Iba a la iglesia, levantaba pesas en el gimnasio, se tomaba un tiempo para visitar a sus amigos de Los Ángeles. Aunque Ric había salido del armario con Paul y conmigo unos años antes, fue en Albuquerque cuando de verdad asumió lo que era. Como un síntoma de esa nueva vida, se compró un Corvette con matrícula personalizada que decía: «SÍ, LO SOY», por si a alguien le quedaba alguna duda. Floreció socialmente y encontró a su primer amor.

Una vez que Ric decidió no formar parte de la sociedad, Paul y yo acordamos repartirnos la propiedad de Micro-Soft al sesenta-cuarenta. Oficialmente, cada uno usábamos el título de «socio principal», aunque parodiando a los ejecutivos de las grandes compañías adoptamos unos títulos grandilocuentes entre nosotros: yo era «el Presidente» y él era «el Vice». Como director general, Ric se encargaba del marketing y el trabajo diario, desde tratar con MITS hasta depositar cheques y buscar nuestra oficina. Era meticuloso, registraba cada interacción en una libreta que tituló «El Diario de Micro Soft». Hoy es una pieza arqueológica de lo que era hacer negocios en la década de los setenta: cartas escritas a máquina y llamada tras llamada a una empresa y a otra con la esperanza de dar con alguien que pudiera estar interesado en comprar nuestro software. Una muestra:

Sábado, 24 de julio:
2.45 Intento con Steve Jobs. Dejo mensaje a su madre.

Martes, 27 de julio:
10.55 Intento con Steve Jobs. Ocupado.
11.15 Llama Steve Jobs. Muy grosero.
11.30 Intento con Peddle de nuevo. Debo hablar con él.

Peddle era Chuck Peddle, un ingeniero de MOS Technology, el fabricante del chip 6502 que Steve Wozniak había usado en el Apple I. Unos años antes, Peddle había dejado Motorola junto con otros ingenieros para entrar en MOS Technology, donde crearon el 6502. El chip era parecido al microprocesador 6800 de Motorola. Nosotros habíamos desarrollado una versión de BASIC para el chip de Motorola, de modo que Ric había empezado a trabajar en una versión para el 6502. Pero necesitábamos un cliente. Durante todo el verano y el principio del otoño, Ric llenó su diario de intentos de ponerse en contacto por teléfono con la compañía: «12.55 Intento de nuevo con Peddle; llamo a Peddle en MOS Technology. De vacaciones. Llamo a Peddle. Ocupado». Steve Jobs, mientras tanto, le dijo a Ric que Apple tenía una versión de BASIC que su socio Wozniak había diseñado y que, si necesitaba otra, la desarrollaría Wozniak, no Micro-Soft. Fuera cual fuera el modo en que Steve se lo hizo saber, supongo que Ric lo encontró desagradable.

La popularidad de BASIC fue el comienzo de Micro-Soft, y continuamos adaptando el lenguaje a distintos microprocesadores como estaba haciendo Ric con el 6502. Y, sin embargo, BASIC, a pesar de la facilidad de su uso y de su popularidad entre los aficionados, no era el lenguaje que deseaban los compradores de computadoras más serios. Los científicos y académicos usaban FORTRAN; los negocios, COBOL. Mientras tanto, FOCAL suponía una popular alternativa a BASIC entre los muchos usuarios de miniordenadores DEC. En un intento por expandirnos, comenzamos a desarrollar versiones de los tres. También empezamos a lanzar a los clientes las herramientas de desarrollo de Paul. Anteriormente, Paul y yo habíamos imaginado que Micro-Soft ofrecería un amplio abanico de productos de software —la idea de la fábrica de software—. Todavía no estábamos cerca de conseguirlo, pero desarrollar un surtido de lenguajes y herramientas de desarrollo suponía un paso hacia ese futuro.

Como apoyo para el desarrollo de nuevos productos, a finales de verano empezamos a contratar a nuestros primeros empleados a jornada completa que no procedían de nuestro círculo de Lakeside, incluidos Steve Wood, que acababa de terminar su máster en Ingeniería eléctrica en Stanford, y su mujer, Marla Wood. Hasta ese momento, habíamos sido un grupo de amigos cuyo futuro no me preocupaba. Si todo saltaba por los aires, estaba seguro de que nos dispersaríamos en distintas direcciones y saldríamos adelante. Pero ahora estábamos contratando a personas que no conocíamos y les estábamos pidiendo que se mudaran a Nuevo México y apostaran por nosotros, una empresa con dieciocho meses de antigüedad y un futuro incierto. Un poco sobrecogedor. Para mí, aquellas primeras contrataciones hicieron que Micro-Soft pareciera una compañía de verdad.

Me fui a Seattle ese verano para desarrollar lo que creía que sería el producto principal de nuestro futuro, un lenguaje de programación que se llamaba APL, las siglas de…, bueno, A Programming Language. IBM, que había desarrollado la versión original a principios de la década de 1960, continuó abanderándolo en la siguiente década y lo ofrecía con distintas computadoras. El lenguaje gozaba de una alta consideración entre los programadores serios, muchos de los cuales pensaban que su popularidad estaba a punto de crecer. Yo imaginaba que, si conseguíamos sacar nuestra propia versión, podríamos surfear esa ola y expandir nuestra presencia en el mercado empresarial más allá de nuestros orígenes entre los aficionados al BASIC.

APL también me gustaba como programador. Tiene una sintaxis muy concisa y te permite ejecutar con apenas unas pocas instrucciones lo que en otros lenguajes requeriría muchas líneas de código. Eso hacía que escribir una versión para un ordenador personal se convirtiera en un complicado rompecabezas en el que había que comprimir una enorme complejidad en un paquete pequeño. Trabajé día y noche para sacarlo con una terminal portátil que había instalado en mi dormitorio y pagando a mis padres los gastos por la conexión telefónica. Libby, que en aquella época tenía doce años, se quedaba en mi puerta preguntándose qué estaba haciendo el loco de su hermano, pegado a la terminal de su computadora todo el día. En los descansos, me retaba a una partida de ping-pong. (Jamás conseguí descifrar el APL, pero mi destreza en el ping-pong mejoró).

Aquel verano sería la última vez que viví en la casa de mis padres. Cuando lo pienso ahora, valoro mucho más el papel que mi familia desempeñó durante aquella primera época de Micro-Soft. Por muy orgullosamente independiente que yo imaginaba que era, lo cierto es que mi familia me apoyó de una forma tanto práctica como emocional. A lo largo del año, me iba con regularidad a casa de Gami en el canal Hood a pasar periodos de reflexión muy necesarios para mí, y aquel verano no fue una excepción. Mi padre siempre estaba dispuesto a ayudarme a resolver cualquier asunto legal. Mientras tanto, Kristi, que tenía entonces veintidós años y trabajaba en Deloitte, se encargaba de los impuestos de Micro-Soft.

A mis padres les debió de parecer que por fin me estaba organizando conforme al sentido de la palabra que le daba mi padre. Tenía mi propia empresa y, aunque había faltado un semestre a la universidad, iba a volver en otoño para lo que sería el segundo semestre de mi penúltimo año. Se quedaron conformes con mi plan y entendieron que la universidad me proporcionaba una satisfacción intelectual completamente diferente a la que me proporcionaba Micro-Soft. Me matriculé en un curso en Historia de Gran Bretaña durante la Revolución industrial y utilicé mi comodín de las Matemáticas aplicadas para entrar en ECON 2010, una clase de posgrado sobre teoría de la economía. Había otro alumno en la clase que no estaba licenciado, un estudiante especializado en matemáticas que se llamaba Steve Ballmer.

El año anterior, un amigo de Currier House me había propuesto que conociera a un chico que vivía en el mismo pasillo.

«Steve se parece mucho a ti», me dijo. Para entonces, podía reconocer al instante a otras personas que emitían el mismo exceso de energía que yo: Boomer y Kent eran los principales ejemplos. Steve Ballmer tenía más aún que nadie que hubiera conocido nunca. La mayor parte de los residentes masculinos de Currier eran los típicos cerebritos de matemáticas, que se mantenían aparte y cuya vida social consistía en jugar al *Pong* o al póquer en el sótano de la residencia. Steve no encajaba con aquel modelo. Tenía una inusual mezcla de cerebro, condiciones físicas y aptitudes sociales naturales. Era muchísimo más activo en el campus que nadie que yo conociera. Se ocupaba de la publicidad de *The Harvard Crimson*, ejercía de presidente de la revista literaria y entrenaba al equipo de fútbol americano.

Aquel otoño fui a un partido y desde la grada vi cómo Steve dedicaba tanta energía paseándose y dando saltos por la banda como cualquier jugador de Harvard en el campo. Cada partícula de su ser la dedicaba a ese equipo. Claramente estaba muy implicado en su rol de entrenador. Resultaba difícil no verse cautivado por su exuberancia. Steve amplió mi círculo social y a través de él fui nominado para entrar en el Fox Club, un club masculino con fiestas de etiqueta, tácitos apretones de manos y otras reglas y rituales arcaicos de los que normalmente yo habría huido. Pero, como Steve era miembro, accedí a que me tuvieran en cuenta y me aceptaran.

Al final, no pasamos mucho tiempo juntos en ECON 2010; debido a mi continuada afición a saltarme las clases hasta el examen final y a la repleta agenda de Steve, ninguno de los dos asistía a las tres horas lectivas semanales. Acordamos que los dos lo arriesgaríamos todo en los finales. Pero a última hora de la noche, en la residencia, Steve y yo teníamos largas charlas sobre nuestros objetivos, unas conversaciones que me recordaban a las que sostenía con Kent. Debatíamos sobre las ventajas de trabajar en el gobierno en comparación con hacerlo en una empresa y sobre cuáles de esas opciones nos permitirían contribuir más para mejorar la sociedad y tener un mayor impacto en el mundo. Por lo general, él se ponía del lado de tener un rol importante en el gobierno. No es de sorprender que yo me colocara del lado de los intereses empresariales. Al fin y al cabo, era el trabajo que tenía en mente la mayor parte del tiempo.

A medida que fue avanzando el semestre, empecé a sentir que entraba en conflicto con respecto a Micro-Soft. Hasta ese momento, la empresa parecía gestionable desde lejos, especialmente si Ric supervisaba el día a día. Pero, según íbamos creciendo, también lo hacía la complejidad de los detalles de la compañía. A menudo, cuando me reunía con Paul y Ric, me enteraba de algún problema nuevo que me parecía que no estaba siendo afrontado. Cuanto más sabía sobre el acuerdo con GE, por ejemplo, más llegaba a creer que les habíamos ofrecido un precio bajo por el trabajo al que nos habíamos comprometido. Ric no estaba monitorizando el dinero de los viajes de trabajo de los empleados y habíamos sobrepasado el presupuesto para desplazamientos; nos debían diez mil dólares de NCR, pero ni Paul ni Ric sabían cuándo los cobraríamos. Uno de nuestros mayores problemas era MITS, que no nos había pagado los *royalties* que nos debía en lo relativo a los Altair que incluían una memoria adicional. Como la mayor parte de nuestros ingresos procedía de MITS, necesitábamos todos ellos para mantener Micro-Soft en marcha hasta que surgieran otras fuentes de ingresos.

Dejé clara mi frustración a principios de noviembre. Tras una noche poco habitual de fiesta con Steve y mis nuevos amigos del club social, volví a mi residencia y escribí una carta para Paul y Ric en la que les advertía que «esta noche he salido a beber por primera vez este semestre, así que es posible que no escriba con mucha coherencia, pero he decidido hacerlo esta noche, así que allá voy».

Leer esa carta ahora me recuerda que, incluso cuando nuestra empresa estaba despegando, seguíamos trabajando en el proyecto del tráfico y ayudando a Lakeside con los horarios. Empecé con una página de directrices técnicas relativas a esos dos proyectos. Pero el foco principal estaba en Micro-Soft y en todas las cosas que estábamos pasando por alto: costes de viaje, supervisión de los empleados, seguimiento de los clientes y negociación de contratos. Me quejé de que todavía no había una tarjeta de crédito de la empresa. El pago de ochocientos dólares por alguna sanción era otra queja, como también el recurrente asunto de conseguir que MITS nos pagara nuestros derechos. Escribí: «Gastar catorce mil dólares desde que me he ido no es pensar en el flujo de caja, y no ocuparse de los *royalties* de la memoria es la forma de irnos al traste».

Terminé la carta diciendo: «A pesar de tantas conversaciones sobre el esfuerzo y las horas interminables, está claro que vosotros no habéis mantenido ninguna conversación sobre Microsoft y ni siquiera habéis pensado en ello por separado o, al menos, no lo suficiente. En cuanto a lo de "aplicar vuestra última medida", el compromiso no se está cumpliendo. Vuestro amigo, Bill».

Dejando de lado la advertencia sobre que había bebido, mi tono no era infrecuente en aquella época. De los tres, yo siempre había sido el supervisor, el que siempre andaba preocupado por estar perdiendo ventaja y temiendo que, si no teníamos cuidado, nos hundiríamos. Habíamos presenciado cómo C-al-Cubo pasaba de prometedora startup a que los acreedores se llevasen los muebles dieciocho meses después. Y solo en el año anterior habíamos sido testigos de cómo iban aumentando los problemas en MITS, que tenía el liderazgo, pero parecía carecer del rigor en la gestión necesario para mantenerlo. Éramos una empresa joven que estaba descubriendo todas las funciones del negocio: cuestiones legales, recursos humanos, impuestos, contratos, presupuestos y situación financiera. Conocíamos el trabajo fundamental de desarrollar software. Me preocupaba que todo lo demás no lo estuviésemos aprendiendo lo suficientemente rápido.

Un par de semanas después, fui diez días a Albuquerque por las vacaciones de Acción de Gracias para resolver algunos de los problemas mencionados en mi dura carta de amor. Acabábamos de mudarnos a nuestra primera sede de verdad: un espacio de oficinas en alquiler en la octava planta de un edificio nuevo de diez pisos, Two Park Central Tower. Era uno de los edificios más altos de la zona y ofrecía unas vistas increíbles de las puestas de sol en el centro de Albuquerque y de las lejanas tormentas en el desierto. El espacio contaba con una recepción y cuatro oficinas independientes, y otras más que podríamos alquilar a medida que nos expandiéramos. (Alrededor de esa época establecimos oficialmente Microsoft como compañía en Nuevo México, sin el guion en el nombre).

Mi viaje coincidió con la decisión de Paul de dejar MITS y dedicarse en exclusiva a Microsoft. No recuerdo si mis preocupaciones por nuestra empresa influyeron en su decisión; no sé lo presionado que se sintió por mí. Lo que sí sé es que Paul estaba cansado de MITS. A medida que aumentaba el estrés de Ed, también crecía la tensión entre él y Paul. En un momento dado, tuvieron un encontronazo por la insistencia de Ed en que Paul enviara un software que no estaba listo; Paul presentó su dimisión poco después. Cualesquiera que fueran sus motivos para dejar MITS, para nosotros fue una buena noticia. Podría pasar más tiempo dirigiendo a nuestros empleados en el desarrollo técnico de FORTRAN y de otros productos.

Yo revisaba el flujo de caja con Paul y Ric y me encargaba del aspecto financiero de la ampliación de nuestras oficinas a medida que íbamos contratando a más personas. Estábamos recibiendo muchas consultas sobre nuestro BASIC 8080 y estábamos tratando de cerrar contratos con compañías como Delta Data, Lexar, Intel y ADDS, el fabricante de terminales que había visitado en Long Island. Pero, cada vez con más frecuencia, Ed no firmaba.

Eso suponía un problema. Pero esperábamos encontrar pronto nuevos ingresos por otros productos. Uno de ellos era el BASIC 6502 que Ric estaba desarrollando. A finales de agosto, una empresa llamada Commodore International anunció que había comprado MOS Technology. Commodore había sido un destacado fabricante de calculadoras que, al igual que MITS, se había visto pisoteado por Texas Instruments. Pero, también al igual que MITS, tenía experiencia en el diseño y fabricación de ordenadores personales. Y ahora Commodore tenía el chip para ello.

Una tarde justo antes de Acción de Gracias, Ric llamó a Chuck Peddle, su contacto de MOS Technology, que ahora formaba parte de Commodore. Tras meses de llamadas perdidas y mensajes, Peddle dijo que Commodore estaba interesado en nuestro BASIC y que nuestro precio les parecía bien. Fue una gran noticia. (En pocas semanas, Paul nos enseñaría un artículo del *EE Times*: Commodore planeaba crear una computadora de uso general basada en el 6502. Para eso, teníamos que terminar el BASIC cuanto antes).

Poco después de una hora tras la conversación de Ric con Peddle, recibimos una llamada de un director de software de Texas Instruments. El director de TI informó a Ric de que su compañía estaba trabajando en un ordenador fabricado en torno a uno de sus chips. Quería ver documentación sobre nuestro BASIC y nuestra compañía. Decía que tendría que convencer al equipo directivo de TI para que apostaran por nosotros, pero solo el interés de esa empresa ya era un enorme avance. Aparte de IBM o DEC, no había ninguna otra compañía cuya entrada en el sector de los ordenadores personales hubiese tenido unas expectativas tan altas. TI tenía una marca, destreza técnica y aptitudes comerciales. También era la compañía a la que Ed Roberts había temido desde hacía tiempo. El poder económico de TI y sus agresivas tarifas habían estado a punto de mandar a MITS a la tumba en una ocasión, y fácilmente podría repetirlo.

Había vuelto a las clases cuando oí rumores de que un grupo de hombres vestidos con traje habían estado en MITS. Esa compañía no era el hábitat natural para ese tipo de personas. Llamaban la atención. Al final, supimos que aquellos hombres venían de una empresa llamada Pertec. ¿Pertec? Nunca había oído hablar de ella. Fui a la Widener Library (sí, fue antes de que pudieras buscar este tipo de cosas en internet) y encontré la información. Pertec, o Peripheral Equipment Corporation, era una empresa cotizada en bolsa que fabricaba discos y otros dispositivos de almacenamiento para grandes computadoras. Tenía su sede en California y era muy grande: más de mil empleados y casi cien millones de dólares de facturación anual.

Pertec presentó a primeros de diciembre una oferta para comprar MITS por seis millones de dólares. Si el contrato salía adelante, Ed Roberts se vería recompensado por su innovadora idea de fabricar un microordenador. Y, con la financiación de una compañía matriz, MITS tal vez podría mantener a raya a Texas Instruments y a cualquier otro entrometido que pretendiera robarle el mercado de las computadoras.

Poco después de que Pertec empezara a cortejar a MITS, todo lo relacionado con Microsoft se detuvo por completo. Dejaron de pagarnos nuestros *royalties*, los acuerdos sobre las licencias se pararon. Ed ya nos había dicho que no iba a vender nuestro BASIC a ninguna compañía que pensara que pudiera competir con MITS. A finales de 1976, su definición de competidor se había ampliado para incluir a toda la industria.

Durante las vacaciones de Navidad en Seattle, recibí una carta de Ric. Otro cambio de opinión: iba a dejar Microsoft. Tras un periodo de introspección, había llegado a la conclusión de que quería vivir en Los Ángeles, donde creía que podría encontrar una dinámica vida social. Había también una pequeña compañía de software establecida allí que quería contratarlo.

Me sentí abandonado. Cuando volvimos a hablar, le acusé de haberme engañado la primavera anterior al asegurarme que estaba comprometido con Microsoft. Replicó que nunca había prometido quedarse mucho tiempo. Discutimos sobre dinero y sobre todo el trabajo que aún nos quedaba por delante. Al final, nos calmamos. Le pedí si podía quedarse hasta el mes de marzo para terminar el BASIC 6502 para Commodore. Le dije que le pagaríamos por el trabajo que estaba haciendo, más el sueldo que le prometía su nueva empresa hasta que se fuera en marzo. Aceptó. Luego, viajó a la Feria de Electrónica de Consumo de Chicago, donde Commodore mostró por primera vez en público el PET 2001, un ordenador integral con monitor y teclado incorporados y grabadora de casete (para almacenar datos). Venía en una carcasa de plástico moldeado y parecía distinto de todos los ordenadores personales anteriores: algo que más bien podías encontrar en un hogar, y no en la mesa de trabajo de un aficionado. Esa era la intención.

Estuve visitando a mi abuela en el canal Hood durante las vacaciones y salí una noche a dar un largo paseo. Recuerdo con mucha intensidad ir por la carretera 106 de dos carriles, que serpentea por la franja sur del canal, mientras pensaba en los problemas con MITS y en el asunto más importante de cómo dirigir Microsoft durante el siguiente año. MITS y su pretendiente Pertec no se estaban esforzando nada por vender nuestro software y nos estaban bloqueando contratos, pese a que estábamos recibiendo solicitudes de cada vez más compañías. Sentía que por fin estaba empezando a despegar la industria y me dije que bajo ningún concepto nos íbamos a quedar atrás. Envuelta en esta idea estaba mi sensación de que cada vez resultaba más difícil compaginar una vida de estudiante de universidad con una compañía de software como actividad suplementaria.

Paul y yo estábamos completamente alineados en la visión de crear el principal fabricante de software para PC. Ese objetivo era como un premio que podíamos atisbar al otro lado de un río. Pero, a finales de 1976, tenía claro que la ambición de ser los primeros en llegar —de ser los más rápidos en construir el mejor puente hasta el otro lado— era más potente en mí que en él.

Como esas escotillas herméticas de los submarinos, yo podía

aislar al resto del mundo. Impulsado por el sentido de la responsabilidad que tenía hacia Microsoft, había cerrado la escotilla. Ni novia ni pasatiempos. Mi vida social se centraba en Paul, Ric y la gente con la que trabajábamos. Era el único modo que conocía de seguir adelante. Y esperaba una dedicación similar por parte de los demás. Teníamos delante de nosotros esta grandísima oportunidad. ¿Por qué no trabajar ochenta horas semanales para conseguirla? Sí, era agotador, pero también emocionante.

A pesar de la confianza en mí mismo y mi propensión a solucionar las cosas por mi cuenta, empezaba a ser consciente de que necesitaba el tipo de ayuda que Paul no estaba preparado para proporcionarme. Era un socio en algunos de los aspectos más importantes: compartíamos una visión para la compañía y trabajábamos bien juntos en asuntos como la tecnología y a quién contratar para fabricar software. Pero nada de eso importaba si los cimientos del negocio no estaban asegurados. Mantener a Microsoft en marcha era un trabajo en solitario. Necesitaba un socio para las veinticuatro horas del día, un compañero con el que debatir y discutir las decisiones importantes, alguien que me proporcionara listas de qué clientes podrían pagar o no y cuál sería el posterior estado de nuestra cuenta bancaria. Asumir yo solo cien cosas como esas cada semana era una carga que en aquel momento pensaba que debía tener el reconocimiento de una mayor participación en lo que estábamos construyendo.

Durante aquel paseo por el canal Hood, decidí que, si dejaba los estudios para dedicarme por completo a Microsoft, le diría a Paul que quería una mayor participación en la compañía. Medité esas dos decisiones después de volver a Harvard en enero para el periodo de estudio anterior a los exámenes finales. Steve Ballmer y yo nos habíamos mantenido fieles a nuestro plan de saltarnos las clases de ECON 2010. Pasamos esos días enseñándonos el material de estudio, trabajando sin parar para tratar de embutir en nuestros cerebros los conocimientos de todo un semestre. Salimos victoriosos cuando aprobamos nuestro examen final de una página.

El 15 de enero escribí a Harvard: «Un amigo y yo tenemos una sociedad, Microsoft, que se dedica al asesoramiento sobre el software de microprocesadores. Las nuevas responsabilidades que acabamos de asumir me obligan a dedicar todos mis esfuerzos a trabajar en Microsoft». Dije que tenía planeado volver a estudiar en otoño y licenciarme en junio de 1978.

Mis padres sabían que no tenía sentido decirme que siguiera en la universidad. Yo era demasiado independiente. Pero, a veces, mi madre utilizaba métodos sutiles para tratar de convencerme. En un momento dado, durante ese año o el anterior, me organizó una reunión con un destacado empresario de Seattle, Sam Stroum, que había creado una gran cadena de tiendas de electrónica antes de adquirir y expandir una importante cadena regional de repuestos de automóvil. Era además muy activo en organizaciones sin ánimo de lucro, un auténtico pilar de la sociedad de Seattle. Mi madre lo había conocido gracias a su labor en la United Way. Durante el almuerzo, le expliqué lo que era Microsoft y mi plan de fabricar software para todos los microprocesadores que pudiéramos, y también que el mercado iba a crecer rápidamente, a la vez que nuestra compañía. Cualesquiera que fueran las esperanzas que mi madre hubiera depositado en aquel almuerzo, no creo que se vieran satisfechas. En lugar de decirme que siguiera todo el curso en Harvard, Sam se mostró entusiasmado con lo que estaba haciendo. Su entusiasmo quizá aplacó un poco las inquietudes de mi madre, aunque no del todo. (Sam solía bromear años más tarde diciendo que lamentaba no haberme extendido un cheque durante el almuerzo para adquirir una parte de la empresa).

«Si Microsoft no sale bien, volveré a la universidad», les aseguré a mis padres.

De vuelta en Albuquerque, le dije a Paul que quería que el reparto fuera de sesenta y cuatro y treinta y seis. Él contraatacó. Discutimos, pero al final accedió. Me siento mal ahora por haberle insistido, pero en aquel momento yo creía que aquel reparto reflejaba con precisión el compromiso que Microsoft necesitaba de cada uno de nosotros. Firmamos un acuerdo a principios de febrero y se hizo oficial. (Algo más de tres años después, aquella porción de la compañía volvería a surgir mientras trataba de convencer a Steve Ballmer de que dejara la escuela de negocios para entrar en Microsoft. Como incentivo, incluí aquel cuatro por ciento adicional como parte de la oferta. Entró en 1980 y se convirtió en el socio a tiempo completo que yo necesitaba).

A pesar de nuestras tensiones con respecto a la propiedad de la compañía y nuestras perennes discusiones, Paul y yo teníamos un fuerte vínculo. Ya habíamos compartido un viaje increíble; ahora estábamos creando algo único. Y también pasándolo en grande.

Habíamos encontrado también un modo de mantener intacta nuestra amistad: no vivir juntos. Mientras yo estaba en Boston, Paul se había ido de nuestro apartamento de Portals. Alquiló una casa de tres dormitorios en las afueras con Ric y Marc McDonald. Cuando regresé a Albuquerque, me mudé a un apartamento con Chris Larson. Chris había estado yendo y viniendo a Albuquerque para trabajar los veranos con nosotros. Ya en su último año en Lakeside, convenció a sus padres para que le dejaran venirse con nosotros a Microsoft, tomándose libre un semestre como había hecho yo para el trabajo en TRW.

El hecho de no vivir con Paul implicaba que ya no tenía acceso al Monza Trampa Mortal, así que me compré mi propio coche, un Porsche 911 de 1971. Aunque de segunda mano, para mí supuso un gasto importante, pero siempre había deseado tener un Porsche y me encantaba el sonido del silbido áspero de su motor de seis cilindros. Aun así, todavía hoy me cuesta un poco confesar que lo compré.

Conducir ese Porsche se convirtió en mi vía de escape, mi momento para pensar en los problemas de la compañía mientras recorría a toda velocidad las carreteras de la sierra de Sandía muy por encima del límite de velocidad permitido. A menudo, Chris me acompañaba. El año anterior habíamos encontrado una bonita carretera que se elevaba hacia las montañas y llevaba a una fábrica de cemento. Después de comprarme el Porsche, nos embarcamos en habituales viajes a toda velocidad por la carretera de la fábrica de cemento, que era como la llamábamos. Una noche bien tarde, nos detuvimos en la fábrica y descubrimos que guardaban allí un par de bulldozers con las llaves puestas. Chris y yo pasamos varias noches en lo más alto de aquella carretera de la fábrica de cemento aprendiendo a conducir aquellas enormes excavadoras.

Correr con mi coche por ahí de noche acompañado de Chris, ver películas y salir con Paul y el resto del equipo de Microsoft fue a lo que llegaba mi vida fuera del trabajo en Albuquerque. Steve y Marla Wood, como única pareja de casados del grupo, ofrecían cierta dosis de domesticidad y nos solían invitar a cenar a su casa, o íbamos a la de Paul a ver series en su proyector. Nos obsesionamos con la de *The Pallisers*, una producción de la BBC basada en las novelas de Anthony Trollope sobre los Palliser. Nos juntábamos después del trabajo, nos acomodábamos en el sofá y la alfombra y nos zambullíamos en veintidós horas de duques y duquesas, triángulos amorosos y apuros financieros de la Inglaterra victoriana.

Cuando llegó la primavera de 1977, me resultaba cada vez más evidente que MITS y Pertec no tenían ninguna intención de pagarnos *royalties* ni ceder la licencia del BASIC 8080 a ninguna otra compañía. A su modo de ver, eran los propietarios del software y nosotros no pasábamos de ser una molestia, un pequeño grano en su plan para comprar el principal fabricante de ordenadores personales. Pertec había organizado la adquisición como una fusión entre MITS y una nueva subsidiaria de Pertec creada para la ocasión. Creíamos que lo habían hecho así, en alguna medida, para asegurarse de que los derechos que MITS tenía de nuestro BASIC formaran parte del acuerdo. Aun entonces me preguntaba si se habrían leído siquiera nuestro contrato. No le habíamos transferido a MITS la propiedad del software. Se la habíamos cedido bajo licencia. Y MITS tenía por contrato la obligación de dedicar su máximo esfuerzo a sublicenciar el software a otras compañías.

Todo se remontaba a la primavera de 1975 y a las semanas después de que Paul, Monte y yo escribiéramos el BASIC 4K y se lo entregáramos a MITS. Había sido el periodo durante el cual Ed había postergado la firma del contrato y yo me retiré a Seattle hasta que lo hizo.

Al negociar el contrato, Ed había insistido en que Paul y yo le concediéramos a MITS una licencia mundial en exclusiva del BASIC 8080 durante diez años. Yo no quería hacer tal cosa, pero quería cerrar el acuerdo. Y deseaba darle a nuestro nuevo socio una buena impresión.

Le pregunté a mi padre si podía ayudarnos a encontrar un abogado en Nuevo México. Así llegamos a un abogado procesalista de su antiguo bufete, cuyo sobrino, un hombre llamado Paull Mines, ejercía de abogado en Albuquerque. Llamé a Mines, y su bufete, Poole, Tinnin & Martin, nos ayudó a redactar el contrato. En 1975, un contrato para ceder software bajo licencia era todavía algo muy novedoso. Estoy seguro de que aquella era la primera vez que trabajaban en algo semejante. Hicieron un buen trabajo, y yo introduje una cláusula importante.

No sé cuándo había oído por primera vez el término legal «máximo esfuerzo», pero seguramente debió de ser en la mesa de nuestra casa, cuando mi padre hablaba de su trabajo con mi madre. Cuando una empresa accede a dedicar su máximo esfuerzo, acuerda hacer todo lo que esté en su mano para cumplir lo que estipula el contrato. Más allá de cómo me hubiera entrado esa expresión en la cabeza, la recordé durante aquellas negociaciones contractuales con MITS. Dije que les daríamos la licencia

exclusiva si MITS accedía a dedicar su «máximo esfuerzo» a vender nuestro código fuente. Los abogados de MITS rechazaron la
idea aduciendo que nadie accedía a poner «máximo esfuerzo» en
un contrato. Estaban dispuestos a incluir la expresión «esfuerzo
razonable», pero me negué. Y quedó en «máximo esfuerzo».

Revisé el contrato y volví a leer aquella cláusula una y otra
vez. Página 2, cláusula 5: «Esfuerzo de la Compañía. La Compañía [MITS] accede a emplear su máximo esfuerzo para sublicenciar, promover y comercializar el PROGRAMA. El incumpli-
miento por parte de la Compañía del compromiso de emplear su
máximo esfuerzo según lo antedicho constituirá motivo y razón
suficientes para la rescisión de este contrato por parte de los Li-
cenciantes».

Para mí, parecía estar todo muy claro.

A lo largo del último año me había hecho amigo de Eddie
Currie, director general de MITS y nuestro socio en el intento
de comercializar BASIC entre compañías externas. Eddie se había criado en el mismo vecindario de Florida que Ed Roberts;
los dos se conocían desde la escuela primaria. Pero, mientras Ed
podía ser estridente, Eddie era equilibrado y actuaba como sose-
gado intermediario entre MTS y Microsoft. Eddie parecía muy
comprometido con ayudar a que ambas compañías llegaran a
buen puerto. Juntos presentamos el BASIC 8080 a otras empresas y, cuando pescamos una, Eddie trabajó con Ed Roberts para
conseguir que se firmara el contrato.

En su papel de intermediario, Eddie Currie me había anima-
do en muchas ocasiones a reunirme con los abogados de Pertec
para ver si lográbamos solucionar nuestro desacuerdo. Me sentía
intimidado y confiaba en que pudiéramos debatir en cambio
todo el asunto directamente con Ed. También sabía que Eddie
estaba tratando de convencer a Ed para que esperara a que otro
pretendiente pudiera hacer una oferta con un precio más alto.
Cuando quedó claro que eso no iba a pasar, acepté reunirme con
Pertec. Al entrar en una sala de reuniones de MITS vi a tres abo-

gados de Pertec. Le pidieron a Eddie que esperara fuera mientras hablábamos.

Los abogados me dijeron que, cuando Pertec cerrase el acuerdo con MITS, ellos asumirían el acuerdo de licencia y que el contrato sería «transferido» a Pertec. Eso no iba a suceder, dije. Paul y yo tendríamos que acceder a transferirlo a Pertec y no íbamos a hacerlo. Página 7: «Este acuerdo no puede transferirse sin el expreso consentimiento por escrito de las partes». ¿Lo habían leído? Eso no importaba, respondieron. Me sentía cada vez más exasperado. «Estáis totalmente equivocados —les solté—. ¡El intérprete BASIC no es vuestro!».

El resto de la reunión se convirtió en una discusión a gritos entre los abogados y yo. En un momento dado, cuando habíamos llegado a un punto muerto, pero la tensión aún seguía latente, Eddie llamó a la puerta. Había una llamada para mí. Era Paul. Me dijo que Eddie Currie nos había oído gritarnos y le había llamado, pensando que Paul debía ir a sacarme de esa reunión. ¿Quería que viniera a ayudarme? «No —le dije a Paul levantando la voz lo suficiente para que todos me oyeran—. Estos tipos están tratando de jodernos, pero lo tengo todo controlado». Colgué y volví a la reunión. Al reanudar nuestra pelea, el principal representante de Pertec expuso de forma contundente lo que haría si nos empeñábamos en aferrarnos a nuestro software y no accedíamos a sus condiciones. Dijo que «destruiría la reputación de Microsoft». Me anunció que yo sería «personalmente responsable de fraude criminal, y te pondré una demanda por el valor de toda tu fortuna personal». Más tarde, Eddie dijo que se sentía mal por haber organizado aquella reunión y que creía que los abogados me habían tendido una emboscada.

Esa noche llamé a mi padre. Se quedó horrorizado al saber que los abogados se habían reunido solo conmigo, sin un abogado que representara a Microsoft. Al día siguiente fui a ver a Paull Mines. Revisó nuestro contrato y confirmó que teníamos razón. La cláusula del máximo esfuerzo era vinculante. Y, si no nos había quedado claro todavía, MITS se afanaba por incumplir su obligación de actuar con su máximo esfuerzo. A las pocas semanas, Ed Roberts envió una carta a ADDS en la que declaraba que MITS había decidido que debía suspender cualquier intento de ceder el software BASIC bajo licencia. Decía que Bill Gates quizá intentara volver a iniciar esas conversaciones. «Para evitarnos a cualquiera de nosotros una situación incómoda, deben saber que MITS tiene los derechos exclusivos de los programas de software BASIC desarrollados por el señor Gates y sus socios, y que cualquier compromiso sobre los derechos del programa BASIC, o de cualquier porción o versión modificada del mismo, por parte de cualquiera que no forme parte del personal de MITS no está autorizado».

En abril, en medio de aquel enfrentamiento, volé a San Francisco para asistir a la primera Feria de Computación de la Costa Oeste. Al entrar en el Civic Auditorium, me quedé boquiabierto. Miles de personas —en total poco menos de trece mil asistentes en dos días— se abrían paso entre las filas de casetas de empresas como la nuestra, Processor Technology, IMS Associates y Commodore, que exhibía su PET. Todas centradas por completo en ordenadores personales. En aquel momento sentí que el momento de la industria ya había llegado.

El primer día, estaba hablando con un grupo de gente sobre nuestro Extended BASIC cuando por el rabillo del ojo vi a un hombre atractivo que rondaba mi edad y tenía pelo largo y moreno, la barba bien arreglada y un traje de tres piezas. Estaba unas casetas más allá y era el centro de atención de su propio grupo de personas. Incluso desde la distancia estuve seguro de ver cierta aura a su alrededor. Me dije: «¿Quién es ese tipo?». Ese fue el día que conocí a Steve Jobs.

Apple, aunque más pequeña que muchas otras empresas, destacaba. Incluso entonces ya se mostraba el diseño de marca que haría de Apple —y de Jobs— un icono en las décadas venideras. En aquella ocasión, lanzaban el Apple II, que con su elegante carcasa beis parecía más un refinado aparato de electrónica de consumo que un ordenador personal. La compañía había decorado su caseta con sofisticados letreros de plexiglás, incluido el elegante logo de una manzana mordida que habían encargado a una empresa de marketing. Tenían una zona en la entrada al salón de la feria y estaban usando un proyector para mostrar los gráficos en color del Apple II en una pantalla gigante, asegurándose de que todos los que entraban vieran de inmediato su logo, sus carteles y su nuevo ordenador. «Los de Apple están recibiendo mucha atención», me dijo Paul.

Aquel primer encuentro en la primavera de 1977 supuso el principio de una larga relación entre Steve Jobs y yo, marcada por la colaboración y la rivalidad. Pero en la Feria de Computación hablé, sobre todo, con Steve Wozniak, que había diseñado y fabricado el Apple II. Al igual que el PET de Commodore, el Apple II utilizaba el chip 6502 de MOS Technology.

En aquella época, Wozniak era una *rara avis* en nuestra industria, alguien que conocía en profundidad tanto el hardware como el software. El BASIC que había creado, sin embargo, tenía un problema fundamental: era una versión simple del lenguaje y solo podía manejar números enteros. No tenía cálculo de coma flotante, lo que significaba que carecía de separadores decimales o notación científica, que son esenciales para cualquier programa de software sofisticado. Apple necesitaba un BASIC mejor y Wozniak lo sabía. Tras haber desarrollado un BASIC 6502 para Commodore, contábamos con un punto de partida para desarrollar otro para Apple. En aquella convención hablé de nuestro trabajo e hice hincapié en que les sería más barato y más rápido pedir la licencia de nuestro software que tratar de crear uno. Me fui de San Francisco con la impresión optimista de que acabaríamos firmando un acuerdo.

Unos días más tarde, ya en Albuquerque, Texas Instruments me comunicó que habían escogido nuestro BASIC para el ordenador personal que estaban diseñando. La compañía dijo que habían diseñado el ordenador como un electrodoméstico para que las familias gestionaran la economía doméstica, jugaran y redactaran trabajos escolares. Yo estaba convencido de que aquel sería el ordenador que entraría con fuerza en el mercado masivo. No solo unos miles de clientes, sino tal vez decenas de miles.

Habíamos vencido, al menos, a otros dos licitadores de ese trabajo. Conseguir aquel acuerdo supuso una gran inyección de confianza. Mi intención era cobrar a TI una tarifa plana de cien mil dólares, pero me acobardé. Temeroso de que la compañía se negara a pagar una cantidad de seis cifras, pedí noventa mil dólares, lo que seguía siendo el acuerdo más cuantioso que habíamos firmado, aparte del de NCR que tuvimos que repartir con MITS. Cuando TI vino a Microsoft por primera vez, nuestro nuevo gerente tuvo que apresurarse a comprar unas sillas más para que todo el mundo pudiera sentarse.

TI estaba utilizando su propio procesador, lo cual significaba escribir una nueva versión de BASIC a partir de cero. Eso implicaría meses de trabajo para al menos dos personas. Monte volvía a estar dispuesto a pasar el verano en Albuquerque, pero, como Ric se marchaba, nos hacía falta contratar a otro programador. Después de firmar el acuerdo en TI, llamé a Bob Greenberg, que había estado conmigo en varias clases de matemáticas en Harvard y del que sabía que estaba sopesando distintas ofertas de trabajo en aquella época. «Soy el hombre que buscas», me dijo.

Que tuviéramos dinero para pagarle era ya otra cuestión. MITS nos había abonado una pequeña cantidad de *royalties*, pero se había negado a desembolsar la suma completa que nos debía, que era entonces de más de cien mil dólares

Paul y yo ya estábamos hartos. A finales de abril, en colaboración con nuestro abogado Paull Mines, enviamos a Ed Roberts una carta de dos páginas enumerando todos los incumplimientos de nuestro contrato por parte de MITS, lo que incluía los *royalties* sin pagar y su negativa a dedicar su máximo esfuerzo a ceder el BASIC 8080 bajo licencia a empresas como ADDS y Delta Data. Si MITS no aceptaba nuestras condiciones de pagar los *royalties* y retomar la cesión de licencias de nuestro software en un plazo de diez días, pondríamos fin a nuestro contrato.

La respuesta fue inmediata: Pertec y MITS solicitaron al cabo de unos días la interposición de medidas cautelares para impedir que cediéramos el BASIC 8080.

En junio, como estipulaba nuestro contrato con MITS, nuestra disputa pasó a arbitraje. Al principio, me preocupaba nuestro abogado. Paull Mines tenía una forma de actuar que podía hacerle parecer desorganizado y con tendencia a perder el hilo de los pensamientos, una actitud algo dispersa que no hacía más que confirmar lo que yo percibía como una infundada confianza por parte de los abogados de la otra parte. Se los veía muy engreídos, convencidos de que su victoria era inevitable. En realidad, Mines era muy perspicaz y concienzudo. Cada noche nos reunía en su despacho para prepararnos para el día siguiente y repasar los detalles de nuestros contratos y de todas las interacciones que habíamos tenido con todas las empresas que se habían interesado por nuestro BASIC.

Las vistas con el juez árbitro duraron unos diez días. Asistí a todos los testimonios como representante de Microsoft. Eddie Currie desempeñó el mismo papel por parte de MITS. Ric, Paul y yo tuvimos que declarar, al igual que Ed Roberts, Eddie y varias personas más de ambas empresas. Aparte de lo que estaba en juego para Microsoft, todo el proceso me pareció fascinante. Al estilo de Kent, me presentaba allí cada día con mi propia monstruosidad de maletín repleto de todos los documentos que podría llegar a necesitar. Revolvía en su interior y sacaba un documento tras otro: para localizar una referencia, pero también para montar el espectáculo. Esperaba producir un efecto opuesto al que había buscado en secundaria cuando decidí no llevar libros de acá para allá: «¡Mira todos esos documentos! ¡Deben de estar superpreparados!».

Algunas noches después de terminar la vista, Paul, Eddie y yo salíamos a cenar y comparar nuestras anotaciones, especulando sobre de qué lado parecía decantarse el juez árbitro en un día determinado. El juez árbitro se esforzaba constantemente por entender los conceptos básicos de la tecnología que era el centro de la disputa. Tratamos de ayudarle dando a nuestro código fuente BASIC 8080 el apodo de «el Gran Código» para diferenciarlo de las demás versiones que no cubría el contrato.

Habíamos convocado a un testigo de ADDS con la esperanza de demostrar que el fabricante de la terminal quería la licencia de BASIC, pero que MITS se lo había impedido. En la cena de la noche anterior a la declaración de ADDS, le dije a Eddie que el nombre en clave para el producto de ADDS era «Centurion». No me di cuenta de que Eddie le iría con el chisme a todo el mundo. Tampoco reparé en que me había equivocado de nombre.

Me di cuenta de ambas cosas al día siguiente, cuando el abogado de Pertec interrogó al testigo de ADDS sobre el proyecto secreto.

—Háblenos de Centurion —dijo el abogado, al parecer muy seguro de que estaba a punto de poner en evidencia alguna laguna de nuestra defensa.

—No sé de qué me habla —respondió el tipo de ADDS.

—Usted debe de saber lo que es Centurion —replicó el abogado.

—Supongo —repuso el testigo—. Creo que es una legión romana, o un tipo de soldado o algo así.

Ya no recuerdo cuál era el nombre en clave correcto. Eddie dio sin duda por supuesto que yo le había engañado expresamente. Ojalá hubiera sido tan astuto. A partir de entonces, aprendí a ser más discreto.

Nuestro mayor reto era convencer al juez árbitro de que (1) muchas compañías querían adquirir bajo licencia el BASIC 8080 y de que (2) Pertec/MITS estaban bloqueando esas licencias, cuando por contrato tenían la obligación de emplear su máximo esfuerzo para facilitarlas. Por suerte, Ric había registrado sus contactos con todas aquellas compañías durante el año anterior en su diario de Microsoft. Ese diario nos ayudó a demostrar que el mundo quería lo que nosotros hacíamos.

Las vistas terminaron a finales de junio. Después, esperamos. Y esperamos.

Con nuestro dinero de MITS retenido, Microsoft necesitaba efectivo. En una de mis múltiples llamadas a mis padres aquel verano, acabé abordando el tema que quería evitar: quizá necesitara pedirles dinero para mantenernos a flote. En ese momento, le debíamos a Paull Mines unos treinta mil dólares, teníamos empleados a los que pagar y nuestros ingresos entraban con cuentagotas. Paul estaba tan preocupado que una noche me dijo que debíamos plantearnos llegar a un acuerdo con MITS. Yo le dije que tanto Paull Mines como mi padre me habían asegurado que lo más probable era que ganaríamos el arbitraje. Debíamos confiar en ellos.

El día después de que terminaran las vistas, Paul y yo llevamos a nuestros empleados de Microsoft a almorzar costillas asadas y un bufet de ensaladas en una cadena llamada Big Valley Ranch, que para nosotros era una opción de lujo. Éramos unos siete, incluido Ric, que iba a dejar para siempre la empresa al día siguiente. ¿Qué hacen el Presidente y el Vice cuando están preocupados y quieren levantar la moral? Invitar a almorzar a sus empleados y hablar con franqueza de sus inquietudes. Era el momento de comunicar lo evidente: aunque confiábamos en que ganaríamos el arbitraje, tampoco lo teníamos garantizado.

Aquella tarde, le pagué a Ric lo que le debíamos. Al día siguiente, el 1 de julio, pasó a vernos por la oficina antes de dirigirse a California para iniciar su nueva vida y su nuevo trabajo. Incluso entonces él tenía sentimientos encontrados con respecto a su marcha. Los míos no eran tan complejos; simplemente me entristecía ver cómo se iba. En una carta de recomendación que escribí para él unas semanas después, fui sincero: «Pienso que la marcha de Ric supuso una gran pérdida para Microsoft».

No sé si nuestro almuerzo de empresa esa semana provocó lo que ocurrió a continuación, pero Microsoft tuvo un golpe de suerte: Bob Greenberg, que llevaba menos de un mes trabajando con nosotros, me dijo que iba a prestarle a Microsoft la increíble suma de siete mil dólares, suficiente para ayudarnos con nuestras nóminas. Años más tarde, ni Bob ni yo recordábamos si yo se lo pedí o él me lo ofreció, pero el préstamo se produjo, con el acuerdo de que Microsoft le pagaría ochenta dólares al mes de intereses. (Cuando supo lo del préstamo, el padre de Bob lo reprendió. Ya disgustado por el hecho de que hubiera optado por Microsoft y no por una compañía importante, le dijo: «Cuando coges un trabajo, te pagan. Eso lo sabes, ¿no?»).

Con la esperanza de reunir más dinero, un día después de recibir el préstamo de Bob escribí a Apple:

> Estimado señor Wozniak:
>
> Le adjunto nuestro contrato estándar de concesión de licencia. Creo que ya le comuniqué el precio del BASIC 6502:
> OPCIÓN 1:
> 1.000,00 dólares fijos + 2.000,00 dólares por el código fuente + (35,00 dólares/copia hasta un máximo de 35.000,00 dólares)
> OPCIÓN 2:
> 21.000,00 dólares fijos: incluyendo el código fuente y todos los derechos de distribución
> Si está interesado, podríamos encontrar una opción intermedia. Debido a su conocimiento interno del software y su hardware especial, probablemente querrá el código fuente […]
> […] Si quiere otra versión demo o tiene alguna pregunta, no dude por favor en contactar conmigo. Espero que lleguemos a un acuerdo de cesión beneficioso para ambos.
>
> BILL

Unas semanas más tarde, recibí una llamada de teléfono del presidente de Apple, Michael Scott, que decía que a su compañía le interesaba la segunda opción. En menos de dos días llegó un cheque por la mitad de la tarifa: diez mil quinientos dólares. Con eso pagué más sueldos y le envié a nuestro abogado otros humildes mil dólares por nuestros crecientes gastos legales.

Aquel mismo mes, Tandy, una empresa conocida por su cadena nacional de tiendas RadioShack de componentes electrónicos, presentó el ordenador personal TRS-80. Era la siguiente compañía importante que se lanzaba al mercado. En un mes, RadioShack vendió la sorprendente cifra de diez mil TRS-80, lo que lo convertía en un éxito arrollador. La máquina de RadioShack tenía un sistema más completo que el Altair y otros ordenadores de aficionados. A un precio inicial de 599,95 dólares, venía con teclado, monitor y grabadora de casete, y estaba lista para usarse de forma inmediata. Con el ordenador, Tandy incluía su propia versión de BASIC, que había basado en la gratuita Tiny BASIC. Se llamaba Level 1 BASIC y era tan limitada que la compañía enseguida recibió las quejas de clientes furiosos. Aunque nos habíamos perdido el debut de la máquina, esperaba convencer a Tandy para que comprara nuestro software. Organicé una reunión en la central de la compañía para finales de septiembre.

Justo después del día del Trabajo, en septiembre, volé a Seattle para asistir a la boda de Kristi y me reservé un rato para hablar con mi padre sobre mi inminente reunión con Tandy. Me constaba que los técnicos de la compañía eran admiradores de nuestro BASIC, pero tendría que convencer de su valor al ejecutivo que dirigía el grupo. Aunque nunca había visto a John Roach, había oído que era duro: un tejano conocido por su temperamento huraño.

Sabía que Tandy era una compañía que compraba toneladas de condensadores, resistencias y conmutadores. Empleaban a «compradores» especializados cuya única labor era arrancarles unos centavos a las compañías asiáticas que suministraban los miles de productos que RadioShack vendía en sus tiendas. La filosofía de bajo costo de Tandy significaba que su división de ordenadores solo había contado con ciento cincuenta mil dólares para desarrollar el primer TRS-80. Encontraron una ganga en una nave de excedentes de stock de televisores RCA que utilizaron como monitores para el TRS-80. Resultaba, sin embargo, que la carcasa de esos televisores era gris, así que, para mantener bajos los costes, hicieron todo el TRS-80 en ese color.

Mi argumento de venta, le dije a mi padre, era que Microsoft podía vender el BASIC a un precio mucho más bajo del que le costaría a Tandy desarrollar su propia versión. Redacté dos páginas de temas a tratar que explicaban hasta qué punto nuestro producto era mucho mejor que cualquier otro de los que existían entonces. Mi padre me aconsejó que simplemente fuera sincero con Roach. En todo caso, supo infundirme confianza. Si le ofrecía un gran precio y le explicaba por qué era un gran precio, Roach seguramente me escucharía. Mi padre añadió que incluso podía llegar a desglosar la estructura de costes de Microsoft para que Roach entendiera mi punto de vista.

Al entrar en la sede de Tandy en Fort Worth, estaba preparado para exponer con total seguridad los beneficios de nuestro BASIC y ofrecer un trato a precio reducido. Le habíamos cobrado a TI noventa mil dólares, pero ellos requerían un nuevo chip y un montón de trabajo personalizado. Para RadioShack, decidí que pediríamos cincuenta mil dólares.

Nos dispusimos todos alrededor de una mesa sin sentarnos: yo, el encargado de software de la compañía, algunos otros empleados y John Roach. Empecé a exponer mis argumentos de venta cuidadosamente elaborados.

Mientras hablaba, Roach permaneció allí de pie, apretando firmemente la mandíbula, sin dar la menor indicación de si mi discurso surtía algún efecto. Quizá comentó algo, no lo recuerdo, pero yo no podía evitar la sensación de que estaba reacio.

A medida que seguía hablando, me resultó difícil contener

mi excitación. «¡Tienen que hacerlo! —imploré—. ¡Sin nuestro BASIC, su ordenador no será capaz de hacer nada!». En ese momento, ya estaba saliéndome del guion. «¡Con nuestro BASIC, serán insuperables!», añadí.

Eso era algo más que una fanfarronada. El trabajo y el nivel de pensamiento que estábamos poniendo en BASIC estaba muy por encima de cualquier otro software disponible. Creía realmente en nuestro trabajo. En ese momento había apoyado las palmas de las manos sobre la mesa y me había inclinado hacia Roach, que tenía la cara de un vívido tono rojizo.

Entonces me preguntó cuánto costaría.

«Cincuenta mil dólares», dije. Una tarifa plana.

La respuesta de Roach perdura como uno de los momentos más memorables de la primera época de Microsoft. «¡Mierda de caballo!», gruñó. Vaya, eso sí que no estaba en el guion. Era el tipo de comentario que podría haber hecho yo mismo, aunque quizá sin el toque granjero. Decidí en esa reunión que me gustaba John Roach. Y que me gustaba RadioShack. Eran muy buenos haciendo negocios. También contribuyó a esa impresión el hecho de que, pese a su reacción de aquella tarde, Mierda-de-Caballo Roach, como llegamos a llamarlo, aceptara nuestro precio.

En la época en que fui a RadioShack, recibimos noticias del juez árbitro: se inclinaba del lado de Microsoft y rescindía nuestra licencia exclusiva del BASIC 8080 con MITS, dejando claro definitivamente que nosotros éramos los propietarios del código fuente.

Buena parte de la sentencia del juez árbitro se centraba en los intentos de Pertec por impedir que MITS cediera licencias de BASIC a la competencia, y también en el hecho de que usaba nuestro software para desarrollar su propia versión de BASIC, lo cual describió el juez árbitro como «un acto de piratería empresarial que no se permite ni en virtud del contenido del contrato ni por ninguna interpretación racional».

Inmediatamente llamamos a todas las compañías que habían estado esperando el software. En cuestión de semanas, estaba entrando dinero de cinco o seis clientes, incluido ADDS y su proyecto «Centurion», o comoquiera que se llamase. Ahora podíamos dedicar nuestro propio «máximo esfuerzo» a dar licencias de nuestro software, y, con MITS fuera de la ecuación, ya no teníamos que repartir los ingresos.

A finales de octubre, envié a Paull Mines el importe restante que le debíamos, escribiéndole: «Espero no estar precipitándome demasiado al decirle que creo que esto marca el final de nuestra aventura con MITS. No solo el desenlace ha sido favorable, sino que la experiencia ha resultado estimulante y placentera, y usted es en gran parte responsable de ambas cosas». Paull continuaría siendo un asesor de confianza para mí y para Microsoft durante varios años más.

El acuerdo de Pertec para comprar MITS se había cerrado a finales de mayo. Ed salió de la fusión con varios millones de dólares y un muy buen puesto en Pertec al frente de un laboratorio dedicado a generar el siguiente fenómeno tecnológico. Pero, desde el principio, Eddie Currie y nuestros otros amigos de MITS dijeron que Pertec era una mala opción. MITS era una compañía desordenada y flexible, innovadora a su manera. Pertec era conservadora y confiaba demasiado en su capacidad para abrirse paso en el mundo en rápida evolución de los ordenadores personales. Enseguida asfixió a la empresa más pequeña. El Altair fue perdiendo cuota de mercado progresivamente. Ed propuso un plan para vender un ordenador portátil, pero Pertec lo rechazó, pues no creía que hubiera mercado para un aparato semejante.

De niño, cuando estaba criándose en Florida, Ed quería ser cirujano y llevaba encima tarjetas plastificadas con la anatomía humana; en un momento dado, pasó incluso un tiempo trabajando como técnico quirúrgico en un hospital. Después de un corto periodo en Pertec, Ed se mudó con su familia a la pequeña población de Cochran, en Georgia. Dirigió durante varios años una granja antes de seguir el sueño de su infancia: a los cuarenta y cuatro años se licenció en Medicina en la Universidad de Mercer. Durante el resto de su vida, dirigió una pequeña clínica que atendía a la población rural de Georgia.

Mi relación con Ed era complicada pero también de lo más instructiva al principio de mi carrera. Alrededor de la época en la que Microsoft ganó el arbitraje, yo había dejado de verlo en su despacho de MITS. Decía que estaba enfurecido por la decisión y que creía que el juez árbitro había malinterpretado la situación. «La próxima vez contrataré a un sicario», bromeaba. No cabía duda de que era una guasa, pero no se reía. A medida que nuestros caminos se fueron separando, nos fuimos viendo cada vez menos. En 2009, cuando supe que Ed estaba ingresado en un hospital por neumonía, lo llamé. Llevábamos muchos años sin hablar, pero noté todavía cierta animadversión. Durante la llamada, le dije que quería que supiera que había aprendido mucho de él cuando trabajábamos juntos, algo que nunca le había dicho en su momento. «Era muy inmaduro y un poco soberbio, pero he cambiado mucho desde entonces», le dije. Aquello pareció romper el hielo y tuvimos una charla estupenda. «Hicimos muchas cosas buenas e importantes», dijo. Yo estaba de acuerdo. Así fue realmente.

Unos meses después, cuando el estado de Ed empeoró, tomé un avión a Georgia para ir a verlo. Apenas estaba consciente, pero durante un par de horas hablé con él y con su hijo David, recordando la primera época de la industria. Murió poco después, en abril de 2010, a los sesenta y ocho años. Además de ser el primero en poner en el mercado un ordenador personal de gran éxito comercial, Ed Roberts marcó el rumbo de cómo evolucionaría la industria de los ordenadores personales. El boletín de MITS fue la primera revista dedicada a los ordenadores personales. La compañía patrocinó la primera feria de ordenadores personales. Las primeras tiendas de ordenadores eran distribuidoras del Altair, y los grupos de usuarios que aparecieron en torno a la máquina impulsaron la fundación de importantes empresas, Apple incluida. Pero, durante nuestra charla, David me contó que su padre pensaba que sus logros como médico de pueblo tenían la misma importancia que todo lo que había hecho para iniciar una revolución tecnológica.

A finales de 1977, el PET de Commodore, el Apple II y el TRS-80 de RadioShack empezaron a abrirse camino en las escuelas, las oficinas y los hogares, y en pocos años llegaron a cientos de miles de personas, la mayoría de las cuales no habían tocado jamás un ordenador. Al contrario que la primera generación de máquinas para aficionados, estos tres ordenadores se vendían completamente montados y listos para su uso, sin necesidad de soldar nada. El PET venía con montones de accesorios, incluida una grabadora de casete integrada para almacenar datos y programas, y su limitado teclado, con teclas exasperantemente diminutas que los críticos comparaban con chicles pequeños, no impidió su éxito. A lo largo del siguiente año, Tandy actualizó el TRS-80 añadiéndole nuevos accesorios y aprovechó sus cinco mil tiendas RadioShack para llegar a los consumidores a una escala inalcanzable para otras compañías. Las ventas del Apple II crecieron muy deprisa, impulsadas por un marketing inteligente, un ingenioso diseño y unos gráficos de colores que lo hacían especialmente fantástico para los juegos de ordenador.

Conocidas más tarde como la «Trinidad de 1977», estas tres máquinas llevaron la revolución del ordenador personal al gran público, mientras que otras se quedaron atrás. (TI, el temido gigante con el que tanto deseábamos trabajar, nunca tuvo éxito con los ordenadores personales). Instalada en cada miembro de la Trinidad iba una versión de nuestro BASIC, que habíamos confeccionado a medida siguiendo los requisitos de sus fabricantes. En la máquina de RadioShack estaba el Level II BASIC, en la de

Apple iba el Applesoft —una mezcla entre su nombre y el nuestro— y el PET tenía sencillamente el Commodore BASIC. En una versión para Commodore añadimos una pequeña sorpresa al código: si un usuario de PET tecleaba por casualidad el comando WAIT 6502,1, aparecía una palabra en la esquina superior izquierda de su pantalla: ¡MICROSOFT!

Como Microsoft ya no dependía de MITS y a Paul y a mí nos costaba contratar programadores en Albuquerque, en la primavera de 1978 escribí una circular a nuestra decena de empleados, enumerando opciones posibles para la sede permanente de Microsoft. Incluí en la lista Seattle, Dallas-Fort Worth —que quedaba cerca de Tandy y TI, grandes clientes nuestros— y Silicon Valley, que tenía una masa crítica de clientes y personal para contratar, pero también competidores. Paul sentía el tirón de nuestra ciudad. Estaba harto del calor de Albuquerque, echaba de menos los lagos de Seattle y el estrecho de Puget y quería estar más cerca de su familia. La mayoría de nuestros empleados estaban abiertos a cualquiera de nuestras opciones (aunque unos cuantos querían quedarse en Albuquerque). Tras pensarlo mucho, llegué a la conclusión de que Seattle cumplía la mayoría de los requisitos: la Universidad de Washington era una gran fuente de programadores y la distancia con Silicon Valley permitía un mayor grado de secretismo y menos riesgo de perder empleados que se fueran con nuestros rivales. Y, por supuesto, era también lo que prefería mi madre. Una vez que nos decidimos por Seattle, no pudo resistir la tentación de enviarme anuncios de inmobiliarias que recortaba del periódico, añadiendo con frecuencia su opinión («este queda muy cerca del puente: es una buena posibilidad, creo yo»).

En diciembre de 1978, nuestro último mes completo en Albuquerque, Bob Greenberg ganó como premio de un concurso un retrato familiar gratis. Envió una nota con el título «Compañerismo» en la que pedía a todos que fueran al estudio de fotografía que estaba detrás del restaurante Shanghai. La familia que presentó estaba compuesta por once de nuestros doce empleados (uno estaba en casa ese día). La fotografía para la que posamos se convertiría en una imagen icónica del Microsoft de la década de 1970, con amplias solapas, pelos desgreñados y cinco barbas pobladas.

Como un mes después, metí mis pocas pertenencias en mi 911, introduje una casete de la versión musical de *La guerra de los mundos* —prestada por Paul— en el equipo de música y me dirigí hacia el norte atravesando Nevada hasta Silicon Valley, para asistir a unas cuantas reuniones, y, después, hasta Seattle. Recuerdo aquel viaje por las tres multas por exceso de velocidad que me pusieron. También recuerdo pensar en lo extraño que resultaba estar mudándome a casa. Cuando me fui para ir a la universidad, les había dicho a mis padres que nunca más viviría en Seattle; parecía normal que hiciera mi vida en un mundo más grande. En mi mente, aquello habría sido la costa este, el centro de las finanzas, la política, las mejores universidades y —en aquel entonces— la industria informática. Regresar podría considerarse como una retirada.

Pero, a medida que lo pensaba, me di cuenta de que esto era diferente. No solo estaba mudándome yo de nuevo a mi hogar, sino también Microsoft, la empresa que un amigo y yo habíamos creado juntos. Con un variado grupo de empleados, era un negocio en crecimiento y rentable, y desde ese momento sería una parte fundamental de quien yo era. Mi camino estaba decidido. Mientras avanzaba a toda velocidad por la I-5 a ciento sesenta kilómetros por hora, apenas podía imaginar lo lejos que aquello me llevaría.

Epílogo

Mi madre y mi abuela siempre habían deseado tener un lugar en el canal Hood donde pudiéramos caber todos cuando mis hermanas y yo creciéramos y tuviéramos nuestras propias familias. Gami murió en 1987, antes de que pudieran ver realizado ese plan. El día de su funeral, mis padres, Libby, Kristi y yo fuimos en coche a ver una parcela que mi abuela había encontrado para nosotros. Compré la propiedad, y en los años siguientes construimos un conjunto de casas de campo. Ese complejo familiar, que mi madre apodó «Gateaway», se convirtió en mi refugio a durante los altibajos —la mayor parte «altos»— de los primeros años de Microsoft. Adquirí la costumbre de reservarme un periodo de tiempo para mí mismo en el canal Hood que llamé la Semana para Pensar. Una o dos veces al año, iba allí en coche o en un taxi-hidroavión para pasar siete días seguidos enfrascado en la lectura de libros, artículos y documentos: un curso intensivo en cualquier tema que sintiera la necesidad de estudiar. Luego escribía largos informes estratégicos acerca de cómo podía Microsoft mantener el liderazgo en áreas como la seguridad en internet o el procesamiento del lenguaje natural. Y, tal como Gami y mi madre habían esperado, Gateaway se convirtió en la base donde nuestra familia extensa podía reunirse cada Cuatro de Julio y cada día de Acción de Gracias, así como otros encuentros a lo largo del año. A medida que nuestra familia se amplió, se transformó en el lugar donde mis hijos y sus primos dieron continuidad al espíritu de Cheerio.

Días antes de la reunión del Cuatro de Julio de 2012, el hidroavión me depositó en un resort cerca de nuestra propiedad. Al bajar al muelle, oí que alguien gritaba: «¡Trey!». Alcé la mirada y vi a un hombre mayor larguirucho al que reconocí en el acto: era Marvin Evans, el padre de Kent. Habían pasado unos veinte años desde la última vez que nos habíamos visto.

Marvin me explicó que él y David, el hermano menor de Kent, estaban haciendo un breve viaje en barco y que habían atracado en el resort para pasar la noche. Nos sentamos en la cubierta de su barco y nos pusimos al día. La madre de Kent había muerto unos años antes de una larga enfermedad. Marvin, que ahora andaba por los ochenta, hablaba con su suave y reconocible acento arrastrado del sur, que me transportaba al asiento trasero de su Dodge del 67, cuando nos llevaba a Kent y a mí por Seattle. En los últimos años había estado escribiendo sus memorias, me dijo, y naturalmente había incluido las historias de Kent y de mí y del Lakeside Programming Group. Se echó a reír cuando recité el número de teléfono de la familia Evans, grabado para siempre en mi memoria. Los dos compartíais una creatividad intelectual extraordinaria, me dijo Marvin. Lo llames como lo llames, respondí, seguramente habríamos continuado compartiéndolo de no haber muerto Kent: había muchas posibilidades de que hubiéramos ido a la misma universidad y sido socios en alguna empresa. Marvin dijo que él pensaba lo mismo.

Una cosa era segura. Incluso el propio Kent, tan audazmente optimista sobre nuestro futuro, se habría quedado pasmado al ver el derrotero que había tomado nuestra pasión por la programación. Al chico que se había preguntado si quince millones de dólares cabrían siquiera en un coche le habría encantado saber que, más allá de todo lo que estudiamos, serían los conocimientos que adquirimos en la terminal de Lakeside, pulimos en C-al-Cubo y pusimos en práctica en los horarios de las clases los que acabarían desembocando en una de las compañías más exitosas de la historia. Y que el producto de tales conocimientos, el software, quedaría entrelazado prácticamente con todos los aspectos de la vida moderna.

No soy propenso a la nostalgia, pero hay días en los que me gustaría volver a tener trece años y hacer aquel trato con el mundo: ese trato según el cual, si sigues adelante, aprendes más y comprendes mejor, puedes llegar a crear algo verdaderamente útil y nuevo.

Con frecuencia, las historias de éxito reducen a las personas a estereotipos: el niño prodigio, el ingeniero genial, el diseñador iconoclasta, el magnate paradójico. En mi caso, me asombra la serie de circunstancias únicas —en gran parte, fuera de mi control— que modelaron tanto mi carácter como mi carrera. Es imposible sobrestimar el privilegio inmerecido del que gozaba: haber nacido en un país rico como Estados Unidos constituye en gran parte un billete de lotería ganador congénito, como lo es también el hecho de haber nacido blanco y hombre en una sociedad que favorece a los hombres blancos.

Añádase a eso mi afortunada secuencia vital. Era un crío rebelde en la academia Acorn justo cuando unos ingenieros encontraron el modo de integrar diminutos circuitos en un pedazo de silicio, dando a luz al chip semiconductor. Más adelante, estaba colocando libros en los estantes de la biblioteca de la señora Caffiere cuando otro ingeniero predijo que en el futuro aquellos circuitos se volverían más y más pequeños a un ritmo exponencial. Para cuando empecé a programar, a los trece años, los chips almacenaban los datos en las grandes computadoras a las que teníamos difícil acceso, y, para cuando me saqué el permiso de conducir, las principales funciones de un ordenador entero podían caber en un solo chip.

Darme cuenta tempranamente de que tenía aptitud para las

matemáticas fue un paso decisivo en mi historia. En su maravilloso libro *How Not to Be Wrong*, el matemático Jordan Ellenberg observa que «saber matemáticas es como llevar unas gafas de rayos X que revelan estructuras ocultas por debajo de la confusa y caótica superficie del mundo». Esas gafas de rayos X me ayudaron a identificar el orden subyacente al caos y reforzaron mi intuición de que la respuesta correcta siempre existía en alguna parte: solo debía encontrarla. Esa visión me llegó en uno de los momentos más formativos de la vida de un niño, cuando el cerebro está transformándose en una herramienta más especializada y eficiente. La facilidad para los números me dio confianza, e incluso una sensación de seguridad.

Cuando tenía poco más de treinta años, pasé unas insólitas vacaciones viendo películas de las clases de Física de Richard Feynman a sus alumnos universitarios. Me quedé inmediatamente cautivado por el absoluto dominio que tenía de su disciplina y por el asombro infantil que mostraba al explicarla. Rápidamente leí todo lo que pude encontrar de su obra. Reconocí la alegría que sentía al adquirir nuevos conocimientos y explorar los misterios del mundo: «el placer de descubrir cosas», según sus palabras. «Ese es el oro, esa es la emoción, la recompensa que obtienes a cambio de todo el pensamiento disciplinado y el duro trabajo», explicaba en *Qué significa todo eso*.

Feynman era un caso especial, un genio con una singular comprensión del mundo —tan amplia como profunda— y con una capacidad para avanzar mediante la razón a través de enigmas de campos muy diversos. Pero él formula a la perfección la sensación que arraigó en mí de niño, cuando empecé a construir modelos mentales que me ayudaban a visualizar cómo encajaban las piezas del mundo. A medida que acumulé más conocimientos, los modelos se volvieron más sofisticados. Ese fue mi camino hacia el software. Enganchado a la codificación en Lakeside, y a través de los pasos que vinieron después, desde hackear en C-al-Cubo hasta el trabajo en TRW, me dejé llevar con intensidad por el amor hacia lo que estaba aprendiendo, al tiempo que acumulaba experiencia justo cuando hacía falta: en el amanecer del ordenador personal.

La curiosidad no puede satisfacerse en el vacío, por supuesto. Requiere cuidados, recursos, orientación, apoyo. Cuando el doctor Cressey me dijo que yo era un chico afortunado, no me cabe duda de que estaba pensando principalmente en la suerte que había tenido al ser hijo de Bill y Mary Gates, unos padres que batallaron con su complicado hijo pero que a la larga pareció que sabían intuitivamente cómo guiarle.

Si estuviera creciendo hoy en día, probablemente me diagnosticarían un trastorno del espectro autista. En los años de mi infancia, que el cerebro de algunas personas procesa la información de un modo distinto que el de otras no era un hecho ampliamente conocido. (El término «neurodivergente» no sería acuñado hasta los años noventa). Mis padres no tenían guías o manuales que les permitieran comprender por qué su hijo se obsesionaba tanto con ciertos proyectos (el diminuto estado de Delaware), no captaba las señales sociales y podía ser grosero o incorrecto sin percibir al parecer el efecto que su actitud tenía en los demás. No puedo saber si eso es algo que el doctor Cressey reconoció o mencionó.

Lo que sí sé es que mis padres me brindaron la combinación exacta de presión y apoyo que necesitaba: me dieron margen para crecer emocionalmente y me proporcionaron oportunidades para desarrollar mis dotes sociales. En vez de dejar que me volviera hacia dentro, me empujaron a salir al mundo: al equipo de béisbol, a los Cub Scouts, a las cenas de las demás familias de Cheerio. Y me expusieron constantemente a los adultos, sumergiéndome en el lenguaje y las ideas de sus amigos y colegas, que alimentaban mi curiosidad sobre el mundo más allá de la escuela. Incluso con su influencia, mi lado social tardaría en desarrollarse, así como mi consciencia del impacto que podía causar en otras personas. Pero eso llegó con la edad, la experiencia, mis hijos, y gracias a ello soy mejor ahora. Me habría gustado que llegara antes, aunque no cambiaría el cerebro que me ha tocado por nada del mundo.

El «frente sólido» que mantuvieron mis padres, expuesto por mi madre en la carta que escribió a mi padre antes de que se casaran, nunca flaqueó, pero también permitió que los rasgos que los diferenciaban modelaran mi carácter. Nunca tendré la tranquila actitud de mi padre, pero él me infundió un sentimiento fundamental de seguridad y capacidad. La influencia de mi madre fue más compleja. Sus expectativas, internalizadas por mí, dieron lugar a una ambición aún mayor de alcanzar el éxito, de destacar, de hacer algo importante. Era como si yo necesitara saltar el listón de mi madre con un margen tan sobrado que ya no quedara nada más que decir.

Pero, por supuesto, siempre había algo más que decir. Era mi madre quien me recordaba regularmente que yo era solo un administrador de toda la riqueza que adquiriera. Con la riqueza venía la responsabilidad de repartirla, me decía. Lamento que mi madre no viviera lo suficiente para ver hasta qué punto he tratado de satisfacer plenamente esa expectativa: falleció en 1994, a los sesenta y cuatro años, de un cáncer de mama. Sería mi padre, en los años posteriores a la muerte de mi madre, el que me ayudara a poner en marcha nuestra fundación y el que ejerció como copresidente durante años, aportando la misma decencia y compasión que tan buenos frutos habían dado durante su carrera de abogado.

La mayor parte de mi vida me he concentrado en lo que hay delante. Incluso ahora, la mayoría de los días trabajo en anhelados avances que puede que tarden años en darse, si es que llegan a darse. Según me hago mayor, sin embargo, me descubro mirando atrás cada vez más. Resulta que ensamblar recuerdos me ayuda a entenderme mejor. Es una maravilla de la edad adulta darse cuenta de que, cuando eliminas todos los años y todo el aprendizaje, gran parte de lo que eres estaba ahí desde el principio. De muchas maneras, aún soy ese niño de ocho años sentado en la mesa del comedor de Gami mientras ella reparte las cartas. Noto la misma sensación de anticipación, un crío alerta y queriendo darle un sentido a todo.

Agradecimientos

He escrito varios libros, pero sumergirme en estas memorias ha sido para mí una experiencia diferente. Revisitar la primera etapa de mi vida y hurgar en los recuerdos fue adquiriendo una nueva dimensión. Para mi sorpresa, cuanto más escarbaba, más disfrutaba analizando mi pasado y los lugares a los que me condujo tanto intelectual como emocionalmente. Me he comprometido a continuar este viaje y planeo escribir otro volumen centrado en mis años al frente de Microsoft, y un tercero sobre la fase actual de mi vida y sobre mi trabajo en la Gates Foundation.

Quiero dar las gracias a las numerosas personas que han contribuido a hacer posible *Source Code*.

Al escribir este libro, he tenido la suerte de que Rob Guth se ocupara de extraer, guiar y dar forma a mis recuerdos. Durante más de una década, ha indagado en profundidad y hablado con mis amigos y familiares, y se ha convertido en un archivo viviente de mis recuerdos y experiencias. Su capacidad para detectar temas y ayudarme a construir una narración atractiva ha hecho que este libro sea mucho más que una colección de anécdotas, algo que yo no podría haber logrado sin él.

Estoy en deuda con Courtney Hodell, cuyos sentido narrativo y sabios consejos han guiado este libro desde que fue concebido hace años. La experiencia de Susan Freinkel como escritora y editora ha sido inestimable para dar forma y claridad a mi historia. Gracias a investigadores, escritores y expertos, incluidos

Chris Quirk, David Pearlstein, Harry McKracken, Lucy Woods, Pablo Perez-Fernandez, Tedd Pitts, Tom Madams, Wayt Gibbs y Yumiko Kono, que apoyaron *Source Code* en mayor o menor medida y dieron al libro unos cimientos sólidos.

Me siento inmensamente agradecido a los numerosos amigos que estuvieron dispuestos a ser entrevistados y compartieron sus historias y recuerdos de los primeros años de mi vida.

Por sus recuerdos sobre mis primeros años y sobre mis padres quiero agradecer a Llew Pritchard, Jonie Pritchard, Marty Smith, Jim Irwin, Jeff Raikes, Tricia Raikes, Tom Fitzpatrick, Tren Griffin, Chris Bayley, Anne Winblad y Bill Neukom, así como a mis compañeros de clase Stan «Boomer» Youngs, Kip Cramer, Chip Holland, Lollie Groth y Dave Hennings.

Mis amigos de Lakeside Page Knudson Cowles, Paul Carlson, Tom Rona y Vicki Weeks compartieron historias de nuestros años de secundaria, al igual que lo hicieron nuestros profesores, incluidos Bruce Bailey y Fred Wright. En nuestras numerosas charlas, Bernie Noe, amigo y miembro de la familia de Lakeside, proporcionó sabios consejos sobre este libro, al igual que hace siempre sobre la vida.

Gracias especiales a Connie Gordon por compartir sus recuerdos de su difunto marido, mi amigo Doug Gordon, una persona brillante que siempre me estimuló intelectualmente y se enfrentó al mundo con una amplitud de miras que nunca dejaré de admirar.

Dan Sill abrió la puerta a mis recuerdos de nuestra época de senderismo, mientras que Mike Collier compartió historias y fotografías de aquellas expediciones. Gracias también a Chip Kennaugh y a otros amigos de la Tropa 186.

David Evans proporcionó una increíble ayuda al proyecto y, junto con su padre, Marvin Evans, tuvo la generosidad de compartir tanto la belleza como el dolor que supuso la corta vida de Kent. Gracias a Norm Petersen por sus recuerdos y fotografías de los últimos meses de Kent.

Me siento agradecido a mis amigos de la universidad Sam Znaimer, Jim Sethna, Andy Braiterman, Peter Galison y Lloyd «Nick» Trefethen, por inspirarme en Harvard y por compartir sus recuerdos de aquellos años. Mi profesor de Harvard Harry Lewis contribuyó a dar color a mis recuerdos del Laboratorio Aiken y de la vida en Harvard a principios de los setenta, y, aunque no aparezca en estas páginas, estoy en deuda con Harry por mi introducción al «problema de la tortita». (Para que conste, no fui yo el que adelantó diez minutos el reloj de clase cuando Harry no miraba). Mi aprecio a Eric Roberts, cuya amable ayuda en Harvard nunca olvidaré, y a Ed Taft, por sus consideradas contribuciones a este libro. Gracias a Tom Cheatham III por los recuerdos sobre su padre.

Y luego están los miembros del equipo original de Microsoft. Me siento especialmente agradecido a Monte Davidoff, Bob Greenberg, Chris Larson, Marc McDonald, Steve Wood y Bob O'Rear, que creyeron en Micro-Soft cuando no era más que una diminuta startup y me ayudaron a contar aquí nuestra historia.

Eddie Currie revisó con paciencia los altibajos de la época de Microsoft con MITS y amablemente volvió a ponerme en contacto con Ed Roberts después de muchos años. Agradezco el tiempo que pasé con David Roberts y su ayuda para hacer revivir a su padre en las páginas de este libro.

Gracias a Paul Gilbert, nuestro socio en Traf-O-Data, y a Mike Schaefer, que me guio a la hora de relatar la vida de Ric y sus contribuciones a Microsoft. Van Chandler y Randy Wigginton completaron los recuerdos del amanecer del ordenador personal.

Tener acceso a materiales de archivo relacionados con mi vida supuso una enorme ayuda. Quiero dar las gracias especialmente a Joe Ross, Meg Tuomala y Emily Jones, del Gates Archive; a Patti Thibodeau, del Microsoft Archives; y a Leslie Schuler, de los Lakeside Archives, así como a sus colegas del departamento de Ciencias de Lakeside. Gracias a Josh Schneider, archivero de la Universidad de Stanford, y a los archiveros de Harvard y de la Universidad de Washington por su investigación y guía.

Cuando decides contar un relato después de medio siglo, supone una enorme ventaja que escritores con talento ya hayan cubierto parte del terreno. Entre aquellos cuyo trabajo ayudó a refrescar mi memoria y completó la historia de los comienzos de la industria del PC se encuentran Paul Andrews, Paul Freiberger, Walter Isaacson, Steven Levy, Steve Lohr, Stephen Manes, John Markoff y Michael Swaine.

Entre los primeros lectores del manuscrito estuvieron Paula Hurd, Marc St. John y Sheila Gulati. La atenta lectura de amigos queridos y de confianza me proporcionó comentarios meditados y perspicaces muy necesarios en fases decisivas de la escritura.

Debo unas gracias especiales a las muchas personas de Gates Ventures que contribuyeron a hacer posible este libro.

Larry Cohen es una luz resplandeciente en todo el trabajo que hacemos juntos y me dio sabios consejos cuando consideré por primera vez la idea de unas memorias.

Alex Reid y su equipo de comunicación gestionó hábilmente el lanzamiento de estas memorias, moviéndose en el mundo de los medios para ayudarme a encontrarles su audiencia.

Andy Cook y su equipo encontraron formas brillantes de llevar este libro al mercado a través de un panorama siempre cambiante de lectores.

Ian Saunders y su creativo equipo hallaron inspiración en las palabras impresas y obraron su magia para alcanzar audiencias aún más amplias.

Jen Krajicek y Pia Dierking hicieron el seguimiento de cada parte de la producción del libro con precisión y diplomacia.

Gregg Eskenazi, Hillary Bounds y Laura Ayers gestionaron los aspectos contractuales y legales en apariencia interminables que supone lanzar un libro.

Muchos otros jugaron un papel esencial en la creación y lanzamiento de este libro a lo largo de los años: Alicia Salmond, Anita Kissée, Anna Dahlquist, Anu Horsman, Aubree Bogdonovich, Bradley Castaneda, Bridgitt Arnold, Cailin Wyatt, Chloe Johnson, Darya Fenton, David Sanger, Dinali Weeraman, Donia Barani, Emily Warden, Emma McHugh, Emma Northup, Erin Rickard, Graham Gerrity, Jacqueline Smith, Joanna Fuller, John Murphy, John Pinette, Jordana Narin, Josh Daniel, Josh Friedman, Katie Rupp, Kerry McNellis, Khiota Therrien, Kim McGee, Kimberly Lamar, Kristi Anthony, Lauren Jiloty, Mara MacLean, Margaret Holsinger, Mariah Young, Meghan Groob, Mike Immerwahr, Neil Shah, Sarah Fosmo, Sean Simons, Sean Williams, Sebastian Majewski, Stephanie Williams, Tom Black, Valerie Morones, Whitney Beatty y Zach Finkelstein.

Y quiero dar las gracias al resto del increíble equipo de Gates Ventures: Aishwarya Sukumar, Alex Bertha, Alex Grinberg, Alexandra Crosby, Amy Mayberry, Andrea Vargas Guerra, Angelina Meadows Comb, Anna Devon-Sand, Anne Liu, Avery Bell, Becky Bartlein, Bennett Sherry, Brian Sanders, Brian Weiss, Bridgette O'Connor, Caitlin McHugh, Chelsea Katzenberg, Chevy Lazenby, Christopher Hughes, Courtney Voigt, Craig Miller, David Phillips, Dillon Mydland, Ebony McKiver, Emily Woolway, Erik Christensen, Farhad Imam, Gloria Ikilezi, Goutham Kandru, Graham Bearden, Greg Martinez, Gretchen Burk, Hannah Pratt, Heather Viola, Henry Moyers, Ilia Lopez, Jamal Yearwood, Jeanne Solsten, Jeff Huston, Jen Kidwell Drake, Jennie Lyman, Jonathan Shin, Jordan-Tate Thomas, Kate Reizner, Ken Caldeira, Kendra Fahrenbach, Kevin Smallwood, Kristina Malzbender, Kyle Nettelbladt, Linda Patterson, Lindsey Funari, Lisa Bishop, Lisa Perrone, Manny McBride, Matt Clement, Matt Tully, Meredith Kimball, Michael Peters, Mike Maguire, Molly Sinnott, Mukta Phatak, Naomi Zukor, Niranjan Bose, Patrick Owens, Prarthna Desai, Quinn Cornelius, Rachel Phillips, Ray Minchew, Rodi Guidero, Ryan

Fitzgerald, Sonya Shekhar, Steve Springmeyer, Sunrise Swanson Williams, Sydney Garfinkel, Sydney Yang Hoffman, Teresa Matson, Tony Hoelscher, Tony Pound, Tricia Jester, Tyler Hughes, Tyler Wilson, Udita Persaud, Varsha Krish, Vijay Sureshkumar, Yasmine Diara, Will Wang y Zach Hennenfent.

Este libro no habría sido posible sin el equipo de primerísima categoría de Knopf. *Source Code* tuvo tres editores, empezando por el legendario Bob Gottlieb. Bob había editado mis dos últimos libros, y fue de los primeros que mostraron su entusiasmo por este. Lamentablemente, falleció justo cuando el manuscrito empezaba a cuajar. El mundo de la edición perdió con él a una luz extraordinaria. Recomiendo la película *Turn Every Page* (dirigida por su hija, Lizzie Gottlieb) para hacerse una idea de lo increíble que era Bob. Tras su muerte, tuve la suerte de que me presentaran a la extremadamente talentosa Reagan Arthur, quien presenció cómo el libro tomaba forma y empezaba a encontrar su dirección.

Source Code llegó a línea de meta gracias a las expertas manos de Jennifer Barth, que estuvo dispuesta a hacerse cargo del proyecto e invirtió una extraordinaria cantidad de tiempo y energía en hacer de este el mejor libro posible. Le estoy profundamente agradecido por su enérgica dirección, generosidad y calma inquebrantable, incluso en medio de una edición complicada.

Quiero dar también las gracias a todo el mundo de KDPG que apoyó esta publicación, empezando por la clarividente Maya Mavjee, que siempre creyó en el proyecto, y Jordan Pavlin, la brillante editora jefe de Knopf, que ha mostrado un compromiso inquebrantable. Las aportaciones de Ellen Feldman, directora de producción editorial, fueron simplemente heroicas. Me siento agradecido a todos sus compañeros que trabajaron en *Source Code*, incluidos Anne Achenbaum, Michael Collica, Meredith Dros, Brian Etling, John Gall, Erinn Hartman, Kate Hughes, Oona Intemann, Laura Keefe, Linda Korn, Serena Lehman,

Beth Meister, Lisa Montebello, Jessica Purcell, Sal Ruggiero, Suzanne Smith y Ellen Whitaker. También quiero agradecer la increíble contribución de los equipos de Knopf en Canadá y Allen Lane/Penguin Press UK, con quienes fue un placer trabajar.

Mi vida no habría tomado el camino que tomó si no hubiera sido por Paul Allen, mi amigo, mi socio y mi acicate. Paul murió demasiado joven. Escribir este libro me ha dado la oportunidad de revivir aquellos años maravillosos en que fuimos inseparables, un tiempo en el que creamos algo verdaderamente impresionante. Le estoy muy agradecido a Paul por su perspicacia, sabiduría, curiosidad y amistad, especialmente en los tiempos más duros.

Por encima de todo, mis hermanas Kristi y Libby merecen un reconocimiento especial. Me han apoyado pacientemente durante toda mi vida y sus contribuciones a *Source Code* fueron esenciales. Al comienzo de la escritura de este libro, nos sentamos en el canal Hood una tarde de verano y recorrimos entre risas nuestros recuerdos de la infancia, las historias familiares y los detalles cotidianos de crecer juntos, desde las bolitas de melaza al pickleball. Los tres nos divertimos durante horas y fue un feliz recordatorio de que el paso de los años nos ha unido incluso más. Tengo suerte de que seáis mis hermanas y me siento inmensamente agradecido por el amor y la comprensión que siempre me habéis mostrado.

Finalmente, quiero dar las gracias a mis hijos, Jenn, Rory y Phoebe. Ser vuestro padre y veros crecer ha sido la mayor alegría de mi vida. Mientras escribía este libro, he pensado en lo orgullosos que estarían vuestros abuelos y bisabuelos al ver en qué personas extraordinarias os habéis convertido.

Créditos de las ilustraciones

Páginas 21, 44, 62, 81, 127: Colección personal del autor
Páginas 104, 199: Lakeside School Archives
Página 146: Bruce R. Burgess
Página 173: Norman Petersen
Página 219: Harvard Yearbook Publications
Página 248: fotografía de Nick DeWolf
Página 268: *Popular Electronics*
Página 283: fotografía de David H. Ahl
Página 315: Kazuhiko Nishi

Todas las fotografías del cuadernillo pertenecen a la colección personal del autor, con la excepción de:
Página 1 (foto de boda): Richards Studio Tacoma
Páginas 2-3 (foto de la familia Gates): © Wallace Ackerman Photography
Páginas 4-5 (el joven Bill Gates con una caja): Museum of History & Industry, Seattle
Páginas 6-7 (foto con Santa Claus): Arthur & Associates Holiday Photography
Páginas 8-9 (todas excepto Bill Gates con uniforme de *scout*, y la tarjeta de ingreso en los Boy Scout): Mike Collier
Páginas 10-11 (el joven Kent Evans de perfil): archivo familiar de los Evans; (fotografía de clase, retratos escolares de Paul

Allen y Ric Weiland): Lakeside School Archives; (cuatro fotografías de chicos en la escuela con computadoras): Bruce
R. Burgess

Páginas 12-13 (tres retratos escolares de Bill Gates): Lakeside
School Archives

Páginas 14-15 (Bill Gates y Paul Allen): Barry Wong/*The Seattle
Times*; (Bill Gates y Ric Weiland): Michael Schaefer; (Bill
Gates tras un escritorio): © Stephen Wood; (primera sede de
Microsoft): Gates Notes, LLC

En honor del compromiso de Bill Gates sénior y Mary Maxwell Gates con la participación cívica y la filantropía, todos los beneficios de *Source Code* serán donados a United Way Worldwide. Mary Gates fue la primera mujer en ocupar el cargo de presidenta de United Way del condado de King y, más tarde, la primera presidenta de la junta directiva de United Way International.

NOTA SOBRE EL AUTOR

Bill Gates es experto en tecnología, líder empresarial y filántropo. En 1975, fundó Microsoft junto a su amigo de la infancia Paul Allen y en la actualidad es presidente de la Gates Foundation. También es fundador de Breakthrough Energy, un proyecto cuyo objetivo es comercializar energías limpias y otras tecnologías relacionadas con el cambio climático, y de TerraPower, una empresa que invierte en el desarrollo de tecnología nuclear de vanguardia. Tiene tres hijos.

gatesnotes.com
gatesfoundation.org
Facebook y X: @BillGates
Instagram: @thisisbillgates